La curación comienza en tu cuerpo

Brittany Piper

La curación comienza en tu cuerpo

Recupérate y supera el trauma con la ayuda de la terapia somática

Traducido por Roberto Romero González

edaf

www.edaf.net

MADRID - MÉXICO - BUENOS AIRES - SANTIAGO
2026

Título original en inglés: *Body First Healing. Get Unstuck and Recover from Trauma through Somatic Experiencing*

Diseño de portada: Marta Elza
Maquetación y diseño de interior: Diseño y Control Gráfico, S.L.

Editorial Edaf, S.L.U.
Jorge Juan, 68. 28009 Madrid
Tel. (34) 91 435 82 60
http://www.edaf.net
edaf@edaf.net

Algaba Ediciones, S. A. C.V.
Calle 21, Poniente 3323, entre la 33 sur y la 35 sur
Colonia Belisario Domínguez, Puebla 72180, México
Telf.: +52 22 22 11 13 87
jaime.breton@edaf.com.mx

Ediciones y Distribuciones Edaf, SRL
Calle Chile, 2222, PB
1227- Buenos Aires (Argentina)
Telf: +54 11 4308 52 22/+54 11 6784 95 16
fernando@edafarg.net

Edaf Chile, S. A.
Huérfanos, 1178, Oficina 501,
Santiago, Chile
Tel. +56 9 4468 0539 +56 9 4468 0537
comercialedafchile@edafchile.cl

Junio de 2026

ISBN: 978-84-414-4507-9
Depósito legal: M-13114-2026

PRINTED IN SPAIN IMPRESO EN ESPAÑA

COFÁS

Papel 100 % procedente de bosques gestionados de acuerdo con criterios de sostenibilidad.

Este libro está dedicado al niño (o la niña) que todo el mundo lleva dentro. A esas personitas que lucharon por nuestra libertad. A esas personitas cuya coraza sigue protegiéndonos todavía hoy. Para que puedan descansar. Para que puedan jugar. Para que puedan soñar. En adelante, seguiremos nosotros con su trabajo.

Índice

NOTA DE LA AUTORA

La modalidad de terapia somática *Somatic Experiencing®* se menciona y explica aquí con finalidades exclusivamente divulgativas e informativas. No se pretende facilitar asesoramiento médico, terapias ni herramientas para el diagnóstico o el tratamiento de enfermedades ni problemas de salud. Quienes busquen asesoramiento médico personal deben acudir a consulta con un doctor o doctora titulados. Si quieres más información sobre la modalidad *Somatic Experiencing®*, te sugiero que acudas a la página web www.traumahealing.org.

INTRODUCCIÓN

Desde lo más hondo y duro hacia la resiliencia y la sanación

En tu interior late un corazón heroico.

—Mariah Carey

Mientras te escribo esta carta, querido lector o querida lectora, estoy sentada en la encimera de la cocina, con mi hija de cuatro meses profundamente dormida aquí detrás, en la sillita del coche. Acabamos de llegar tras hacer unos recados. Mi otro hijo, de tres años, está en el parque con su cuidadora y mi marido está en el piso de arriba, teletrabajando en su despacho. De fondo, por los altavoces de toda la casa, suena en volumen bajito una lista de reproducción de Celine Dion. La casa es tranquila y muy soleada, ese sonido la llena de melodías que me recuerdan a mi infancia: me encantaban Whitney Houston, Mariah Carey y Phil Collins, entre otros.

Mucha gente opinará que estoy describiendo un día más de rutina, aburrido y monótono. Pero para una versión más joven de mí misma, la Britt de veintipocos años que luchaba por salir adelante en la vida, este era el tipo de día con el que apenas me atrevía a soñar.

Un día sin caos, sin conductas insanas o perjudiciales practicadas por pura cuestión de supervivencia. A lo mejor es una sensación que te resulta conocida. Es un deseo desesperado de que tu día a día deje de ser una montaña rusa de problemas y momentos disfuncionales, pero al mismo tiempo te resistes, con miedo de dejar atrás esa rutina a la que ya te has acostumbrado.

Personalmente, yo logré sobrevivir y salir de la montaña rusa. Y ahora quiero explicarte que ese sinfín de sobresaltos no tiene por qué ser una condena eterna. Y que lo que te puede salvar de ese torbellino de caos que te aprisiona no está fuera de ti, sino que tienes que buscarlo en tu interior. ¡Es verdad! En esta historia, la heroicidad no corre por cuenta de tu terapeuta, ni de los fármacos ni de tu pareja ni de tus hijos.

Ni siquiera por cuenta de este libro. Si tu vida necesita heroicidad, por cursi que suene, tendrás que ponerla tú. Te lo creas o no, tu cuerpo y tu cerebro son máquinas fantásticas de manera innata, capaces de sobreponerse y sobrevivir en condiciones durísimas, y mucho más: capaces de vivir, disfrutar y prosperar. Porque para ti no hay mejor terapeuta que tú, en persona.

Qué ironía, precisamente mientras escribía estas palabras, ha empezado ese himno de Mariah Carey sobre el empoderamiento: la canción *Hero*: «Look inside you and be strong...». A lo largo de mi trayectoria profesional y mi vida personal, he acabado por aprender que sanar no significa convertirte en una versión nueva de ti. *Sino que sanar consiste en redescubrir quién eras antes, antes de que las respuestas y reacciones de tu sistema nervioso para sobrevivir* te dictasen cómo debías ser. Tras sufrir un trauma agudo, es bastante habitual que el sistema nervioso quede atrapado en estados crónicos del modo de supervivencia (reflejo de huir o luchar, desconexión, congelación funcional o resignación y sumisión, sobre los que profundizaremos en capítulos posteriores del libro). Puede parecer entonces que estás encadenada a los reflejos de supervivencia del pasado, impulsados por la adrenalina. O sea, que te atrape el «ciclo de respuesta ante amenazas» aunque el peligro haya pasado y vivas en el presente. Así es como lo describe el doctor Peter A. Levine, desarrollador del método de recuperación de traumas *Somatic Experiencing®*, método que exploraremos juntos tú y yo en este libro:

> *El trauma actúa como una chaqueta de fuerza en tu interior. Aparece cuando un momento desolador se queda congelado en el tiempo. Te oprime e impide que tu ser se despliegue y desarrolle. Estrangula tus intentos de avanzar y seguir con la vida. Te desconecta de ti mismo/a, de quienes te rodean, de la naturaleza y de tu espíritu. Cuando sentimos que una amenaza nos supera, nos quedamos congelados por el miedo, como si la energía instintiva para la supervivencia (la adrenalina) estuviese lista y dispuesta para entrar en acción, pero no supiese dónde acudir.*

Si tenemos en cuenta esta descripción, no parece demasiado aventurado afirmar que la sanación tiene como fin permitir que nosotros (más concretamente, nuestros sistemas nerviosos) nos liberemos de esa parálisis provocada por la amenaza del pasado y retomemos la seguridad del presente.

El término *soma* significa «del cuerpo, del organismo», y en el método *Somatic Experiencing (SE™)* te ayudamos con el máximo cuidado a que encuentres el camino para dejar atrás ese enredo mental y logres penetrar en lo que experimenta tu organismo, desde donde podrás acceder al sistema nervioso. Cuando consigas aprender el idioma de tu sistema único y personal, a través de sensaciones, percepciones y emociones, contarás con una mayor capacidad para digerir el malestar o ese fenómeno que en otro momento te abrumó y superó. Así harás posible que tu organismo concluya el ciclo de respuesta a las amenazas que se había quedado estancado y se libre de la adrenalina acumulada en el pasado, que le sirvió de energía para sobrevivir. Con la ayuda del método *Somatic Experiencing®*, tendrás las herramientas para vivir más en el presente y regular mejor tus sensaciones.

Para sobreponerte a los traumas, habrás tenido que ponerte un montón de capas de protección. Imagínatelas como si fuesen una muñeca rusa. Sanar exige abrir, despedazar y desechar cada una de esas capas de heroicidad, una por una. Librarte de la parte de ti que aspira a agradar a todo el mundo, de tu yo más defensivo, de la parte que te aísla y de la parte que te vuelve insensible. Sanar requiere abrir un espacio para la compasión, que te permita entender todas esas versiones de tu persona. Pero sin olvidar que el núcleo de quién eres nunca ha llegado a perderse del todo. Ni siquiera estaba muy lejos, tan solo había quedado oculto, escondido tras esa serie de escudos, parapetado para defenderte.

Al ir avanzando por las páginas de este libro, serás testigo de mis propias confrontaciones con las múltiples capas de armadura que hace años ayudaron a mantenerme con vida, pero que posteriormente alargaron demasiado su estancia. También te mostraré un itinerario somático, una hoja de ruta somática que nos llevará a que conozcas tu propia armadura. Será un camino largo y profundo, pero lo recorreremos con cuidado. ¿En qué momento de tu vida se blindó tu sistema nervioso?

¿Qué prioridad adoptó: luchar, huir, la desconexión o la resignación? ¿Qué características y rasgos tiene esa armadura? ¿Cómo condiciona tus patrones de conducta, tus pensamientos, tus creencias, tus estados emocionales, tu estado de salud física general y docenas de otros factores? ¿Por qué sigues con esa armadura puesta, aunque el trauma ya haya pasado y la batalla se haya terminado? ¿Cómo puedes empezar a desmontarla y quitártela? ¿Y si te la quitas, qué la sustituirá?

Sinceramente, lo que yo espero que consigas al leer este libro es empezar a ablandar o aflojar esas partes de ti que hoy te suponen una carga, que sabotean tu desarrollo personal. Que reconozcas que no son otra cosa que patrones de autoprotección mal adaptados, que un día te fueron útiles pero hoy ya no lo son. Espero que te enfrentes a ellos con curiosidad y mentalidad abierta. Y que aprendas los fundamentos científicos que explican cómo se originan y establecen, para que seas consciente de que no eres una persona averiada, que no necesitas una gran reparación. Que las dinámicas que hayas aplicado para sobrevivir son perfectamente lógicas y se basan en las respuestas instintivas de tu organismo y tu cerebro, así como en experiencias del pasado. Si me pongo a reflexionar sobre mi propio proceso curativo, creo que cuando empezó yo tendría esas mismas esperanzas. Este libro es la cristalización de todo lo que ojalá hubiese sabido en mis años más duros. No representa un descubrimiento, no es información nueva, sino que más bien es una traducción. Se centra en prácticas somáticas sencillas, en conocimientos revolucionarios, en la inspiración y la compasión que, si me hubiesen llegado hace años, me habrían dado la oportunidad de desarrollarme y vivir, en lugar de limitarme a pelear por sobrevivir.

Si estás leyendo esto, probablemente sea porque ya hayas probado una larga serie de opciones terapéuticas. Y porque, como me pasaba a mí, te parece que no avanzas. Pues la buena noticia es que estás leyendo este libro. Y se trata de un libro que te ayudará a descubrir, por fin, las herramientas innatas para la autoterapia. Herramientas que tu propio organismo lleva en su interior, desde siempre y de forma natural. Mientras escribo estas líneas, oigo perfectamente a docenas de mis clientes, que a lo largo de estos años me han expresado así su alivio: «¡Ya era hora! He pasado décadas sufriendo, ¡ojalá hubiese conocido estas prácticas antes!». Pues sí, por fin, querido/a amigo/a, estás al filo del precipicio: a punto de caer en el abismo de una curación auténtica y duradera. La verdad, me hace mucha ilusión trabajar en tu caso.

En este instante, regreso al presente, junto a mi hija. Ahí sigue, dormidita con esa enorme sonrisa de soñadora. La miro y es a mí a quien veo. Otra vez más, me acuerdo de la Britt más joven. Si le hubieses dicho a esa Britt que un día sería la autora de un libro, lleno de anécdotas e historias personales que inspiran esperanza, con prácticas curativas y un mapa eficaz para recuperarse, no se lo hubiese creído. Lo cierto es que, durante la mayor parte de los años que he vivido en este planeta, mi cerebro suprimió muchos de los recuerdos que hoy he recopilado para exponértelos en esta obra. Y lo hizo con cariño, que conste. Por establecer una comparación, diría que redactar estas páginas ha sido como revolver en un baúl del desván, cubierto de polvo y lleno de recuerdos, retratos y cajitas que llevaban años y años bajo llave. Cada una atesoraba experiencias que había guardado escondidas, tanto positivas como negativas.

Seguro que tú también tienes un desván por explorar, repleto de un abanico amplísimo de vivencias: alegría, dolor, amor, miedo, etc. Iré repasando esas experiencias pasadas en estas páginas y espero que las herramientas que yo aprendí a usar con ellas y mi propio proceso terapéutico te aporten el consuelo y el ánimo necesario para dar ese mismo paso adelante. El método *Body-First Healing* (La obra *La curación comienza en tu cuerpo*) pondrá en tus manos el poder de curarte, con la ayuda de mi concepto terapéutico, que ya ha ayudado con compasión a miles de clientes de todo el mundo y les ha permitido eliminar los muros defensivos que encerraban a esas personas y las mantenían bloqueadas, para que ahora puedan dar forma a una vida más plena, centrada en el presente, donde primen la conexión, la vitalidad y el disfrute. Sea cual sea el sufrimiento que te ha traído hasta aquí, espero que sepas que la vida es mucho más que una lucha por la supervivencia.

Ahora vamos a redescubrir quién eres y quién eras antes de que el dolor y la armadura te condicionasen.

Con cariño,
Britt

PARTE I

¿Cómo y por qué perviven los traumas en el cuerpo?

Introducción a los recursos

A medida que recorras las páginas del libro, quizás suceda que los relatos o conceptos que yo te vaya planteando despierten en ti sentimientos de inquietud o malestar.

Si te paras a reflexionar sobre la naturaleza del trauma y piensas en cómo se manifiesta en tu vida cotidiana, es perfectamente lógico. Quiero apoyarte y darte ánimos para superar ese malestar, por eso quiero presentarte un pilar fundamental del concepto *Somatic Experiencing®*, que denominamos «recursos».

Un recurso es cualquier experiencia que favorezca la serenidad, la estabilidad o la calma en tu cuerpo o sistema nervioso. Que te ayude a conectar con el presente, que te dé espacio, que te permita respirar. Es el primer paso para reforzar la capacidad de regular el sistema nervioso y es imprescindible para soportar el estrés. Es esencial que construyas una base sólida, o sea, una caja de herramientas compuesta por recursos.

Servirá cualquier cosa que te aporte esa sensación de bondad, de mejora, de serenidad y tranquilidad. Puede tratarse de recursos internos (como una emoción, una sensación, una visualización o un recuerdo de naturaleza agradable) o externos (como observar atentamente el espacio que te rodea aplicando todos los sentidos, practicar la orientación, aplicar técnicas de conexión o corregulación con otra persona, o bien realizar un movimiento que te brinde apoyo).

Según avances por el libro, te iré animando a que aproveches y te apoyes en los recursos a medida que lo vayas necesitando. Encontrarás mucha más información detallada sobre los recursos (con instrucciones paso a paso y prácticas listas para usar) en el capítulo 16.

CAPÍTULO 1

La sanación con un enfoque centrado en el cuerpo

Yo tengo 36 años y me he pasado la mayor parte de la vida intentando recolocar las piezas de un puzle que acabó hecho trizas en mi juventud, cuando viví años traumáticos. No conservo demasiados recuerdos al respecto. Tan solo me han llegado historias susurradas de algunos familiares que se han atrevido a comentar el asunto. Por tanto, no me quedó más remedio que investigar mi pasado como si fuese una detective. Ya digo que mi memoria no guarda gran cosa sobre mis primeros años, pero sí que recuerdo de manera muy nítida cómo me sentía: inestable, insegura, aterrada y desconectada. Cuando pasé por la adolescencia y llegué a ser adulta, lo hice arrastrando toda esa carga. Entonces me percaté de que esa idea de que «no me merecía el amor de nadie» no era muy normal ni muy sana. Ahí fue cuando empezó una andadura larga y dura, en pos de la recuperación: ¿quién era la Britt más joven? ¿Qué experiencias, que sucesos la convirtieron en la persona que es hoy?

A lo largo del libro te contaré cómo fue e iremos viendo qué descubrí y qué detalles y condicionantes tenía mi trayectoria personal. Pero, por el momento, bastará con que esboce qué clase de experiencias viví en mis primeros años y cómo entiendo hoy que me condicionaron.

Empecemos por lo más básico

Nací en 1988, en el hospital Sharp Grossmont, en la zona sur de California. Tendría que haber sido un día hermoso, una ocasión memorable, pero nada más lejos de lo que sucedió. Nada más nacer, me arrebataron de los brazos de mi madre y me asignaron un hogar de acogida porque los análisis que me hicieron detectaron metanfetaminas. ¿Y mi padre? Bueno, ese señor no tenía la más mínima intención de formar parte de mi vida. Aunque luego acabaría por reunirme con mi madre, por dentro el daño ya estaba hecho: me habían plantado en mi subconsciente, en plena formación, las semillas del miedo al abandono, del temor a no ser digna de cariño. Mis primeros años transcurrieron en una nube de inseguridad, estaba desconectada de mí misma. Y ahí empezaron mis patrones de codependencia y mi tendencia a complacer a los demás para así conquistar su aceptación.

Años más tarde, la herida de aquel abandono se agravó y profundizó por la pérdida repentina de mi hermano, que falleció en un accidente de automóvil cuando éramos adolescentes. Yo iba perdiendo progresivamente el control y estaba desesperada por aliviar aquellos sentimientos, porque me resultaban insoportables. Así que no tardé en caer esclavizada por el alcohol y las drogas. Cuando intenté escapar del dolor a base de fármacos, me pasé tanto con la automedicación que casi me llevó a la tumba. Terminé ingresada en un hospital, con un coma etílico. Aun así, estaba decidida a seguir viviendo y daba por sentado que el problema era la bebida (al menos, creo que eso me dijo mi especialista en terapia), así que comencé a asistir a las reuniones de Alcohólicos Anónimos.

Dos años más tarde, a los veinte, sufrí una violación brutal y una agresión por parte de un desconocido que se había detenido a ayudarme a cambiar un neumático tras un pinchazo. Participé en el proceso judicial que acabaría por condenarlo a 60 años de cárcel, pero fue un procedimiento extremadamente largo y doloroso, con la consiguiente exposición pública, que me dejó todavía más traumatizada. Total, que volví a poner en práctica los viejos patrones: quería silenciar el sufrimiento, así que me puse a beber a lo bestia, hasta acabar en un calabozo tras una noche de alcohol y violencia. No había pasado ni un mes desde la sentencia por la violación. Bueno... ya comentaremos estos detalles más adelante. En esta ocasión, por pura desesperación y rabia, oficialmente me transformé en una versión de mí misma que no era capaz de reconocer.

Se suele decir que antes de empezar a cambiar de verdad, hay que llegar a tocar fondo. Pues en mis caso, ese fondo fue el suelo de cemento helado de una celda de 2 x 3 metros.

Allí encerrada no me quedó más escapatoria que afrontar el malestar y la vergüenza de todos aquellos fenómenos que había evitado conscientemente durante años y años. Ni pastillas ni alcohol ni peleas.

No había ningún factor disfuncional que me sirviese de distracción. Estaba a solas con mis sentimientos, dentro de una jaula. Era como estar en una olla a presión, cada vez más caliente, a punto de estallar.

La ira, el dolor, la vergüenza, el miedo: todo aquello a la vez me oprimía en una celda, golpeaba con olas de sensaciones y emociones. Estaba temblando, agitada, llorando, sudando, gimiendo y sollozando. Mucho más tarde aprendí que entonces mi cuerpo se estaba liberando, como si dijésemos descargando la pesada carga que me bloqueaba. Soltaba la energía (adrenalina) que había usado para sobrevivir en el pasado. Fue una sorpresa que consiguiese resistirlo y salir viva de allí, pero lo hice. Y lo más asombroso es que, poco a poco, me sentía más ligera y mejor, bastante mejor.

Durante aquellos días, la liberación y el procesamiento de décadas de dolor fueron abriendo la puerta a una claridad profunda, como nunca había experimentado. En aquellos instantes cristalinos de reflexión, no me sentí perdida en mí misma ni aunque me encontrase entre rejas, igual que el violador que me atacó. Esa revelación me enseñó que, a lo mejor, él y yo teníamos más en común de lo que en un principio supondría. Durante el juicio, sus abogados defensores habían subrayado que había vivido una infancia traumática. Lo había criado una tía suya. Tenía catorce hermanos y había recibido una educación bastante pobre, además de padecer dificultades mentales y otros problemas físicos.

Ambos habíamos entrado en el juego de la vida con una mano de cartas bastante mala y ambos nos enfrentamos a una elección parecida: o dejas que el dolor te haga mejor persona o dejas que te amargue. Él tomó una decisión y se pasaría los próximos sesenta años en la cárcel, para que la recordase. ¿Y yo? Todos los indicios apuntaban a que me precipitaba hacia un camino similar. En aquella encrucijada, tuve que decidir si era así como quería que continuase mi vida.

Cuando comparecí ante el tribunal tras tres días en la celda, me encontré con una jueza que me conocía de mi caso como víctima de violación. Me dirigió unas palabras muy profundas, que jamás he olvidado: «Vamos a retirar la acusación, pero...» entonces se detuvo y repitió, «pero tienes que aprender a convivir mejor con tu dolor».

Esas cinco palabras, «convivir mejor con tu dolor», fueron el punto de inflexión donde todo encajó. No me sermoneó para que me enfrentase al dolor y lo superase ni para que lo dejase atrás y empezase de cero. Me habló expresamente de convivir CON el dolor.

En ese momento me di cuenta de que no podía escapar eternamente ni seguir por el mismo camino. Que anular mis sentidos, evitar los conflictos y dejarme llevar sin oponer resistencia acabaría por resultar mucho más destructivo que la alternativa, que no era otra que enfrentarme al sufrimiento del pasado. Había llegado la hora de rendirme, de desprenderme de la coraza que me había construido durante décadas. Solo así podrían desarrollarse en mi seno la compasión y la resiliencia que posibilitarían la sanación. Una curación que yo me merecía.

El cuerpo: la pieza que faltaba en el rompecabezas

Hasta aquel punto, me había pasado la mayor parte de mi época de recuperación sentada, encerrada, enfrentada a terapeutas convencionales y formales. Insistían en que verbalizase y volviese a interpretar y vivir cada instante de mis más de veinte años de traumas agudos. Era una tortura. Lo llamaban «terapia basada en la exposición». Revisitamos y repetimos uno por uno cada suceso, exprimiendo mi memoria al máximo. Comentamos y debatimos hasta el último detalle, hasta la saciedad. Siempre siguiendo la misma receta: pensamiento, historia, cognición, significado. A toda velocidad. Pocas veces nos deteníamos para permitir que emergiesen las emociones. Mientras tanto, yo sentía que mi cuerpo era como una bomba enterrada. Una carga explosiva que detonaría en cualquier momento, en cuanto algo prendiese una chispita. Si expresaba malestar o manifestaba sentir emociones difíciles de manejar, mis terapeutas no perdían un segundo y me animaban de inmediato a pensar en «algo positivo». Pero a pesar de todo, la bomba seguía con su tic-tac.

Tenían las mejores intenciones posibles, seguro, pero yo salía de cada sesión más enrocada en una postura defensiva, con más ansiedad y menos esperanzas. Cuanto más hablaba, más reforzaba mi bloqueo. Nadie me facilitó herramientas para procesar y sobrellevar el desasosiego que me atenazaba y me afectaba físicamente (con ataques de ira, tristeza, terror, opresión o disociación, por nombrar unos cuantos). El único remedio temporal consistía en echar mano de un cóctel de fármacos que me habían prescrito para varios diagnósticos: trastorno de déficit de atención por hiperactividad (TDAH), ansiedad, depresión, trastorno por estrés postraumático (TEPT) y otros cuantos problemas más. Estaba atrapada en un círculo vicioso y empecé a dudar. No solo del sistema sanitario, sino también de mí misma. Sabía que algo tenía que cambiar.

Todavía me conmovía aquella profunda experiencia de sanación que había experimentado en la celda, así que decidí hacerme responsable personalmente de mi proceso de recuperación. Yo me iba a encargar, así que me propuse indagar para entender qué huella me habían causado los traumas. Fue un viaje a lo desconocido, en el que descubrí pruebas y conocimientos pioneros, rompedores, de los que no se suele hablar en los círculos especializados en recuperación más generalistas y *mainstream*. Pruebas de que la sanación empieza cuando sales de tu cabeza, cuando abandonas el relato y de sumerges en tu cuerpo. Para mí, aprender este concepto fue algo revolucionario. Espera un momento, o sea, ¿que para curarse la terapia no implica hablar? ¿Qué tiene que ver directamente con sentir? Había estudios con décadas de desarrollo y me basé en ellos, centrándome en tres conceptos clave:

- El trauma se puede definir como cualquier experiencia que resulte abrumadora, demasiado difícil de digerir y manejar para el sistema nervioso. Tras padecer un trauma, el sistema nervioso puede quedarse bloqueado en estados de protección (lucha, huida, desconexión, congelación funcional o resignación y sumisión), lo que provoca el caos en nuestras vidas, en las relaciones personales y en la salud.

- El sistema nervioso no funciona a través de pensamientos, palabras ni de la cognición, sino más bien a través de la experiencia somática (orientada al cuerpo físico), la vivencia de sentimientos, sensaciones y emociones. Un lenguaje que en realidad no se explora a fondo en la terapia convencional.
- Se considera que el ser humano es un ser vivo «que empieza por abajo», porque el 80 % de los mensajes enviados a través del nervio vago (que es la superautopista de la información del organismo) proceden del organismo y van hacia el cerebro. Tan solo el 20 % van dirigidos del cerebro al resto del cuerpo. ¿En qué se traduce esto? Pues en que tu cuerpo físico tiene mucho que decir sobre cómo te comportas y conduces en la vida y respecto al mundo. Por eso yo no podía limitarme sencillamente a hablar y solucionar así mis problemas, ni conseguía crear «una mentalidad positiva» para encontrar una salida a la ansiedad, la depresión y el dolor. Para buscar ese camino, tenía que sentirlo.

En resumen, aprendí que el trauma no lo crea un suceso, sino que deriva del impulso que desencadena el sistema nervioso de forma subconsciente para repetir (en el presente) las mismas respuestas que lo ayudaron a sobrevivir en el pasado. Hay personas que, atrapadas en este círculo, se encogen (congelación funcional) o escapan (reflejo de huir o luchar) cada vez que se enfrentan a un conflicto. Otras optan por conformarse y rendirse (resignación y sumisión), sacrificando sus propios deseos o incumpliendo sus propios límites para conseguir sentirse aceptadas. Algunas, cuando sienten que la situación escapa a su control, estallan (lucha). Muchos y muchas experimentamos y padecemos varias de estas respuestas y, como resultado, acaban gobernando nuestras vidas. Considéralas estrategias de mitigación de problemas o de supervivencia que han alargado en exceso sus efectos convenientes.

Durante mis estudios profundicé en el trabajo de Peter Levine, quien me llevó a conocer el mundo de la terapia somática u orientada al cuerpo físico. En la década de 1970 Levine efectuó unas observaciones de animales salvajes que fueron muy innovadoras y provocaron que se plantease una cuestión muy interesante: ¿por qué en estado silvestre los animales rara vez quedan traumatizados, aunque suelen enfrentarse a amenazas de forma rutinaria?

Levine descubrió que, al encontrarse con algún peligro, esos mismos animales aplican los impulsos de sus instintos y los canalizan en su organismo físico. O sea, que tiemblan, se agitan, rugen, fingen su propia muerte, etc., y todo ello para procesar, neutralizar y liberar un alto nivel de energía destinada a garantizar su supervivencia (adrenalina), asociada al ciclo de respuesta a las amenazas del sistema nervioso. Su investigación terminó con esta conclusión: aunque los seres humanos poseemos respuestas del sistema nervioso que son prácticamente idénticas a las registradas en animales (gracias a las estructuras cerebrales mamíferas y reptilianas que compartimos con ellos y que veremos más adelante), a menudo esas mismas reacciones instintivas son interrumpidas o anuladas por el neocórtex o cerebro puramente humano, nuestra mente racional.

········· LOS ORÍGENES DE SOMATIC EXPERIENCING ···

El concepto *Somatic Experiencing®* fue originalmente un método revolucionario para la recuperación tras traumas, y como tal, se lo consideró situado en los márgenes o la periferia de la ciencia.

No te sorprenderá descubrir que surgió en Berkeley (California, EE. UU.) en la década de 1970. Precisamente allí, porque entonces era el epicentro de las mentalidades progresistas y de la inquietud intelectual. Berkeley es célebre en todo el mundo por ser un centro de libertad académica donde abundan los planteamientos inventivos, y por eso sería el escenario ideal para que el doctor Peter Levine comenzase a estudiar los efectos de los traumas en el cuerpo y la mente.

Por entonces ya era doctor en biofísica por la Universidad de California (Berkeley) y en psicología por la Universidad Internacional de Los Ángeles, pero el motor del trabajo de Levine eran las adversidades que padecía a nivel personal, su trabajo privado con supervivientes de crueles traumas y la observación de animales en el proceso de recuperarse en entornos silvestres. Tras muchos estudios, llegó a la conclusión de que la terapia basada en el habla como método para resolver los traumas tiene limitaciones, ya que no aborda de manera efectiva la excitación acumulada (por la secreción de hormonas del estrés) que está afianzada y atascada dentro del organismo y del sistema nervioso.

Al constatar que la fauna salvaje era capaz de sacudirse ese dominio, se preguntó por qué los animales humanos se quedan prisioneros de sus traumas, mientras que sus homólogos salvajes no. Sus trabajos, de una calidad notable, sentaron las bases del concepto *Somatic Experiencing®* que conocemos hoy. Tal y como escribió en su obra *Sanar el trauma: Un programa pionero para restaurar la sabiduría de tu cuerpo*: «Un ser humano bajo amenaza debe descargar toda la energía que ha movilizado para enfrentarse a ese peligro o se convertirá en víctima del trauma. La energía residual acumulada no desaparece sin más. Permanece en el cuerpo y, a menudo, desencadena la aparición de una amplia variedad de síntomas, como la ansiedad, la depresión y trastornos psicosomáticos y conductuales. Estos síntomas constituyen el medio en que el organismo (el cuerpo físico) logra contener la energía residual de la que no se ha librado».

Levine se apoyó en sus hallazgos al observar la naturaleza y emparejó su enfoque teórico con los datos empíricos de la teoría polivagal, que había desarrollado su colega y amigo cercano Stephen Porges. A finales de la década de 1990, Levine y Porges finalmente pusieron en el mapa la psicoterapia del cuerpo. En la actualidad, más de 60.000 profesionales de más de 45 países han recibido formación sobre el pionero método *Somatic Experiencing®* (o Experiencia somática) de Levine, que centra la resolución de los traumas en el cuerpo físico. Su trabajo visionario recibe elogios en todo el planeta y su propia labor ha sido reconocida con los más altos galardones, otorgados por las instituciones y organizaciones médicas internacionales más prestigiosas, incluido el premio *Psychotherapy Networker Lifetime Achievement Award* en 2020. A propósito de este premio, Levine compartió una cariñosa reflexión en un artículo publicado por la revista *International Body Psychotherapy Journal*: «Que me hayan concedido esta distinción, entregada por representantes de las terapias convencionales centradas en el habla y el diálogo (y no por especialistas más centrados en el cuerpo físico) me ha demostrado que se ha abierto por fin la caja de Pandora. Que la experiencia somática ya no está en la periferia de la ciencia. La psicoterapia en el plano físico ya está integrada en las corrientes generales. Una vez más, compruebo que aquello que descubrí entre finales de los 60 y principios de los 70 es que el trauma no solo afecta al cerebro... sino que fundamentalmente afecta al cuerpo».[1]

En esencia, cuando las hormonas que garantizan nuestra supervivencia ven su labor interrumpida, ya sea por una circunstancia de gran fuerza o por nuestros propios actos, generan en el seno del cerebro y del resto del organismo unas condiciones concretas de salud mental y física crónicas. Uno de los factores que agravan el problema para los seres humanos es que somos la única especie del planeta que tiene la mente dividida entre experiencias conscientes y subconscientes. Como resultado, a menudo «nos metemos algo en la cabeza» (o sea, en nuestra mente consciente) y nos excedemos conceptualizando e interpretando lo que sentimos, en lugar de permitir sencillamente que experimentemos esos sentimientos y los procesemos para que la energía desprendida (la adrenalina que facilita nuestra supervivencia) ligada a ellos se pueda experimentar, expresar y expulsar. En el entorno de la terapia somática, se suele decir que darles demasiadas vueltas a las cosas es un defecto provocado porque se les da muy pocas vueltas a los sentimientos y las sensaciones. Veamos un par de ejemplos tomados de la vida real: limitamos al mínimo o acallamos la frustración y el enfado (la respuesta de lucha) en aras de «mantener la paz» o de «ser buena persona»; reprimimos o anulamos nuestro miedo o ansiedad para «mantener la calma»; nos tragamos las lágrimas y toda la saliva que haga falta o nos forzamos a «adoptar una actitud positiva»; o incluso nos distraemos o preferimos fijar la vista en la pantalla del móvil para escapar de esas sensaciones que no nos gustan.

Para mí, la idea de centrarse en el cuerpo físico tenía mucho sentido: para sanar algo, hay que sentirlo. Por eso es completamente lógico que la terapia regresiva casi no tuviese ningún efecto en mi caso. Aunque siento gratitud por la capacidad innata de mi organismo para mantenerme con vida (literalmente) y protegerme durante las épocas más traumáticas de mi existencia, ya estaba harta de seguir atrapada en el modo supervivencia.

Durante la temporada que consagré a investigar y aprender, opté por cambiar y adoptar un enfoque somático, centrado en el cuerpo, para mi terapia. La interminable lista de síntomas que diferentes terapeutas habían atribuido a mis «diagnósticos» (los ataques de pánico que me paralizaban, las fantasías suicidas, los trastornos de la alimentación, el trastorno de hiperactividad, la niebla mental de la depresión, el impulso a automedicarme e incluso la atracción que sentía hacia la codependencia y relaciones abusivas) no tardaron en empezar a desvanecerse y desaparecer como por arte de magia. Tras unos cuantos meses, me olvidé de las pastillas. Después de regresar a mi cuerpo, prestar oídos a su sabiduría natural y finalmente aceptar los sentimientos más duros, sané de una manera más que notable. Y redescubrí quién era yo en realidad. Quién había sido antes de que el dolor y la coraza que me puse me obligasen a cambiar.

Hoy, más de una década después, como profesional certificada *Somatic Experiencing Practitioner* (SEP™) y educadora sobre traumas, he convertido este trabajo en mi misión vital y he ayudado a miles de supervivientes de diversos traumas, personas de todo el mundo, para guiarlas en su senda hacia el restablecimiento.

Un mundo montado sobre los traumas

Antes de adentrarnos en nuestro itinerario para la sanación desde el propio cuerpo, conviene que echemos un vistazo detrás del telón de la función, para entender mejor cómo hemos creado esta cultura en la que vivimos instalados, marcada por la supervivencia y el bloqueo.

No resulta difícil atribuir la proliferación de las enfermedades mentales y físicas crónicas a un hecho clave: hemos creado un mundo donde a nuestro sistema nervioso no le agrada vivir. Plantéatelo así: tu sistema nervioso es la cámara de seguridad que vigila tu vida, siempre encendida en el plano subconsciente, de fondo, para protegerte de cualquier cosa que juzgue peligrosa.

Cuando percibe que hay peligro próximo, pasa a uno de los estados activos de supervivencia: luchar, huir, desconectar o priorizar la resignación. Al mismo tiempo, se ordena segregar grandes cantidades hormonas del estrés (o sea, de la supervivencia) por todo el cuerpo para prepararse de cara a una posible batalla. Como la prioridad absoluta es la supervivencia, todos los demás sistemas del cerebro y del resto del organismo (el inmunitario, el digestivo, el musculoesquelético, el endocrino) pasan a un segundo plano, para ahorrar energías y darle protagonismo al sistema nervioso, favoreciendo que cumpla su misión.

Cuando se enfrenta a una exposición prolongada a lo que percibe como una amenaza, el sistema nervioso corre el riesgo de quedarse bloqueado de forma crónica en esos estados de supervivencia. Y eso provoca el caos en nuestra salud física y mental, lo que a su vez origina que se segreguen aún más hormonas estresoras en el cuerpo y el cerebro.

Es un círculo vicioso del que cuesta salir. Y es precisamente el círculo en el que mucha gente vive atrapada en nuestra sociedad contemporánea. Estas son algunas de las amenazas que nos afectan y que contribuyen a encerrarnos en un estado de bloqueo donde prima la supervivencia:

- La presión social por hacer y lograr más, por triunfar a toda costa, hasta el punto de quemarse y del agotamiento total.
- El clima político de división y polarización que nos rodea.
- El temor ante la volatilidad de la economía.
- El miedo a los juicios a los que nos enfrentaremos si expresamos emociones o hacemos patente nuestra vulnerabilidad.
- Las toxinas que inundan el ambiente donde vivimos y a las que está expuesto el organismo (presentes en la comida, el aire, el agua, etc.).
- El bombardeo incesante y la exposición sin descanso a noticias catastróficas desde todo el mundo.
- La sensación de culpa sin clemencia que nos afecta cuando fijamos límites y nos asignamos la máxima prioridad frente a las personas a nuestro alrededor.
- La dependencia de la tecnología, que nos mantiene en desconexión respecto a nuestro yo interior y respecto del presente, en un placentero estado de insensibilización.

Hay amenazas potenciales que acechan en cada rincón, pero no nos damos cuenta y seguimos preguntándonos de dónde procede ese malestar. Muy bien, pero entonces, ¿cómo nos podemos desbloquear y librar de los estados de supervivencia? El itinerario para la sanación centrada en el cuerpo te servirá de guía en ese profundo proceso, pero ahora nos ceñiremos a citar unos sencillos pasos:

Paso 1: Frena el ritmo y relájate.
Paso 2: Conecta con tu cuerpo.
Paso 3: Céntrate en el aquí y el ahora.
Paso 4: Acepta que hay cosas que son un asco y cosas difíciles. Y procura em-pa-par-te de las cosas buenas (las llamamos «destellos», del inglés *glimmers*).

Paso 5: Dedícale más energía a las cosas que estén bajo tu control, a tu alcance.

Paso 6: Busca recursos propios para regular tus estados: la naturaleza, la conexión con otras personas, la actividad física, la expresión, el juego y otros muchos.

El objetivo de todo esto no es conseguir que desaparezca cada amenaza, dado que eso es imposible, la verdad, sobre todo en el panorama actual. El auténtico objetivo es encontrar maneras de avanzar y prosperar en un escenario tan incierto y complicado, de dominar el caos y encontrar la seguridad, a pesar de los riesgos.

¿Pero qué es lo que les ha pasado?

Al poco tiempo de que yo despertara, apareció un médico al pie de mi cama. «Brittany, estás en un hospital. Llegaste anoche, te trasladaron en ambulancia debido a una intoxicación alcohólica grave, con una tasa de alcoholemia de 0,38. Te seré franco, la verdad, es un milagro que sigas con vida».

Bueno, vamos a rebobinar. En 2007 me mudé del Medio Oeste de los EE. UU. a Nueva York para empezar mi primer año de estudios universitarios. Había conseguido una beca deportiva por jugar al *lacrosse*, de la categoría Division I. Sobre el papel, parecía que yo tenía la sartén bien cogida por el mango. Pero detrás de aquella máscara se ocultaba una chiquilla con problemas, que sufría, que lloraba a escondidas de su nuevo equipo y sus amigos el dolor de haber perdido a su hermano y su mejor amigo tres años antes, por un accidente de coche.

Estaba desesperada por empezar de nuevo y encajar en un lugar diferente. No quería que nadie me tratase con compasión, no quería ser la chica «que tanto padece, pobrecita». No quería que me tratasen con algodones. Así que me tragaba ese sufrimiento y no permitía que se notase nunca. Pero en la sombra, la tristeza que me ahogaba se hacía más y más intensa, hasta volverse insoportable. Cuando mi sufrimiento se agudizó, recurrí cada vez más a la automedicación, hasta que al final acabé de lleno en un proceso autodestructivo. Una noche horrible estuve a punto de quitarme la vida.

Hoy, 17 años más tarde, sigo teniendo algo grabado en la mente. Pero no es el horror de despertar en la cama de un hospital, sino la tortura que supuso oír la respuesta de quienes me rodeaban y de mis entrenadores, que llegaría a continuación. Recuerdo con toda nitidez estar en la oficina de mi entrenadora, un cuarto sin ventanas en el sótano del centro deportivo. Todavía me afecta la rabia y el desprecio que ella y su asistente me escupieron en la cara. La recuerdo chillándome a la cara, tan cerca de mi rostro que notaba su aliento cálido y las gotitas de saliva que aterrizaban en mis mejillas. Recuerdo los insultos, las groserías.

De aquella reunión salí con una idea bien clara y perfectamente internalizada: yo era la vergüenza del equipo. Era un club famoso por tener las medias de puntuación más altas del país, con el honor de contar con el distintivo «Mérito de División I». Y yo había arruinado aquella reputación. En una escuela tan prestigiosa como aquella, yo era una mancha. Ahí entendí que el estatus del equipo era más importante que mi bienestar personal. La imagen pública era lo primero, recuperarse y sanar no tenía prioridad. Daba igual cuánto estuviese sufriendo yo. No importaba que soportase una tortura agonizante, un dolor atroz. «Todas tenemos un pasado, ¡supéralo ya!»: esa fue la única frase que se le dedicó a mi trauma.

El mensaje me llegó alto y claro: no me querían en el equipo. A las entrenadoras les costó menos de una semana poner en marcha una campaña para marginarme y excluirme, provocando que mis compañeras me acorralasen y castigasen hasta conseguir expulsarme. Me imponían carreras diarias antes del amanecer, de una hora, a modo de castigo físico. Pero eso sí que lo podía aguantar. Lo que me destrozó fue que obligasen al equipo entero a someterse a aquella misma rutina conmigo sentada en las gradas, como espectadora forzosa. Sesiones de una intensidad tan salvaje que se ponía una papelera junto a la línea de llegada para vomitar en ella.

Carreras de velocidad tan exigentes que, cada vez que sonaba el silbato, el cuerpo me temblaba y se me escapaban las lágrimas. Mis compañeras, que antes consideraba mis amigas y que me apoyaban, ahora me contemplaban con odio y rechazo. Cuando ya no quedó más que decir ni hubo otro remedio, en noviembre, abandoné la escuela. No dejé atrás más que un puñado de amistades rotas y malos recuerdos.

Cinco años más tarde, me encontré de repente en un escenario, ante una audiencia de especialistas, hablando sobre mi vida, mi trayectoria hasta la sanación y poniendo en tela de juicio conceptos y actitudes erróneos alrededor del trauma y la recuperación. Pero lo más importante es que quería comunicar cómo es posible contribuir a construir un mundo donde se conozca mejor qué es el trauma. Para que dejemos de considerar que el dolor que siente cada persona es una carga. Un mundo donde en lugar de preguntarnos «¿Qué le pasa a ese o a esa?» nos planteemos otra duda: «¿Qué le ha pasado para sentirse así?». Donde la prioridad sea el bienestar personal. Cuando echo la mirada atrás, pienso que ojalá la Britt de 18 años hubiese sabido todo lo que podía nacer de su dolor y de tantas adversidades.

Una era de desconexión

Este libro sale a la luz justo cuando el mundo está en un punto de inflexión. Nos hemos autoconvencido para convertirnos en especialistas consumados en evitar las emociones, expertos y expertas en silenciar las heridas invisibles que acechan en nuestro ser y que nos mantienen en situación de bloqueo. En lugar de prestar atención a los sentimientos, los hemos conceptualizado y hemos anulado el malestar o las emociones difíciles de gestionar a base de prácticas bienintencionadas como el *mindfulness*, la meditación y la positividad tóxica. Hemos glorificado y elevado a los altares una cultura destructiva erigida sobre la supresión emocional. Sin pensarlo siquiera, nos adherimos a cualquier cosa que nos mantenga distraídos, en un estado de feliz inconsciencia y desconexión respecto a nuestros cuerpos. Ninguneando detalles como la adicción a trabajar horas y horas sin fin o a pasar eternidades saltando de vídeo en vídeo en el teléfono móvil. Incluso las iniciativas destinadas a tratar los problemas de salud mental omiten la conexión mente-cuerpo y la sabiduría implícita que posee el cuerpo físico sobre el cerebro.

¿Y cuál es el resultado? Que nos hemos metido en un buen lío. Las redes sociales y los medios nos brindan acceso inmediato a detalles íntimos (e incluso grotescos) sobre el dolor que asola el mundo, de un modo que jamás antes se había experimentado en toda la historia humana. Nuestros cerebros y cuerpos no están equipados o todavía no disponen de las herramientas necesarias para ayudarnos a convivir con ese nivel de exposición y el impacto emocional de tanto sufrimiento.

Esta situación afecta especialmente a las generaciones más jóvenes, que sufren problemas derivados de ella a un ritmo sin precedentes. Cada vez hay más niños y niñas con diagnóstico de TDAH, depresión y ansiedad, más que nunca. Los miembros de la Gen Z (la generación nacida entre 1997 y 2012) han llegado a ser considerados por los Centros de Control y Prevención de Enfermedades de los EE. UU. (los CDC, *Centers for Disease Control and Prevention*) como «la generación más solitaria» de toda la historia.[2] Pero nos limitamos a echar un vistazo a las estadísticas y preguntarnos qué problema tienen, sin tener en cuenta el entorno que hay a su alrededor: viven en un mundo donde reina la desconexión. Vivimos desconectados de nosotros mismos, de los demás y del mundo en general. Como si fuésemos pececillos que enferman porque la pecera está sucia. Las adicciones y los trastornos que machacan a la infancia no son más que una respuesta natural ante un entorno antinatural. Un entorno que rinde tributo a la mente y menosprecia el intelecto primario y natural del cuerpo.

Y por si todo esto fuera poco, encima llegó la COVID-19. Cuando estalló la pandemia, la mayoría de la población ya era experta en suprimir o arrinconar todas esas molestias para seguir adelante con la vida. El caso es que la pandemia nos trajo más traumas, es evidente, pero también nos ofreció la oportunidad (algo nada habitual) de sentarnos, a solas, en plena cuarentena, para enfrentarnos a los traumas de los que llevábamos años huyendo. Algo similar a mi experiencia en la celda. En aquellos momentos ya no era posible distraerse tan fácilmente de esos problemas ni suprimirlos o alejarlos con los métodos típicos: ni echando horas y horas en la oficina ni socializando sin parar ni ahogando las penas en un bar. Ya no podía consumirnos el caos provocado por las relaciones disfuncionales. De hecho, por internet encontramos cierto apoyo, porque el mensaje imperante es que era lógico y normal sentirse mal. Se produjo una toma de conciencia colectiva, nos dimos cuenta de que el mundo sufría e interiorizamos mucho mejor que cada persona porta en su interior heridas invisibles.

Por mi parte, yo recibí este cambio de perspectiva de buena gana. Me acuerdo de una conversación que mantuve con una colega en 2016.

Estábamos charlando y tomando un café, y entonces le conté que me parecía interesante hablar más en público sobre la traumatización, como temática. ¿Y qué me respondió?: «Eso sería un suicidio profesional. El trauma no es un tema atractivo. La gente no está preparada para eso».

Quizás en aquel momento tenía razón. Se consideraba que el trauma era un tema «excesivo», «demasiado duro» para las grandes masas, a quienes les faltaba capacidad o paciencia para digerir esa realidad. Pero durante la COVID-19, comenzó a desarrollarse un momento cultural de sanación, de alcance global. Fue un cambio que yo llevaba años defendiendo que era necesario. Tenía la esperanza de que lograríamos darle la vuelta a los conceptos convencionales y avanzar hacia un enfoque más natural y claro sobre cómo curar los traumas.

Y puedo afirmar con seguridad que, en la actualidad, estamos viviendo el auge de un movimiento global por la sanación. A mi consulta van llegando más pacientes, que llenan las salas de espera (tanto la presencial como la virtual) de nuestros terapeutas y practicantes especialistas. Son más que nunca. Ciertas plataformas de redes sociales como *Instagram* y *TikTok* se han convertido en el nuevo foro comunitario para explorar de manera polifacética las posibilidades de recuperación de los traumas. Los nuevos libros que se han ido publicando centrados en sanar el trauma a través del cuerpo, como *El cuerpo lleva la cuenta: Cerebro, mente y cuerpo en la superación del trauma*, del psiquiatra y educador neerlandés Bessel van der Kolk (que vio la luz en su versión original en 2014) figuran por fin dentro de las listas de los más vendidos. El paradigma de la terapia contemporánea se está transformando ante nuestros ojos. Y lo hace a toda prisa.

Sanar y recuperarse, pero empezando por el propio cuerpo

Hace años, el debate solía tener como eje que el trauma no era un tema atractivo. Pero hoy, casi cabe afirmar que es demasiado atractivo, que es tendencia. De hecho, un estudio de 2022 detectó que el término «trauma» aparecía en los artículos de revistas especializadas de psicología de la década de 2010 con una frecuencia casi 20 veces superior a la registrada en la década de los 70. Como si el asunto se hubiese magnificado con una lupa. Y eso originó que proliferasen los libros sobre curación y recuperación tras traumas, escritos por investigadores, doctoras y especialistas en psicología. Suele tratarse de títulos con mucha información y ánimo divulgativo, pero la mayoría se ciñe más o menos al modelo de un libro de texto. Se quedan en estándares que hoy ya se consideran anticuados: terapia verbal, prescripción de fármacos y gestión de los síntomas.

La mayor limitación del modelo terapéutico basado en la exposición o la reminiscencia (que abordaré con más detalle en el próximo capítulo) es que la mayoría de profesionales de la medicina da por supuesto que el trauma está centrado en el propio evento. Creen que para sanar es necesario hundirse profundamente en lo que haya sucedido, y hacerlo mediante el recuerdo, reconstruyendo cada detalle por doloroso que sea. Sin embargo, los estudios de investigación han demostrado que la terapia de exposición, que es una forma de terapia de desensibilización, comporta el riesgo de agravar los síntomas y afectar negativamente al sistema nervioso. Hasta el punto de que podría empujarnos a un estado psicológico de congelación o una respuesta de desconexión[3]. Se trata de un estado que tan solo se activa cuando el sistema nervioso está absolutamente superado y ha agotado el resto de opciones a su alcance. Es el estado de «vida o muerte», en el que nos volvemos insensibles al dolor. Pero insensibilizarse no equivale a curarse. Vale que, al menos exteriormente, quizás ofrezcamos un mejor aspecto (con menos ansiedad o menos ira, por ejemplo), pero dentro bulle un mar de hormonas de la supervivencia que reclaman que se experimenten, expresen y liberen sus emociones asociadas.

La palabra «desensibilización» significa «proceso de alejamiento de la sensibilización o sensación». *Pero resulta que las percepciones sensoriales son el lenguaje nativo del sistema nervioso y son cruciales para explorar cada caso y favorecer la sanación.* Como afirma el propio Peter Levine, «el trauma no se encuentra en el suceso en sí, se encuentra ubicado en el sistema nervioso».

Por ese motivo, gran parte de mi clientela acaba por acudir a mi consulta tras sumar años y años atrapada en el modo de supervivencia. A pesar de todos sus esfuerzos por curarse, continúan padeciendo esos síntomas debilitantes que están ligados al bloqueo. Conocen y se han acostumbrado más que de sobra a esa rueda de hámster interminable (a menudo asociada también a la codependencia) que consiste en apurar y encadenar citas terapéuticas y medicaciones prescritas para sencillamente ir tirando. Una de ellas llegó a confesarme que, tras cada sesión de terapia, se iba directa al bar más cercano, para aliviar la ansiedad y la inquietud, la retraumatización que padecía por tener que revivir una y otra vez su trauma original. Pues ahí yo me veo reflejada. Después de años de terapia visitando profesionales de la salud con buenas intenciones y magníficas referencias, seguía emborrachándome para silenciar mi sufrimiento y eligiendo las opciones más destructivas. Como tantos y tantos pacientes a quienes he ayudado, para mí comentar verbalmente mi trauma no me servía de llave que abriese la puerta hacia la curación. Todo lo contrario: la cerraba.

¿Y qué alternativa hay? Una sanación eficaz y duradera empieza por el propio cuerpo. En palabras del doctor Gabor Maté, una eminencia mundial y reputado especialista en la materia, «el trauma no es lo que te sucede a ti (o sea, no es el suceso traumático en sí), sino lo que ocurre dentro de ti, como consecuencia del suceso que hayas vivido». Dado que el trauma, en primer lugar, se experimenta y se almacena en el cuerpo físico, allí es donde deberíamos empezar a curarlo.

A medida que se concluyen más y más estudios, las décadas de investigación científica centrada en el sanamiento somático finalmente empieza a permear e incorporarse a la corriente general. Lo narra así uno de mis antiguos clientes de terapia somática: «Como antiguo terapeuta licenciado, me gustaría poder decir que, aunque adoro mi profesión y he ayudado a muchas personas, la terapia verbal no funciona como debiera a la hora de lidiar con el trauma. Yo no conseguí recuperar mi vida hasta que entendí a mi sistema nervioso y me puse a trabajar para regularlo».

EL CASO DE HANNAH

Me pasé toda la niñez y los primeros años tras mi vigésimo aniversario recibiendo diagnósticos de todo tipo de trastornos mentales y dolencias crónicas. Y al mismo tiempo, asistía a sesiones semanales de terapia verbal que no me conducían a ningún lado. Había sido madre a los veintipocos y mi estado de salud físico y mental eran un desastre, cada vez peor. Cada mes probaba un fármaco nuevo, que nunca tenía éxito, así que tristemente me había resignado a vivir con el dolor, mental y físico. Estaba bloqueada. Por fortuna, una amiga me propuso que trabajase sobre el sistema nervioso, a ver si me ayudaba. Yo jamás le había dedicado un minuto al sistema nervioso y, la verdad, no sabía gran cosa al respecto. Empecé a investigar por Internet, buscando información sobre el tema y sobre sus relaciones con las enfermedades crónicas y la salud general. Enseguida me encontré con el nombre de Brittany. Y en cuanto empecé a ver sus vídeos, lo supe al instante, fue algo instintivo, una sensación en mi interior que me decía que por fin allí había encontrado algo que me ayudaría a pelear con mis problemas mentales y emocionales, pero que también aliviaría las dolencias crónicas que padecía. Me había pasado gran parte de la vida en terapia verbal, pero aquello se limitaba a comentar los problemas en círculos. Nunca sentí que las sesiones me estimulasen ni provocasen ningún cambio. Cuando salía, me sentia todavía peor.

Inicié el curso *Body-First Healing Program* (BFHP, «Programa de Sanación Centrado en el Cuerpo») y le doy gracias al cielo por haber acudido a tratamiento personalizado con Brittany desde entonces. En pocos meses, el BFHP me deparó más avances y beneficios que los que había conseguido la terapia verbal en todos los años anteriores. Me habían diagnosticado un montón de trastornos mentales, pero lo que en realidad me pasaba es que tenía el sistema nervioso desregulado y un montón de traumas complejos del desarrollo que debía desentrañar y desenredar. Por fin, tenía en mis manos el poder para asumir la responsabilidad de lo que ocurría en mi cuerpo. No era solamente una enfermedad mental situada lejos de mi control. Inmediatamente después de aprender cómo funciona el sistema nervioso, según los fundamentos científicos, pude cambiar mi manera de concebir el sufrimiento mental y físico.

Desde la perspectiva somática, durante estos dos últimos años, Brittany ha servido de guía para que yo y mi sistema nervioso caminásemos hacia la sanación. Gracias a su ayuda, he logrado procesar y superar un montón de vivencias dolorosas de mi pasado. Cosas de las que ni siquiera me había percatado y que me afectaban y propiciaban secuelas físicas (dolor crónico, cefaleas y problemas digestivos). Esclarecer mis emociones y aprender cómo mi organismo había interiorizado y guardado todo cuanto había experimentado pero había impedido que mi cuerpo lo sintiese me ha cambiado la vida radicalmente. Ahora estoy en mitad de un viaje para profundizar en la toma de consciencia hasta el último rincón del físico y comprender en concreto dónde, en qué punto, siento las emociones y experiencias. He empezado a librarme del dolor físico y mental al mismo tiempo que les he proporcionado al cuerpo y la mente un espacio de calma y regulación. Estoy sentando las bases de mis capacidades para llevar adelante mi vida con un sistema nervioso robusto y que conoceré al detalle.

Me alegro muchísimo de haberme encontrado la información sobre Brittany en Internet en aquel momento, porque ahora sé que sus conocimientos, sus lecciones y su entusiasmo son un monumento. E igual que lo han sido para mí, lo serán también para muchas otras vidas. Siento gratitud por haber logrado escapar de las garras de esa estructura que nunca consiguió prestarme ayuda. En lugar de seguir con aquella ceguera, conseguí mirar dentro de mi propio cuerpo para encontrar la sanación. Este trabajo es importantísimo, por eso se lo contaré y transmitiré a mis hijos como mejor pueda, para que no crezcan viviendo de la misma manera que yo durante tantos años.

Introducción a *Somatic Experiencing*®: aspectos básicos

Empecemos por los fundamentos: el objetivo del programa *Somatic Experiencing*® es ayudarte para que aprendas a convivir mejor con las experiencias que vive tu cuerpo, como las sensaciones y las emociones, no procurar que las evites o suprimas. La meta es dejar espacio para expresarlas, no eliminarlas. ¿Y por qué es tan importante este detalle? Primero vamos a fijarnos en ese ripio que se oye tan a menudo, «carga emocional». ¿Sabías que las emociones, efectivamente, portan una carga de energía?

Cuando el sistema nervioso percibe una amenaza, se acoraza y blinda para protegerte. Y para eso inicia el ciclo de respuesta ante amenazas. Se trata de una respuesta fisiológica cuya finalidad es proporcionar protección inmediata, que actúa ordenando la secreción de dos hormonas como «carga». Dos hormonas estresantes llamadas cortisol y adrenalina, que activan el impulso natural del cuerpo humano, ya sea para luchar, para huir, para desconectar, para quedarse congelado o para resignarse y conformarse. Es el llamado modo de supervivencia, un recurso fenomenal a corto plazo, pero no concebido para vivir con él activado constantemente. Porque el cuerpo humano tampoco está diseñado para soportarlo durante períodos prolongados. Es más, cuando ninguneamos esa carga, no le prestamos atención o la suprimimos (o sea, cuando evitamos las emociones), se queda atascada en el organismo.

Plantéatelo así: cuando ocultas tus emociones o los traumas que vives, se quedan enterrados vivos. Así que conformas un entorno interior que se apoya en ese motor que son las hormonas del estrés. Un ambiente tóxico y más vulnerable a molestias crónicas.

Durante un ciclo saludable de respuesta a amenazas o estrés, se desarrolla una secuencia de reacciones fisiológicas compuesta por cuatro pasos:

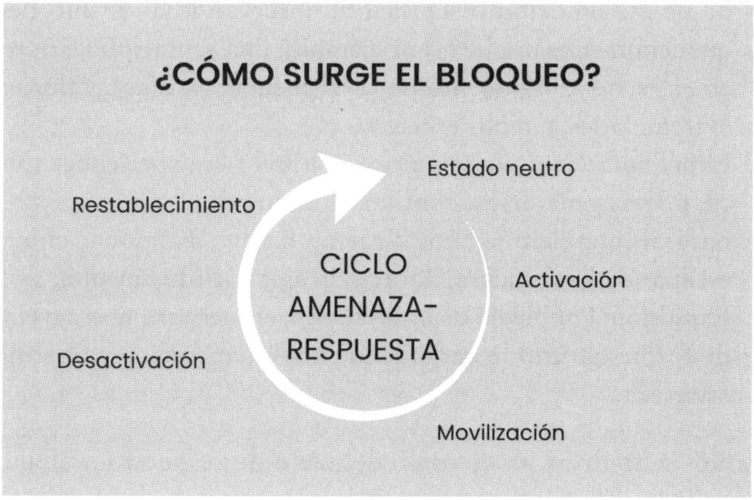

1. **Estado neutro:** te encuentras en un estado de seguridad, de conexión con el entorno. Lo que sientes es seguridad, vives el momento presente, sin sobresaltos.
2. **Activación:** la percepción de una amenaza provoca que el sistema nervioso adopte una repuesta para garantizar la supervivencia: luchar, huir, apagarse y desconectarse, congelarse o rendirse y resignarse a conformarse. Se liberan las hormonas del estrés en el organismo, adrenalina y cortisol.
3. **Movilización:** si consigues permitir que se desarrolle por completo y concluya el impulso natural del sistema nervioso, a continuación podrás liberar (o sea, «descargar») y deshacerte de las hormonas segregadas para la ocasión en el organismo.

4. **Desactivación:** tras eliminar las hormonas se produce la desactivación por vías naturales y el sistema nervioso pasa al restablecimiento, recupera la calma y vuelve al estado neutro.

Si prefieres una perspectiva más sencilla, podemos contemplar este ciclo con lo que yo llamo «las cuatro E de las Emociones»:

1. **Emergencia:** una sensación o un sentimiento emerge y despierta en el cuerpo. Por ejemplo, puede ser la ansiedad.
2. **Experiencia:** permitimos que el cuerpo experimente, viva y aprenda de esa emoción o sensación, observando al mismo tiempo qué fenómenos implica (por ejemplo, una sensación de opresión en el pecho, un aumento de la frecuencia cardíaca, calor en las extremidades, temblores, etc.).
3. **Expresión:** Cuando dejamos vía libre a la experiencia somática, podría generarse a continuación un impulso o una expresión natural (por ejemplo, vocalizar un límite, abandonar el lugar o escapar de la situación, llorar, reír, agitarse físicamente).
4. **Expulsión:** Por medio de la expresión, el cuerpo se libera o elimina de forma natural la carga emocional que portan las hormonas estresoras.

Vamos a analizar un ejemplo del ciclo de respuesta a amenazas tomado de la vida cotidiana: imagina que vas conduciendo, cantando tranquilamente tu canción favorita que precisamente suena en la radio. Estás viviendo el momento presente, sin grandes preocupaciones (estado neutro). De repente, se oye una sirena y te das cuenta de que alguien te da luces y se aproxima rápidamente por detrás. Entonces te fijas en el salpicadero y ves el velocímetro: vas demasiado deprisa. El pánico y la ansiedad brotan al instante, porque es posible que la policía te obligue a parar por esta infracción. Al instante, apagas la música y aferras el volante con ambas manos. Empiezas a sudar, notas un sofoco, el corazón late a toda pastilla y tus ojos se clavan en el espejo retrovisor (activación). Progresivamente, aproximas el coche al arcén, al tiempo que reduces la velocidad. Te detienes en la cuneta y contienes la respiración, hasta que el coche de policía pasa volando y se pierde. Sueltas un suspiro en voz alta «UFF, ¡MENOS MAL!», seguido de un instante en que te sacudes la tensión de las extremidades. A lo mejor hasta sueltas una carcajada y un silbido de puro alivio, «fiuuu». El movimiento y la vocalización permiten que tu organismo experimente exprese y expulse la adrenalina que provocó la ansiedad (movilización). Respiras bien hondo para oxigenarte. Tras regresar al momento presente, reinicias la marcha y te reincorporas lentamente al tráfico. También lentamente, recobras la calma. El corazón se ralentiza, la temperatura corporal desciende, la musculatura se relaja y vuelves a poner la música (desactivación).

Este es un ilustrativo ejemplo de la capacidad que tiene el sistema nervioso para pasar de un estado a otro (lo denominamos «pendular»), de la activación a la desactivación. Hablaremos más sobre esa capacidad de desplazamiento pendular en la Parte II de este libro. Una manera de interrumpir ese círculo consiste en impedirnos sentir o expresar. La otra posibilidad es cuando experimentamos algo que nos parece excesivo, que llega demasiado pronto o demasiado rápido, y nuestro sistema nervioso se ve sobrepasado por las circunstancias. Ambos escenarios tienen la misma consecuencia: que el organismo se queda atrapado, encerrado en las fases de activación y movilización.

Fue precisamente lo que me ocurrió a mí cuando un desconocido que se había ofrecido a ayudarme para cambiar una rueda tras un pinchazo acabó por agredirme. Durante aquella experiencia, mi sistema nervioso intentó movilizarse y resistirse para protegerme, pero el violador era demasiado fuerte y se impuso. Como resultado, la carga hormonal de la supervivencia se quedó atrapada en mi fisiología y me encerró en un estado de lucha activado. Tras la violación, me volví una persona furiosa, resentida y llena de rabia. Todas ellas cualidades totalmente opuestas a mi naturaleza, ya que solía ser muy dulce y tierna. Me transformé en alguien a quien ni yo misma reconocía.

En 2011, la situación dio otro vuelco más. Pocas semanas después de haberse dictado sentencia contra el culpable de la violación, salí a tomar unas copas junto a otra persona que también bebió y que a pesar de todo condujo... siempre señalo que este es un indicio elocuente de que yo estaba en un momento muy malo. La policía nos mandó parar y lo arrestó. A continuación, me ordenaron que saliese del coche porque me llevarían hasta mi casa. Pero como me encontraba en un estado lamentable, lo que yo viví fue una especie de retrospectiva de la noche en que sufrí la violación, cuando un extraño me tocó físicamente en un coche. Me partí en dos. Mi sistema nervioso entró de forma violenta en un estado de lucha porque revivía el trauma, desesperado por llevar hasta su conclusión el ciclo de respuesta a la amenaza (que había quedado incompleto en la violación original). Así fue como reaccioné y por eso acabé en el calabozo.

Esta anécdota ilustra muy bien que cuando el sistema nervioso se queda atrapado en un estado de supervivencia o protección, puede provocar que cambie la personalidad. Hay cinco tipos de personalidad diferentes que pueden manifestarse por la respuesta al trauma. Yo los llamo «tipos de personalidad bloqueados». Volveremos a este tema para verlo en detalle más adelante, pero por el momento, bastará con describirlos brevemente:

1. **Lucha:** El tipo malhumorado y peleón.
2. **Huida:** El que se preocupa y sufre una ansiedad terrible o se obliga a triunfar a toda costa.
3. **Desconexión:** El tipo introvertido o que parece directamente un perezoso.
4. **Congelación funcional:** El tipo que se obliga a avanzar por la fuerza, sufriendo, por las malas.
5. **Resignación y sumisión:** El tipo que se rinde e intenta agradar a todos los demás, a toda costa.

Durante los meses siguientes a la agresión sexual, yo me quedé bloqueada en el tipo de personalidad cuya respuesta es luchar, pero es perfectamente plausible que otras personas reaccionasen de otro modo.

Pero si aplicamos un enfoque que dé prioridad al cuerpo para sanar el sistema nervioso y librarnos de la energía estresante crónica que se ha quedado encerrada y almacenada en el cuerpo, es posible regresar a las versiones auténticas de nuestra personalidad, restablecidas y reguladas.

Autoterapia progresiva, suave y conectada con el ahora

El método *Somatic Experiencing*® no se fija en el pasado exclusivamente, sino que centra su atención principalmente en cómo te afecta hoy un suceso o una experiencia traumáticos. Se fija en el presente. No lo olvides: el trauma no se encuentra en el suceso en sí, sino en las respuestas con las que el sistema nervioso reacciona para garantizar la supervivencia.

Pero esto no implica tampoco que este método minimice ni esquive las vivencias dolorosas, porque tenemos muy claro que evitar no es lo mismo que sanar. En vez de eso, te enseña herramientas y prácticas somáticas para que aceptes y proceses el malestar de una manera tolerable. Validamos y creamos una capacidad reforzada dentro de tu propio sistema nervioso para que este aprenda a convivir con la ira, el miedo, la vergüenza, la ansiedad, etc. Justo lo que me aconsejó la jueza. En última instancia, ayudamos a que el sistema nervioso adquiera más resiliencia, y eso no solo contribuirá a que te cures, sino que hará que gestiones mejor el estrés y las dificultades que te vayas encontrando en el día a día.

Vale, ¿y cómo se consigue esa regulación del sistema nervioso? Aplicamos un enfoque donde la seguridad tiene prioridad. Así que empezamos por sentar bases, para que te sientas preparado/a y con recursos. Que sientas seguridad con tu cuerpo. Y eso se hace reforzando los factores que te hacen sentir bien (tus recursos) e integrándolos en tu rutina cotidiana, para que el sistema nervioso disponga de herramientas a las que echar mano cuando el proceso de sanación o la vida en general se pongan muy cuesta arriba. Una vez tomas tierra y vuelves a tu punto de partida, ya puedes comenzar a procesar el trauma en sí.

También es importante mencionar que con este método no siempre tendrás una sensación de seguridad absoluta, en todo momento. Porque, en realidad, es imposible sentir esa seguridad constantemente. Da igual si la inseguridad es real o solamente percibida (como cuando alguien nos juzga, cuando perdemos la confianza o nos parece que una situación está fuera de control). Si tenemos en cuenta los obstáculos que afrontamos en la actualidad, sentir inseguridad no solo es normal; es lógico y esperable. La vida es así. Por tanto, en lugar de blindarse y sentir seguridad todos los días y a todas horas, apostamos por reforzar la capacidad de sentir, aceptar y soportar las sensaciones de inseguridad cuando surjan. Porque surgirán, es inevitable.

Como verás en la Parte II del libro, se trata de prácticas somáticas suaves, que podrás aplicar por tu propia cuenta después de aprenderlas. En serio, no te miento: la meta es que saques partido a tus herramientas innatas, desde dentro, para que avances en la autoterapia de la manera que originalmente es natural para tu cuerpo. Se trata de técnicas modestas y muy prácticas para usar en cualquier momento, fáciles de integrar en tu vida diaria, que te aportarán un gran alivio. Tienen efecto acumulativo y, a medida que las vayas usando, irán fomentando la resiliencia de la capacidad natural de tu sistema nervioso para avanzar en la activación.

Dentro del método *Somatic Experiencing*®, la terapia progresa hacia la sanación por medio de pasitos pequeños y tolerables. Es lo que los especialistas profesionales de *Somatic Experiencing*® denominamos «titulación». Igual que te irías formando poco a poco y evolucionando hasta adquirir experiencia y saber valorar cuándo puedes abandonar paulatinamente una medicación que llevas tiempo tomando para limitar al mínimo los efectos secundarios dañinos, la titulación le confiere a tu sistema nervioso la oportunidad de ir recuperando terreno hasta llegar al presente y regularse (o desbloquearse), pero sin que se sienta sobrepasado y sin agudizar los síntomas que notas. El objetivo es estirar las posibilidades, ganar elasticidad pero sin sobrecargarte. Iremos quitándonos las piezas de armadura una por una. Y esto a su vez posibilita que la sanación sea sostenible. Nada de solucionarlo todo a base de tiritas.

El Itinerario de la sanación centrada en el cuerpo (*Body-First Healing*) sigue también el camino de la titulación. Y para eso, los capítulos iniciales de este libro te irán explicando el marco científico y los conocimientos de las distintas modalidades que abarcamos.

Los capítulos intermedios te prepararán para usar las herramientas con las que se trabaja y la última parte ofrece una guía más profunda sobre las posibles aplicaciones reales de la terapia somática. El método se caracteriza por ser paulatino y seguro; precisamente por ello hay clientes que han llegado al final de esta obra y se han sorprendido al comprobar que les había transformado la vida por completo. Pero al mismo tiempo juran y perjuran que nunca notaron cambios radicales.

El método *Somatic Experiencing®* demuestra que para tratar un trauma no es necesario acabar como un ovillo gimoteante en la consulta de tu terapeuta, sollozando y agonizando de sufrimiento mientras te piden que revivas la misma situación traumática una y otra y otra vez para «superarla». Es más bien lo contrario, un método delicado, amable y sutil, que jamás debería resultar abrumador.

A mí, la terapia somática me salvó la vida, cuando ya creía que jamás sería capaz de recuperarla. Me devolvió mi auténtico ser, en todas sus dimensiones. Me dio esperanza, me proporcionó una comprensión compasiva y herramientas para enfrentarme a lo que tenga que venir. Es un honor servirte de guía por este trabajo, porque estoy convencida de que puede hacer lo mismo por ti.

CAPÍTULO 2

Dos enfoques para el trauma: de arriba abajo y de abajo arriba

Si me pongo a recapitular cómo fue mi adolescencia, diría sin duda que era una estudiante de nivel medio, corrientita, con unas notas que oscilaban entre el bien y el notable. La verdad es que nunca le tomé el gusto al colegio, al menos a lo que sería realmente estudiar, leer y demás. Donde sí que destacaba era en el deporte y en el aspecto más social. Era lógico, la verdad. Cuando tu sistema nervioso se encuentra enquistado en el modo de supervivencia (luchando, huyendo o escondiéndose de esa bestia imaginaria que lo persigue desde el pasado), el cerebro no está en la mejor situación para aprender. De hecho, cuando la amígdala (la parte del cerebro centrada en la supervivencia) toma el mando, la corteza prefrontal (la parte especializada en el razonamiento y el aprendizaje) se inhibe.

Eso explicaba muchas cosas. Por ejemplo, por qué me abstraía en las clases, en un estado perpetuo de distracción, soñando despierta y disociada de mi entorno. Con frecuencia, las palabras que figuraban en las páginas bailaban hasta volverse borrosas y tenía que releer párrafos y capítulos enteros una y otra vez para conseguir aprehender la información. La mayor parte del tiempo ese sistema no funcionaba, así que me convertí en una experta en copiar y hacer trampas. La niebla mental era tan intensa que a veces llegaba a preguntarme si padecería alguna discapacidad relacionada con el aprendizaje, como le ocurría a mi hermano mayor. Pues resulta que yo no tenía ningún problema de ese tipo y probablemente mi hermano tampoco lo tenía en realidad. Sencillamente, mi cerebro consideraba que la prioridad era la supervivencia. Es más, posteriormente descubrí que, cuando el cerebro y el cuerpo no estaban atrapados en el modo de supervivencia, me encantaba aprender.

En particular, me entusiasmó aprender acerca del trauma y los conocimientos científicos al respecto. Me gustó tanto que terminé por convertirme en formadora sobre traumas y dirigir cursos de formación sobre trauma basados en la neurobiología forense para instituciones públicas y organizaciones privadas de todo el mundo.

Todo un logro, si piensas que anteriormente mis resultados académicos habían sido bastante mediocres. Durante aquellas ensoñaciones que despegaban a la Britt adolescente de sus clases en el instituto, jamás hubiese imaginado que un día se dedicaría a impartir formación para las Fuerzas Armadas, el Departamento de Justicia, unidades especializadas en la investigación de crímenes violentos, centros internacionales de respuesta a las crisis, estudiantes y administradores de instituciones de educación superior y muchos otros, a quienes he enseñado las particularidades del trauma: dónde reside en nuestro seno y cómo podemos tratarlo. Pues nada, aquí estoy.

Y aquí es donde empieza nuestro itinerario, con los fundamentos científicos que nos proporcionan pruebas empíricas y la conciencia propia de que nuestras maneras de comportarnos, pensar y sentir son perfectamente lógicas si las contemplamos a través de la lente que interpreta el trauma como un mecanismo de autoprotección, no de autosabotaje. La ciencia nos demuestra, una vez más, que no hay nada averiado en nuestro interior, que no es preciso repararnos. Es justamente esa autoconciencia la que promueve la compasión, la aceptación e incluso la gratitud por esa coraza defensiva que hemos tenido que soportar. A largo plazo, ocupa el espacio que antes estaba reservado a los juicios propios severos, a la vergüenza y a la confusión que nos acompañaban y que nos han hecho como somos hoy. Para sanar con esta terapia, los conocimientos (o el contexto) son un arma muy poderosa.

Una tarta enterita, toda tuya

A mí me gusta imaginarme la terapia como si fuese una enorme tarta, con varias capas y porciones diferentes. Llámalas modalidades, si quieres. Cada persona tiene una receta y unos ingredientes distintos, porque lo que sirve para una no siempre es igual de eficaz para las demás. La terapia verbal es una de esas capas. La experiencia somática o *Somatic Experiencing*® es otra, los sistemas familiares internos (IFS o *Internal Family Systems*) son otra más, la terapia de *neurofeedback* otra más, la terapia EMDR, etc. Ninguna es mejor que otra. De hecho, la mayoría de las modalidades de terapia son tremendamente efectivas si se aplican en el momento, de la manera y para el individuo idóneos. Lo que quiero decir es que hay espacio para todo, todas tienen cabida.

Asimismo, me gustaría subrayar que en ningún caso pretendo afirmar que la terapia verbal convencional es negativa ni inútil para abordar y tratar el trauma. Todo lo contrario. La cognición, la comprensión y el cambio o *reframing* narrativo son aspectos importantísimos de cara a la recuperación, siempre y cuando esos intentos de conceptualización del significado no ninguneen ni pasen por alto lo que el cuerpo también nos quiere decir. Por desgracia, en lo relativo a la recuperación tras un trauma, la medicina generalista nos ha encasillado en una sola modalidad.

Aunque el Itinerario de la sanación centrada en el cuerpo se apoyará sólidamente en el marco del método *Somatic Experiencing*® de Levine, también te propondré una combinación de modalidades. Los enfoques descendentes incluirán la psicoeducación y la terapia de apego. Los enfoques ascendentes comprenderán la teoría polivagal, la regulación del sistema nervioso, la experiencia somática o *Somatic Experiencing*® y la terapia IFS somática.

Enfoques terapéuticos descendentes

Cuando comparamos enfoques terapéuticos descendentes y ascendentes, la mayoría del público cree que «descendente» se refiere a tratar y sanar partiendo del cerebro y «descendente» se refiere a empezar la terapia desde el cuerpo. Aunque no van muy desencaminados, la distinción técnica se basa en la región del cerebro que se toma como objetivo durante la terapia.

El enfoque terapéutico más corriente para el trauma adopta el sentido descendente, lo que sugiere que el tratamiento debería comenzar por la parte superior del cerebro, en el neocórtex. O sea, en el «cerebro pensante», el centro «que habla». En esta zona es donde se desarrollan el pensamiento lógico, el razonamiento y los recuerdos narrativos o explícitos. Se le suele denominar también cerebro consciente o corteza cerebral. Por otra parte, la terapia somática se centra predominantemente en las regiones subcorticales o subconscientes del cerebro, de las que hablaremos detenidamente en breve.

Como ya mencioné en el capítulo anterior, las investigaciones han demostrado que la terapia de reminiscencia o basada en la exposición, que nos guía a revivir recuerdos dolorosos, puede provocar que se agraven los síntomas del trastorno de estrés postraumático. ¿Por qué? Porque cuando repites y reconstruyes o comentas una experiencia traumática, se activa la amígdala, el centro del cerebro que se ocupa de los miedos y las amenazas. La luz de la amígdala se enciende cuando el sistema nervioso detecta que estás en peligro. Y cuando eso ocurre, acalla la corteza prefrontal (la región del cerebro responsable de pensar, hablar, razonar y recordar), que es imprescindible para la terapia verbal. Por tanto, cabe afirmar que, si el objetivo de la terapia es desatascarte y sacarte de un estado de desregulación crónica enquistado en la supervivencia, rememorar el pasado y hablar sobre sus eventos constantemente puede provocar que pase justo lo contrario.

Muchas de las personas que han acudido a mi consulta se han sometido a terapias basadas en la exposición o la reminiscencia durante años, con la esperanza de tratar sus traumas. Por desgracia, según me ha confesado la mayoría, hablar sobre esos acontecimientos solamente les dejó una sensación de bloqueo, de derrota o algo aún peor. Cuando les explico que tomar el propio trauma como punto de partida puede ser demasiado duro y puede incluso acentuar la alteración del sistema nervioso, me responden con suspiros de alivio. Sus traumas se habían consolidado y agravado aunque no fuese esa la intención, porque no les habían proporcionado un contenedor seguro donde trabajar sobre ellos.

De hecho, el enfoque de la terapia basado en sumergirse a fondo en el dolor no solo puede intensificar los síntomas, sino también originar una relación de codependencia en la que el/la terapeuta se convierte en el único salvavidas a mano. En vez de eso, lo más recomendable es comenzar por aguas poco profundas, sin perder pie, donde nos pueda guiar alguien para aprender a nadar de forma autónoma. Si tu terapeuta no te proporciona herramientas ni te enseña técnicas para que tú las apliques por tu cuenta, quizás no sea la opción más adecuada para ti. Deberías elegir a un (o una, claro) terapeuta cuya intención sea formarte para trabajar de forma autónoma en tu autocuración, que te recuerde de forma constante que, si bien él (o ella) cumple un papel de apoyo fundamental, en tu fuero interno tienes todo lo necesario para restablecerte. De hecho, recuerdo sentir ansiedad pura antes de decirle a una de mis terapeutas que estaba lista para abandonar el nido y poner fin a nuestras sesiones. Me respondió lo siguiente: «Como terapeuta, mi objetivo es guiarte hasta una posición donde ya no te haga falta recurrir a mí». Aquello reafirmó que me había puesto en buenas manos.

Aquí van varias cuestiones que me planteé cuando me propuse encontrar un buen terapeuta:

- ¿Las sesiones de terapia me están haciendo crecer?
- ¿Estoy aprendiendo estrategias prácticas para integrar en el proceso de curación por mi propia cuenta?
- ¿Se apresura a concentrarse en los traumas del pasado o dedica tiempo intencionadamente a ganarse mi confianza, sentar las bases de una relación sólida y hacerme sentir segura en primer lugar?
- ¿Me permite que experimente sensaciones o se limita a conducirme y reconducirme en mis reflexiones?
- A lo mejor te entran dudas y no tienes la certeza... ¿y si la terapia no es beneficiosa para tu caso? Yo te diría que la pregunta clave de la cuestión no es tanto «si», sino más bien «cuándo» y «cómo». Muchas personas han logrado avances increíbles con la terapia cuando empezaron por el cuerpo y el sistema nervioso antes de pasar a la vertiente de los aspectos cognitivos y la comprensión.

¿Y SI LAS PRÁCTICAS DE *MINDFULNESS* NO FUESEN SUFICIENTE?

«Cambia de forma de pensar, cambia de vida». Le sonará familiar a cualquiera que preste algo de atención al ámbito del *wellness* y el bienestar. O sea, de las distintas modalidades y prácticas centradas en la atención plena (o *mindfulness*), la conciencia plena y la meditación. Es un lema bienintencionado, pero lamentablemente está muy lejos de ser verdad. Porque si no preparas a tu cuerpo y tu sistema nervioso para la causa, el bloqueo seguirá ahí y no avanzarás. ¿Por qué sostengo que la meditación, la atención plena y las afirmaciones positivas no son suficientes para regular el sistema nervioso? Pues porque equivalen a proponer una solución de reflexión a un problema ligado a la sensación, a los sentimientos. Desde el enfoque de la *Somatic Experiencing®*, consideramos que excederse hablando, reflexionando o comentando cada detalle que pasa en nuestra mente en realidad puede servir como una estrategia para evitar experimentar sentimientos.

Cuidado, no estoy diciendo que las prácticas de atención plena sean inútiles o no tengan su campo de aplicación. Lo que digo es que, si ninguneas el cuerpo y la mente subconsciente, no servirán más que como soluciones pasajeras. A menudo afirmamos que «es tu estado el que cuenta tu historia». En otras palabras, que el estado en que se encuentre tu sistema nervioso condicionará qué historias y pensamientos discurren por tu mente.

Cuando yo tenía el sistema nervioso bloqueado en aquella reacción de luchar tras haber sufrido una violación, estaba enfadada con el mundo. Odiaba mis relaciones personales. Odiaba el trabajo. Odiaba la televisión. Odiaba hasta el cielo. Era una persona iracunda, amargada. Por muchas raciones de pensamiento positivo, meditación, respiración controlada, o clases de yoga o de gestión de la ira que me tragase, aquella furia siempre resurgía. Vale, es cierto que conseguía modificar mis patrones de pensamiento, temporalmente. Pero como tenía aquella carga tremenda de adrenalina, cortisol y otras hormonas para la supervivencia almacenada y atrapada en mi fisiología, era como una olla a presión. No tenía forma de dejar escapar el vapor de una manera sana y productiva. Solo tenía dos posibilidades: implosionar o explotar. Y exploté.

Aquí la metodología vuelve a girar, una vez más, en torno a cuándo y cómo se aplican las prácticas. Por ejemplo: el yoga, la respiración controlada y las técnicas de *mindfulness* son muy eficaces para bajar a la tierra y anclarte a una base sólida, con calma y presencia plena, tras experimentar y expulsar la carga de hormonas de supervivencia. Pero como la gente asume que el primer paso para regularse consiste en calmarse (en lugar de expresar y librarse de la carga de supervivencia atrapada, que aúlla oculta en tu interior), a menudo esas prácticas se quedan cortas. Si te parece que la atención plena y la meditación no funcionan en tu caso, quizás deberías tomártelo como una invitación a dejar tranquila la mente y centrarte más en el cuerpo físico.

Enfoques terapéuticos ascendentes

En la actualidad los estudios de investigación calculan que el 95 % de la actividad cerebral es subconsciente. ¿Qué significa eso? Que la inmensa mayoría de nuestros pensamientos, conductas y emociones se basan en el 95 % de actividad cerebral que se desarrolla debajo del neocórtex.[1] Como verás en el resto del libro, en lo que atañe al cerebro, el método *Somatic Experiencing*® adopta un enfoque ascendente para tratar el trauma.

Dentro del marco de este método terapéutico, empezamos por las áreas subcorticales (subconscientes) del cerebro. Más concretamente, por el sistema límbico (el cerebro mamífero/emocional) y el tronco o tallo encefálico (el cerebro reptiliano o parte especializada en la supervivencia), que gobiernan el cuerpo físico y el sistema nervioso. Volvemos a lo mismo: como el trauma también desactiva las partes superiores del cerebro (las más racionales) y desencadena reacciones físicas, comenzamos por esas impresiones somáticas. El lenguaje de las estructuras subcorticales está compuesto por impulsos, sensaciones, sentimientos y emociones, así que eso será lo que exploremos. Es imprescindible alcanzar la regulación y una situación de seguridad a través del cuerpo físico para acceder de manera eficaz al poder del neocórtex, a su capacidad para interpretar y desentrañar significados. Por eso el título de este libro deja claro que se empieza por el cuerpo. Pero no se termina ahí.

Para empezar a aprender el idioma de tu sistema nervioso y de tu cuerpo (que es único y exclusivo), te aconsejo que te apuntes a cumplir la práctica diaria titulada «Observación y seguimiento de tu sistema nervioso», que se detalla en la página 321 del Apéndice A. Yo siempre se lo he recomendado a mis pacientes. Si tuviese que elegir la herramienta con más potencial para su sanación, sería esta, la observación. Y quienes han colaborado conmigo o se han graduado del programa *Body-First Healing* (La sanación del trauma empieza en el propio cuerpo) están de acuerdo.

Conceptos erróneos sobre el trauma: hora de desmentirlos

¿Es posible sanar el trauma por completo? ¿Y qué pasa si no soy capaz de recordar el trauma que sufrí? Estas y otras cuestiones son la clase de preguntas que me suelen plantear quienes acuden a mi consulta o sienten curiosidad por la terapia somática. Vamos a analizarlas, tú y yo.

¿Es posible sanar el trauma por completo?

El concepto «sanar» depende de la definición de este término que tú apliques. Si sostienes que sanar consiste en que la persona adquiera la capacidad de no resultar excitada ni molestada por experiencias vividas en el pasado… pues no, no es posible sanar por completo. Y eso se debe a que el cuerpo y el sistema nervioso jamás olvidarán las experiencias traumáticas vividas y siempre lanzarán su alerta cuando consideren que vuelves a enfrentarte a esa amenaza potencial. Pero (y atención, este es un «pero» muy grande), con el paso del tiempo, la intensidad de los estímulos desencadenantes (o sea, de la activación) se puede rebajar, y mucho. A medida que vas regulando el sistema nervioso y amplías los márgenes de tolerancia al estrés, sucede que cosas que tiempo atrás te hubiesen hecho saltar se vuelven mucho más fáciles de soportar y gestionar. Piénsalo así: la excitación o el malestar o la emoción existen, pero se sobrellevan sin grandes problemas. Tu capacidad actual para experimentar ese malestar es demasiado limitada. Sin embargo, si optas por considerar que tras un trauma lo fundamental no es tanto superarlo por completo como mejorar tu capacidad para convivir con ello, pues la respuesta es sí: es posible sanar por completo. En última instancia, el objetivo no es aniquilar el trauma y borrarlo, sino que se trata de relacionarse con ese trauma de una manera más regulada y resiliente.

¿Y qué pasa si no soy capaz de recordar mi trauma?

Este es uno de los comentarios más frecuentes. Y siempre respondo igual: recordar no es lo mismo que recuperarse. Además, aunque quizás no conserves un recuerdo explícito de ese trauma, el cuerpo sí que lo tiene implícito en su memoria.

Veamos un ejemplo: es posible que alguien que haya sufrido abusos en su niñez no guarde recuerdos y no sea capaz de narrarlos con palabras. Quizás lo sepa porque se lo ha contado algún pariente. Este trauma se manifiesta en la actualidad con una fuerte reticencia a la intimidad o la cercanía (emocional o física) en las relaciones personales, debido al terror a sufrir o a que se aprovechen de ti. Debajo de esos patrones de evitación se esconde el hecho de que la víctima nunca fue capaz de luchar o huir. En vez de eso, su sistema nervioso entró en un estado de congelación o desconexión, aislándose de todo lo que lo rodeaba. Una de las posibles metas finales en la terapia de este caso sería explorar las prácticas somáticas que fomentan las respuestas defensivas a través de una agresión saludable que sirva como reafirmación y del establecimiento de límites (la reacción de lucha) en el presente. Un recurso que, en el pasado, se había suprimido o frustrado. Conforme fuésemos trabajando, la adrenalina y el cortisol que se mantenían atascados y abrumaban al sistema se irían liberando y remitiendo en el presente. Así se abriría paso a un proceso de regulación, para alejarse lentamente de ese estado de bloqueo o desconexión.

Aunque no tengas un recuerdo consciente de algo que te sucedió, sí es posible trabajar con la memoria implícita o subconsciente y los impulsos del sistema nervioso te permiten hacer en el presente cosas que no te eran inalcanzables en el pasado. Nos ocuparemos de forma detallada y específica de la memoria en el Capítulo 4.

Una sanación imperfecta

Hay otra característica muy importante que subrayar: la sanación nunca, en ningún caso, tendrá ese aspecto «perfecto» que solemos imaginarnos que debería tener si nos atenemos a los condicionantes sociales. ¿Por qué? Pues porque seguirás siendo pasto de los impulsos y las reacciones, porque el sistema nervioso no es un animal racional y porque el concepto «estado negativo del sistema nervioso» sencillamente no existe (sobre esto profundizaré después de unas cuantas páginas). Traducción: seguirán llegando momentos en los que sobrerreacciones, en los que sientas que la situación te supera, en los que te encierres, te aísles, te insensibilices, etc., etc. En primer lugar, piensa que se trata de patrones habituales, lo que significa que costará bastante tiempo reconfigurarlos para que no sean los predeterminados por defecto. En segundo lugar, a veces se dan circunstancias y ocasiones que reclaman ese tipo de respuestas por parte del sistema nervioso.

Días complicados, cuando todo sale mal y no lo soportas ni un instante más, ¿qué otro remedio te queda para soltar presión? Yo suelo animar a mis pacientes a que reconsideren conceptos y palabras como «regresión» o «recaída». Sencillamente, se trata de «conductas perfectamente humanas». La sanación es un proceso largo; diez pasos adelante y tres atrás. Una y otra, y otra vez. Mil veces más. Lo fundamental para seguir adelante es tener un poco de compasión por ti, personalmente, para esos días en los que retrocedes. No olvides nunca que has dado siete pasos adelante, has avanzado un poco desde el último revés.

La medicina convencional por fin presta atención

«Entonces, si la experiencia somática es tan eficaz, ¿por qué no se aplica en la medicina general? ¿Por qué no se habla del tema?». Dos de las preguntas más frecuentes, y para las dos tengo una respuesta muy sincera, por partida doble.

En primer lugar, piensa, ¿dónde está el dinero?

Cuando se habla del sector de la atención sanitaria en los Estados Unidos en la actualidad, se suele emplear el término *sick care* («atención o cuidado de enfermos»), tal vez te suene. Se usa para describir un sistema de salud que centra su prioridad en tratar enfermedades o síntomas, pero sin indagar en las causas raíz. También cabe contemplarlo como un sistema de gestión de síntomas. Un sistema que pone tiritas para todo o un modelo alopático si nos ponemos más técnicos, lo cual realmente es la base de la medicina moderna u occidental actual. Un sistema de atención de la salud ideal debería contar con un modelo más integrado, centrado en la prevención. No se limitaría a observar y atacar los síntomas, sino a identificar las causas y también dedicaría tiempo a mantener a la población en un buen estado de salud.

Lo que pasa es que el modelo de atención centrada en los enfermos es mucho más rentable, ya que su objetivo primordial es proporcionar el máximo número posible de servicios (facturables), y no tanto esmerarse para que cada paciente salga del sistema con buena salud. En la actualidad, los cuidados y la atención a enfermos es una industria en pleno auge. Un dato: los ciudadanos estadounidenses de hoy gastan un tercio de sus ingresos en atención sanitaria y una familia media (de cuatro personas) destina 22.000 dólares anuales[2] a este apartado. Una subida más que drástica respecto a las cifras de hace 20 años. Es un negocio fabuloso. Visto así, ¿qué interés tendría una aseguradora en autorizar un enfoque centrado en la recuperación si sabe que será un servicio a corto plazo que te restituirá las herramientas innatas que ya tienes incorporadas en tu biología para curarte por tu cuenta? El método *Somatic Experiencing®* no incluye fármacos, ni requiere intervenciones ni procedimientos quirúrgicos, ni siquiera te somete a un diagnóstico que te acompañará toda la vida. No parece muy rentable.

Esa es la primera parte de mi respuesta doble. La segunda es bastante simple: suelen transcurrir entre 18 y 20 años entre que se demuestra científicamente una teoría y luego se incorpora a la práctica médica general. O sea, una generación entera, más o menos. Por ejemplo: los mismos médicos que hace años ponían los ojos en blanco cuando oían hablar de la «medicina tradicional china» hoy recomiendan de forma habitual a sus pacientes que se sometan a tratamientos de acupuntura. Como comentó en su día el doctor Mark Hyman, célebre autor y especialista en medicina de familia, «la psiquiatría está inmersa en su Edad Oscura y las vías que ofrece para tratar el trauma son realmente tortuosas». Actualmente estamos asistiendo a esa misma evolución en el ámbito de la recuperación postraumática. Me han contado casos de una larguísima serie de terapeutas, con formación especializada y experiencia más que dilatada, que recibieron menos de diez horas de formación sobre el trauma durante todos sus estudios superiores. ¿Y qué hay de la formación sobre la regulación del sistema nervioso circundante y de las prácticas terapéuticas orientadas al cuerpo? Pues sucede algo parecido; que todavía queda mucho por hacer.

Con todo, hay buenas noticias: a medida que se realizan y concluyen más estudios, las bases científicas (establecidas hace décadas) que sustentan el método *Somatic Experiencing®* y la terapia orientada al cuerpo finalmente van saliendo a la luz y penetrando en la corriente general, situándose a la vanguardia de cara al restablecimiento postraumático. El grupo de pioneros que abren camino es limitado, pero van profundizando más que cualquier otra metodología que se haya puesto a prueba anteriormente. Cada vez que oigo un exabrupto de frustración del tipo «¿Pero por qué no se enseña esto en las facultades? ¡Ayudaría tantísimo!» de los labios de pacientes o colegas, replico con una respuesta muy sencilla: nunca es tarde para adoptar el enfoque somático para el trauma y la terapia. El cuerpo nunca lo olvida.

CAPÍTULO 3

La definición del trauma

En los primeros pasos de mi camino a la recuperación, me las apañé como pude, aunque fuese sin percatarme, para infravalorar mi propio sufrimiento. Ahora que lo pienso, fue una estrategia fantástica para soportar la situación. Hasta que dejó de serlo, claro está. Al subestimar mis traumas y calificarlos de «poca cosa», los apartaba de mi vista y se quedaban fuera del radar. Pero no por eso desaparecían. Los menospreciaba de varias formas.

En primer lugar, se notaba en mi manera de hablar del pasado. Si se trataba del fallecimiento de mi hermano, yo soltaba algo así: «Bah, eso pasó hace mucho tiempo». Si se trataba del abandono por parte de mi padre biológico, lo despachaba así: «Bueno, lo que cuenta es que mi padrastro es mi padre de verdad. Así que, en el fondo, no me importó tanto». Si se trataba de la violación: «Vale, pero tengamos en cuenta que esa experiencia me dio un propósito en la vida. Me catapultó a una carrera profesional preciosa, especialista en prevención de la violencia y gestión de espacios de recuperación».

Da igual que estas afirmaciones fuesen ciertas, la clave es que ninguneaban el dolor que había padecido, que fue muy real y válido. También minusvaloraba el trauma de otros modos. Por ejemplo, con una tendencia implacable a entrometerme en las terapias y la curación de otras personas. No hay nada de malo en querer ayudar a otras personas, pero es que yo lo hacía, de forma subconsciente, para distraerme de mis propios dolores. Empecé ofreciéndome como voluntaria para ser consejera en un campamento de verano para chavales de 16 años que estaban deprimidos o afligidos. Y eso fue al poco de fallecer mi hermano. Durante los siguientes años, prestar ayuda a los demás fue una de mis estrategias más eficaces para soportar mi dolor. Es más, llegué a servirme de sus traumas para comparar y concluir que el mío «no era para tanto».

En última instancia, y para demostrarme a mí misma que esto era cierto, acabé por caer en lugares muy oscuros. Tras graduarme de mi escuela universitaria con un grado de fotoperiodismo y estudios sobre feminismo, con especialización en la violencia con base de género y la prevención de la violencia, me embarqué en una gesta global para «sanar el mundo»... y al mismo tiempo, me olvidé de mí misma. Me pasé cinco años trabajando como fotógrafa documental especializada en temas de justicia social y conflictos, tanto en territorio nacional como en el ámbito internacional. Fui testigo del tipo de traumas que mi cerebro era incapaz de asimilar. Me encargaban proyectos que a veces duraban varios meses, así que me metí a fondo en las vidas y las experiencias de las personas cuyas historias yo ilustraba.

Vidas desoladoras, angustiosas, conmovedoras: chiquillas rescatadas de matrimonios forzados en la India, huérfanos que habían perdido a toda su familia por la hambruna y las enfermedades en Uganda, campamentos de sin techo en centros urbanos de metrópolis de los Estados Unidos, etc.

Me acuerdo particularmente de una mujer, llamada Abina, con la que entablé una relación muy cercana mientras trabajaba con un Centro de crisis para la atención de casos de violación en Sudáfrica. Abina había sobrevivido a cuatro agresiones sexuales y se había escapado de un hogar donde los abusos eran la norma. En aquellos momentos vivía con sus cuatro hijos en un hogar seguro, protegidos de la violencia y el terror que había ejercido su marido durante años.

Yo operaba siempre con la intención de desarrollar primero unas bases sólidas de confianza con las personas cuyas vidas iba a documentar. Durante las dos primeras semanas de cualquier proyecto, me dejaba la cámara en casa y me limitaba a compartir tiempo con esas personas, para que pudiésemos conocernos. En esos primeros contactos, acompañaba a Abina a la iglesia, comíamos juntas, llevábamos a sus niños al colegio, y sí, también lloramos juntas. A pesar de las durísimas experiencias que había vivido, Abina tenía una perspectiva francamente positiva de la vida. Irradiaba alegría, era puro júbilo, incluso en las circunstancias más tenebrosas.

Cuando me pongo a reflexionar sobre aquellos meses en Sudáfrica, siempre me acuerdo de ella, no lo puedo evitar. Ahora bien, lo que también se me quedó grabado en la mente fueron las horas aislada cuando no estaba trabajando. Por pura rutina, me paraba en una licorería al volver del trabajo. Me bebía botella tras botella para escapar a aquel silencio ensordecedor que era mi propio dolor. Sola y anestesiada. Me portaba como si fuera la Madre Teresa de Calcuta ante el mundo exterior, pero luego bebía sin control y estaba totalmente desconectada de mí misma.

Por otro lado, tenemos a Abina, que se había enfrentado a cosas terribles, de las peores que te pueden ocurrir, pero al igual que muchas otras personas cuyos relatos captaba con la lente de la cámara, ella parecía haberlo asimilado. Parecía estar bien. Incluso mejor que bien. Había encontrado la forma de hacer hueco para aquel dolor cuando salía a la superficie, de llorar y expresarlo, de dejarlo brotar para seguir con su vida. Cuando aquellos brotes terribles de sufrimiento se extinguían, dejaban paso a una alegría de vivir asombrosa. Abina miraba a su trauma a la cara, sin apartar los ojos, con una aceptación radical y una resiliencia pasmosa. Yo, por el contrario, había huido hasta la otra punta del planeta para evitar enfrentarme al mío. Sobre el papel, si nos atenemos a los horrores que habían tenido que soportar, tanto ella como otras personas a quienes conocí «lo habían pasado peor» que yo. Pero daba la sensación de que yo era quien había acabado más bajo.

Fue una revelación poderosísima para mi recuperación. El trauma no gira en torno a la experiencia o el suceso vivido. Se trata más bien de nuestra forma de contenerlo o de negarlos a contenerlo en nuestro interior.

En este capítulo vamos a profundizar y procurar entender mejor qué es el trauma, para que aprendas a identificar las huellas de tus propios traumas y comiences a vislumbrar por dónde va tu camino a la recuperación.

¿Qué es un trauma en el fondo?

Un trauma es cualquier suceso o experiencia que resulta ser demasiado abrumadora para el sistema nervioso. Podríamos describir esa sensación de aplastamiento así: demasiada intensidad, demasiado rápido, demasiado pronto... o demasiado poco. Se trata de experiencias que el sistema nervioso no está preparado para soportar.

Imagínate que tu sistema nervioso fuese un sistema de seguridad, siempre vigilante en segundo plano (o sea, en el subconsciente) para protegerte de cualquier factor que él perciba como peligroso. Cuando el sistema se considera superado, interpreta que existe una brecha en la seguridad (ya sea emocional o física) que podría desmontar el sistema de seguridad. Como consecuencia, salta una especie de alarma, que se mantiene y señaliza un potencial peligro constantemente (aunque el riesgo haya desaparecido) o no avisa del consabido peligro cuando sí está presente.

Es importante subrayar que «seguridad» e «inseguridad» son categorías relativas, específicas de cada sistema nervioso individual. Dicho de otra manera: el mismo suceso puede ser traumático para una persona y no serlo para otra. Veamos un ejemplo:

Jimmy y Stevie son dos chiquillos de ocho años, vecinos, que acuden a la misma escuela. Jimmy vive en un hogar donde ambos progenitores están presentes constantemente, son responsables y le ofrecen apoyo cuando él vive grandes emociones. Son padres que sirven de modelo para expresarse y regularse de forma saludable. En casa de Stevie, uno de sus padres tiene que viajar con mucha frecuencia debido a su trabajo y se pasa la mayor parte del tiempo ausente, mientras su pareja lucha con sus adicciones, sufre ataques de ira explosivos y pasa períodos de desconexión total, retrayéndose del mundo.

Un día, en el autobús de camino a clase, los dos niños sufren acoso por parte de un mismo abusón. Tanto Stevie como Jimmy son objeto de los mismos insultos y reciben puñetazos muy parecidos. La lógica dicta que Jimmy y Stevie deberían juzgar que la experiencia es igualmente traumática, ¿o no? Pues no. Y ahora veamos por qué.

Cuando Jimmy regresa a casa tras el colegio, con moratones y enfadado, sus padres le ofrecen empatía y compasión. Le dejan espacio para que llore, lo abrazan y lo consuelan. Validan su dolor y le prometen que se hablarán con la dirección de la escuela para resolver el problema. El niño se siente atendido y apoyado. Se siente seguro. Lo suficientemente seguro para que su sistema nervioso baje las defensas y vuelva al estado de «desactivación» y regulación habitual. Cuando Jimmy sea adulto, esa vivencia no será más que una anécdota del pasado, no la etiquetará como «traumática».

Pero para Stevie es muy distinto. También vuelve a casa, magullado y disgustado. Pero no se encuentra con alguien que le escuche con empatía. De sus dos progenitores, uno está fuera, en un largo viaje de trabajo. Y el otro está tirado en el sofá, bajo el efecto del alcohol o los medicamentos. Así que no tiene más remedio que despertarlo y contarle lo que le ha pasado entre lágrimas. Las emociones de Stevie tan solo provocan una respuesta irritada: «¡Eso no es nada, SUPÉRALO! Ahórrate las lágrimas, que no es para tanto y yo tengo otras preocupaciones. Ya no eres un bebé. La próxima vez, ¡aprende a defenderte! Venga, vete a tu cuarto». Todavía visiblemente triste y afectado, Stevie se refugia en su habitación y allí sigue llorando, pero sin nadie que lo escuche. Nada le ofrece la sensación de seguridad que busca. Su sistema nervioso no baja las defensas, no se desactiva. Se queda bloqueado en posición de supervivencia. Cuando sea adulto y rememore esa experiencia, le resultará dolorosa y la considerará un momento traumático de su vida.

En última instancia, si tras concluir el trauma inicial el cuerpo sigue sin sentirse seguro, el sistema nervioso continúa con el blindaje puesto.

Carencias

Muchas personas creen a pies juntillas que un trauma tiene que ser un suceso catastrófico y repentino, que deje secuelas abundantes y aparentes, imposibles de pasar por alto. Mis primeras temporadas de visitas a terapia convencional se centraban en eventos de ese tipo, experiencias traumáticas tan flagrantes que se podían ubicar en una cronología. Perder a mi hermano a los 15 años, la violación a los 20... eran desgracias muy obvias. Sucesos excesivos, demasiado rápidos, que llegaban de repente.

Sin embargo, la rigidez de esta perspectiva implica que se descarten sufrimientos más sutiles, que mucha gente padece en sus relaciones personales o en momentos de la vida en que tienen alguna carencia. Personalmente, yo incluyo aquí la falta de presencia de mis padres: mi padre biológico eligió desligarse por completo de mi vida y para mi madre, la prioridad absoluta era el trabajo, hasta el punto de que durante once años de mi crianza se pasaba tres días a la semana en otro estado.

También padecí una notable falta de empatía tras ser violada. En lugar de compasión, abundaban las alusiones veladas (a veces, otras eran obvias y descaradas) de que parte de la culpa era mía, si no toda. Y también críticas y juicios. Todo aquello de amistades, familiares, personal de los servicios de emergencia y de mi comunidad social en general. A los pocos días de la agresión, la policía se esforzaba por seguir cada pista e intentar apresar al criminal, pero él seguía en libertad. Yo estaba con mi familia, todos recluidos en casa, como en un limbo. Y entonces empezaron a llegar equipos de periodistas a la puerta, porque el caso se había filtrado accidentalmente por error de alguien en prácticas. A mis padres les preocupaba mi seguridad, así que me enviaron de Indianápolis a Seattle, para que me alojase con unos parientes. Antes de irme, me insistieron mucho en que estuviese desconectada y no leyese ni viese las noticias sobre el caso. Pero claro, naturalmente, cuando tus padres te ordenan que hagas algo, el impulso más habitual es que hagas exactamente lo contrario. ¿No me pasa solo a mí, verdad?

Lo que entendí e interioricé tras leer atestados e informes policiales, artículos periodísticos y comentarios de la gente a mi alrededor era que yo era responsable de lo que me había pasado. Cierto artículo terminaba con una cita del sargento de la policía local que decía así: «Esta violación es una lección muy valiosa. La chica tenía miedo de sentirse culpable y de herir los sentimientos del violador, pero así lo único que consiguió fue ponerse en peligro. Ella estaba incómoda con la situación desde el principio y ni siquiera quería llevarlo hasta su casa, en el fondo, probablemente tendría que haberle hecho caso a su instinto en ese momento»[1].

La conclusión era esta: yo me había equivocado, tendría que haber actuado de otra forma, había cometido un error. Yo era la que tenía una lección que aprender, yo y no el hombre que me agredió violentamente y se aprovechó de mí. El artículo iba seguido de comentarios, aquí van unos cuantos:

- Pero si le dejó que subiese al coche, ¿qué es lo que esperaba?
- ¿Es que su madre no le enseñó que no hay que hablar con desconocidos?
- He visto por ahí que esa noche la chica había estado bebiendo.

De un modo muy similar, en los momentos críticos tras la agresión, no recibí el apoyo que yo necesitaba tan desesperadamente. Me acuerdo de que el agente de policía que me tomó la declaración en el hospital donde me ingresaron me mostró una actitud que era pura desconfianza. «¿Cuándo dices que bebiste anoche?», me preguntó. «Bueno, ¿pero se puede saber por qué lo dejaste subir al coche?». Recuerdo como si fuera hoy que, cuando llegué a casa, me derrumbé delante de la puerta. Estaba magullada, tenía golpes por todo el cuerpo, la mandíbula destrozada y moratones por todo el rostro de los puñetazos del asaltante y de la llave de cruceta que había usado para golpearme. Desperté a mi mejor amiga, que estaba durmiendo en el sofá, y me puse a chillarle en la cara, de puro dolor. No me creía lo que me estaba sucediendo. ¿Y qué me respondió?

Ese fue el golpe de gracia, el definitivo. Lo único que se le ocurrió fue «Vete a la cama, duerme y ya lo hablaremos por la mañana». Todavía siento la rabia de mi madre al día siguiente, mientras me llevaba en coche del hospital a casa: «¡Pensaba que te habíamos educado mejor! ¡¿Cómo se te ocurrió permitirle que subiese al coche?! ¿Por qué habías estado bebiendo?».

Carencias: falta de empatía.

El recuerdo que más se me ha grabado de aquella noche horrible y de los días siguientes no corresponde a la agresión en sí, sino a lo que vino después. A la falta de apoyo y compasión. A la sensación de aislamiento y vergüenza que me invadió y me empujó a un autodesprecio que, años más tarde, estuvo a punto de costarme la vida. Falta de compasión, falta de consuelo, falta de validación. No sentí suficiente seguridad para curarme de las secuelas de lo que me había ocurrido. Esa falta, esa carencia, me catapultó a una serie de años marcados por conductas autodestructivas: trastornos alimentarios, borracheras compulsivas, autolesiones y mucho más. Los momentos en que se sienten esas carencias pueden ser igual de devastadores que los sucesos traumáticos que nos llegan demasiado fuertes, demasiado rápidos, demasiado pronto. De hecho, dado que muy a menudo se pasan por alto porque centramos la atención en las experiencias dolorosas más evidentes y, por tanto, no son objeto de tratamiento, tienden a generar síntomas más agudos y debilitantes: ansiedad, depresión, fatiga, dolor y enfermedades crónicas, así como adicciones, por nombrar unos cuantos ejemplos.

Ponerle nombre al trauma

La gente categoriza o etiqueta los traumas de mil maneras distintas. No es imprescindible clasificarlos para curarlos y restablecerse, y yo personalmente nunca he animado a nadie a meter su trauma en una cajita rotulada. Pero puede ser útil identificar en qué punto del espectro se encuadra tu experiencia. Te sugiero que no pases por alto la Reflexión que figura al final de este capítulo, donde te explico cómo iniciar el proceso para Ponerle nombre a tu trauma.

Como ya hemos visto, a menudo asumimos que el trauma es fruto de un único suceso catastrófico. Sin embargo, dado que el trauma en sí mismo no radica en el suceso, sino en lo que experimenta el sistema nervioso, se puede desarrollar y vivir un trauma debido a pequeños incidentes que se acumulan.

Y puede ser igual de duro. Esto es muy relevante para niños en edades tempranas, cuyos sistemas nerviosos todavía están en pleno desarrollo y, por tanto, presentan una probabilidad más elevada de sufrir una sobrecarga. En la actualidad, dentro de la comunidad que trabaja sobre salud mental, es frecuente encontrarse a personas que usan dos categorías: «Trauma con mayúscula» y «trauma con minúscula». Vamos, que manejan la idea de que ciertas experiencias son más perjudiciales que otras. Con todo, lo que conviene no olvidar es que un mismo acontecimiento puede ser un Trauma catastrófico para un sistema nervioso y apenas un minitrauma rutinario para otro. Etiquetar los traumas personales de esta forma se podría interpretar como una negación de la validación.

En lugar de etiquetar y distinguir qué es un trauma terrible y qué no, lo más aconsejable es contemplar el espectro de los traumas con más precisión, fijándonos en factores objetivos. Factores como si el trauma se experimentó de forma directa o indirecta, así como la duración y la frecuencia de los estímulos.

Trauma directo

Un trauma directo es aquel que experimentamos en primera persona. En el siguiente apartado, caracterizaremos de un modo más detallado y específico las experiencias traumáticas indirectas. Por ahora, vamos a repasar los tres tipos de trauma directo.

Trauma agudo

El trauma agudo es la versión que se nos suele venir a la mente cuando hablamos de «traumas». Se trata de un *shock* emocional que surge de repente. Es la clase de trauma que te golpea de sopetón en la frente, tan habitual en novelas sensacionalistas y en la pantalla de la tele. Un trauma agudo se origina debido a un suceso específico, breve y único, que tiene un inicio, un desarrollo y un fin claros. Estos son varios ejemplos de trauma agudo (podríamos poner mil más): un accidente de tráfico, una agresión sexual, una ruptura romántica, una traición, la muerte o enfermedad de una persona querida, la pérdida repentina de un empleo, una catástrofe natural, un diagnóstico de consecuencias mortales, un trauma médico, una agresión física, etc.

Trauma crónico

Un trauma crónico es menos obvio y flagrante que el anterior, es el que permanece agazapado en los recovecos del subconsciente. Se trata de experiencias en las que rara vez solemos reparar, generalmente porque no encajan en la narrativa cultural marcada por los sucesos catastróficos. El resultado es una herida invisible, que termina por manifestarse en una sucesión de síntomas traumáticos. Definimos el trauma crónico como una experiencia única, de duración prolongada, que se extiende en el tiempo. Se trata de una temporada o un ciclo de una experiencia constante, dilatada, que ni siquiera posee un inicio, un segmento central ni un fin claramente específicos. Puede tratarse de negligencia emocional, abandono, separación respecto de los padres, un divorcio, una situación de pobreza extrema, vivir en el hogar de alguien que padece problemas de abuso de sustancias, sufrir maltrato físico o emocional, implicarse en relaciones personales tóxicas, sufrir acoso escolar, vivir una guerra, una situación de opresión (política o de otro tipo), violencia doméstica, una enfermedad mental en el hogar, etc.

Trauma complejo

El trauma complejo es la más novedosa de las tres categorías de trauma directo y se refiere a la exposición a múltiples experiencias o eventos traumáticos que ocurren durante un período de tiempo prolongado. Habitualmente es una combinación de trauma agudo y/o crónico. Aunque se suele asociar a un trauma de la infancia o de la época de «desarrollo», también pueden experimentarlo personas adultas. El rasgo más fácil de identificar del trauma complejo es que suele llevar aparejada una cascada de síntomas que agravan el trauma una vez pasa la situación que lo originó inicialmente.

Por ejemplo, cuando el esposo de Shannon le fue infiel, la traición fue el trauma raíz, agudo. Como consecuencia llegaron el divorcio, la pérdida de su hogar y un proceso contencioso por la custodia de sus hijos, que también fueron experiencias traumáticas. Angustiada, enfadada y terriblemente herida, Shannon no disponía de los mecanismos de apoyo que le permitirían lidiar con esa sobrecarga, así que su único recurso fue darse a la bebida. Al final, le pusieron una sanción por conducir bajo la influencia del alcohol y perdió su empleo, así como la custodia de sus hijos. Dado que nunca enfrentó ni se curó de su trauma originario, el efecto dominó provocó que desarrollase un trauma complejo.

A menudo, la no validación forma parte del trauma complejo. Tras el estallido del trauma originario, algunas personas pueden toparse con la falta de empatía por parte de quienes les rodean. Puede ser alguien que te rechace o te margine, que no te preste atención, que te diga que «tienes que superarlo» (como hicieron mis terapeutas), o sencillamente, que no te crea. También puede darse el caso de que no tengas nadie a quien recurrir en busca de apoyo. La situación se puede agravar todavía más si un profesional de la medicina, una terapeuta, una profesora o un familiar (quienes supones que van a ayudarte) te reciban con rechazo.

En mi experiencia personal, la violación fue el trauma agudo al que tuve que enfrentarme. Pero la manera de responder ante ese problema de otras personas creó un trauma completamente diferente. El itinerario de la sanación centrada en el cuerpo te ayudará a distinguir y tratar por separado el trauma originario (o sea, la herida primordial de la que surge todo lo demás) y sus secuelas.

Trauma indirecto

Es posible que te hayas encontrado leyendo este libro y no tengas recuerdos traumáticos explícitos a cuestas. «Tengo todos los síntomas y las señales de sufrir un trauma, pero no me acuerdo de ninguno» es una de las frases más comunes en mi consulta.

Con frecuencia, finalmente mis clientes acaban por percatarse de que sí sufrieron un trauma cuando aprenden cuál es el verdadero significado de «trauma» y descubren qué sutil y qué alejado de la «situación catastrófica» típica puede ser. Pero todavía hay otra explicación más sencilla, que acabarán descubriendo también: es posible experimentar un trauma de forma indirecta, a través de las circunstancias que se dan a tu alrededor, pero que no parecen afectarte directamente a ti.

Trauma intergeneracional

Cuando la fruta cae de un manzano, nunca se aleja demasiado, sobre todo si hablamos de traumas. Por eso todavía llevamos las cicatrices de los traumas que sufrieron nuestros antepasados. Un gran número de estudios científicos han desvelado que heredamos el legado de supervivencia de las generaciones anteriores, codificado de diversas maneras, empezando por la expresión génica y el sistema hormonal, que repercuten sobre el lenguaje que usamos a diario, los impulsos y las conductas.

Todo ello contribuye a nuestra salud mental, emocional y física. La esclavitud, las guerras, los genocidios, la colonización, la emigración, los secretos de familia o la vergüenza, las epidemias, las depresiones económicas: el impacto de momentos históricos como estos puede transferirse a nuestros sistemas de creencias e incluso transmitirse a través del ADN hasta tres generaciones o incluso más. Dichos estudios, generalmente denominados «epigenéticos», nos demuestran que la genética y las peculiaridades de cada sistema nervioso están condicionadas por las experiencias vividas por los familiares que nos han precedido. En otras palabras: las alteraciones del ámbito epigenético se pueden transferir de una generación a la siguiente, lo que en esencia otorga a los padres una vía para impregnar a sus hijos para prepararlos de cara a enfrentarse a un entorno o una amenaza concretos. Es lo que se denomina «herencia genética transgeneracional».

En un estudio epigenético realizado en 2013, los científicos Brian Dias y Kerry Ressler, de la Universidad de Emory, expusieron a un grupo de ratones al olor específico de las flores de cerezo al mismo tiempo que les aplicaban un leve *shock* en las patitas. Así los condicionaban para experimentar una respuesta de miedo repentino y sorpresa cuando percibiesen ese aroma. Lo más curioso es que ese temor adquirido no se extinguió en el primer grupo de ratones. Atónitos, los investigadores comprobaron que no solo sus descendientes inmediatos (las crías del primer grupo) padecían el mismo miedo ante el olor de las flores de cerezo aunque jamás habían experimentado antes el *shock* en primera persona. También la descendencia de esa segunda generación (las crías que serían nietos y nietas del grupo original) experimentaban sorpresa y miedo cuando lo captaban. La cosa no termina ahí, porque además descubrieron que esos descendientes habían heredado cambios estructurales en sus sistemas olfativos. Tenían receptores neuronales perfeccionados en la nariz que detectaban ese olor precisamente, con lo cual estaban mejor dotados instintivamente para la supervivencia.[2]

A lo largo de las últimas décadas, se han desarrollado un sinfín de estudios en humanos sobre el trauma intergeneracional, como los famosos estudios sobre el Holocausto dirigidos por Rachel Yehuda y su equipo de investigación del hospital Monte Sinaí de Nueva York. La investigación reveló que las personas descendientes de supervivientes del Holocausto, en comparación con quienes no descendían de supervivientes de esa catástrofe, presentaban niveles alterados y anormalmente elevados de las hormonas del estrés.[3]

El trauma generacional subraya qué profunda y duradera es la huella del trauma, pero también deja patente que podemos actuar y causar efectos positivos en las generaciones futuras si tratamos con terapia esos problemas en el presente.

Trauma secundario o vicario

Otra categoría del trauma indirecto sería el trauma secundario o vicario. Se produce cuando cuidamos del trauma de otros, nos lo cuentan o somos testigos del mismo de una manera que resulta intolerable para nuestro propio sistema nervioso. Eso provoca que desarrollemos síntomas similares a los que padecen quienes experimentaron el trauma directamente.

Puede suceder de muchas maneras distintas. Podría ser porque presenciamos imágenes o vídeos con contenido perturbador en los medios de comunicación o las redes sociales. O porque pasamos junto a los restos de un accidente de tráfico horripilante que acaba de ocurrir y vemos sus consecuencias. O porque somos testigos de abusos en nuestro hogar, aunque no seamos la víctima. También sería posible que nos afectase la exposición prolongada y repetida a los traumas de otras personas debido a nuestra actividad profesional. Es algo bastante habitual entre personal de servicios de emergencia, terapeutas, trabajadores sociales, integrantes del ejército y otros.

El trauma secundario o vicario es también el vehículo por el que se expresan los traumas colectivos, o sea, cuando un suceso traumático afecta a un gran colectivo, incluso a sociedades o comunidades enteras. Algunos ejemplos podrían ser atentados terroristas, pandemias y epidemias, recesiones económicas, genocidios, persecuciones religiosas, traumas por motivos raciales y étnicos, misoginia o catástrofes naturales, entre otros. El concepto de trauma secundario o vicario pone de relieve que los traumas están interconectados. De hecho, estas experiencias no tienen por qué aislarnos, sino que podrían conectarnos y unirnos.

TRAUMA DEL DESARROLLO

Este es un concepto sobre el que profundizaremos más adelante, pero en esencia es otro término que se aplica al trauma sufrido en la infancia, que sucede en períodos muy sensibles del desarrollo durante los primeros años de vida. Se le atribuye esta denominación por las maneras en que provoca alteraciones directas sobre el desarrollo y lo condiciona en múltiples aspectos, como el desarrollo de la percepción sensorial, el desarrollo del apego, la regulación conductual y emocional, la cognición y el desarrollo de la identidad, del yo. En niños y niñas, su cerebro es muy joven y los sistemas nerviosos no cuentan todavía con el grado de madurez en sus herramientas y procesos cognitivos que sí tienen los adultos para adaptarse al estrés. Por tanto, son especialmente vulnerables a los efectos del trauma y sus consecuencias a largo plazo. A la larga, un trauma en la niñez puede trastocar la capacidad de la persona para procesar la información y esto, a su vez, puede afectar a su bienestar emocional y su conducta.

Otros hallazgos recopilados por el estudio *Adverse Childhood Experiences* (ACE) sobre experiencias adversas en la infancia concluyen que el trauma del desarrollo suele ser precursor de problemas de salud en la edad adulta como enfermedades crónicas, dolencias varias, trastornos de la personalidad y del aprendizaje, entre otros.[4] Por ejemplo, un estudio poblacional constató que los niños (menores de 18 años de edad) con un historial de abusos o abandono parental son cuatro veces más propensos al riesgo de desarrollar un trastorno de personalidad.[5] Teniendo en cuenta los resultados de estos estudios, parece lógico afirmar que deberían tenerse en cuenta los traumas infantiles a la hora de tratar los síntomas o trastornos del desarrollo.

Una reflexión: ponerle nombre al trauma

Cuando te pongas a crear un inventario personal de las posibles experiencias traumáticas de tu vida, probablemente haya algunas más visibles que otras y quizás pienses que algunas ahora te parecen demasiado fuertes, demasiado bruscas, demasiado tempranas o con alguna carencia muy aguda para que tu sistema nervioso lidiase con ellas.

Vamos a explorar e identificar exactamente cuáles fueron las heridas primordiales que continúan afectándote. Pero lo haremos en un capítulo posterior, por ahora limitémonos a estimular la curiosidad. ¿Qué podrías descubrir?

1. ¿En cuál de estas categorías te parece que encajas mejor? ¿O tal vez encajes en varias?
   » **Trauma agudo:** un suceso puntual y breve.
   » **Trauma crónico:** una sola experiencia, pero de larga duración.
   » **Trauma complejo:** varios traumas, agudos o crónicos, que crean un efecto dominó y provocan otro trauma.
2. ¿En cuál de estas categorías te parece que encajas mejor? ¿O tal vez encajes en ambas?
   » Experiencias que parecen demasiado fuertes, demasiado repentinas o veloces, que llegan demasiado pronto. Ejemplos: agresiones, abusos, acoso escolar, guerras, violencia, accidentes de tráfico, una pérdida repentina, desastres naturales, rupturas sentimentales, pérdidas de empleo, etc.
   » Experiencias marcadas por una carencia. Ejemplos: abandono, falta de atención debida, pobreza extrema, separación respecto a los progenitores, divorcio en la niñez, opresión, etc.
3. ¿En cuál de estas categorías te parece que encajas mejor? ¿O tal vez encajes en ambas?
   » **Trauma directo:** experimentar el trauma en directo, en la propia piel.
   » **Trauma indirecto:** experimentar el trauma a través de otra persona. Incluye los traumas intergeneracionales, vicarios o secundarios y los traumas colectivos.

CAPÍTULO 4

Memoria traumática

El trauma regresa en forma de reacción, no de recuerdo.

—Bessel van der Kolk

Bessel van der Kolk firmó una obra revolucionaria, un libro titulado *El cuerpo lleva la cuenta*, donde lo expone con total claridad: «Por la propia naturaleza del trauma, tú no tienes un recuerdo del mismo como una historia, un relato. La naturaleza de la experiencia traumática provoca que el cerebro no permita que se formule una narrativa». Y añade: «El trauma regresa en forma de reacción, no de recuerdo».

Como entenderás en este capítulo, el trauma nos deja huellas indelebles que continúan torturándonos, independientemente de que podamos recordar el suceso traumático de forma consciente o no. Aunque los centros de la memoria ubicados en el cerebro quizás no hayan asistido para ser testigos del sufrimiento (luego ahondaremos en este detalle), el cuerpo físico sí que estuvo presente en todo momento y sintió, percibió sensorialmente, reaccionó por instinto y lo experimentó todo. Dicho de otra forma, a lo mejor no recuerdas qué sucedió, pero tu cuerpo sí que se acuerda de qué sentiste. Y cuando se lo recuerda o lo estimula alguna de esas huellas somáticas o «recuerdos de sensaciones», por puro instinto, el cuerpo echa mano de la sabiduría ancestral y replica la misma reacción que desencadenó el sistema nervioso originalmente: luchar, huir, desconectar o rendirse y conformarse.

Memoria traumática preverbal

Mientras yo me esforzaba por enfocar mis ojos llenos de lágrimas en las hojas del magnolio que se mecían al viento más allá de la ventana, la habitación se iba oscureciendo progresivamente. Me encontraba hecha un ovillo, en posición fetal sobre una camilla de masaje, envuelta en mantas y almohadones. Mi especialista en terapia somática estaba a mi lado, en una silla. No la veía, pero sentía que estaba allí. Respiraba solo superficialmente, tenía la mente como nublada y sentía los miembros helados por dentro e insensibles por fuera.

Con delicadeza, me preguntó: «¿Qué sientes ahora?». Dediqué unos segundos a buscar las palabras exactas. «Me siento mareada, aturdida, como si me alejase flotando». Una pausa. Me respondió con una voz apacible: «Sí, tiene sentido, es lógico. Podría deberse a las drogas o las toxinas que te afectaron mientras estabas en el útero, a las metanfetaminas, que provocan esa sensación de desorientación y de partida. O bien»... y añadió con mucho cuidado, «como tu cuerpecito todavía no sabía defenderse durante esa experiencia tan desagradable, podría ser un estado de bloqueo y disociación, ya que era el único mecanismo que tenía disponible para soportar aquello».

Las lágrimas que se me agolpaban en las comisuras de los ojos corrieron mejilla abajo de repente, mientras yo sentía un brote inesperado de dolor, de soledad y tristeza. Me estremecí y aferré las rodillas todavía con más fuerza, clavándolas en el pecho. Siguieron brotando las lágrimas, seguí sollozando y me llevé la mano al corazón, porque sentía un dolor físico allí mismo. Nadé para no ahogarme en aquella oleada de activación hasta que noté que la respiración retomaba su pulso habitual, se me relajaba la musculatura y logré reenfocar la visión en lo que me rodeaba.

«¿Lo ves? El cuerpo sabe exactamente qué es lo que hay que hacer», así me recibió y me animó la terapeuta. «Y ahora que vas regresando poco a poco al presente y a tu cuerpo, permíteme la curiosidad. ¿Te ayudaría, te serviría de apoyo si aplicase presión suavemente con las manos sobre el dorso de tus pies? La idea es ayudarte a sentir el suelo bajo ellos, a afirmar tu posición con seguridad».

Respondí de inmediato, para mi sorpresa: «Sería genial, te lo agradezco». Nos pasamos unos minutos así, sin decir nada más, concentradas en la seguridad del momento que compartíamos. Cuando la sesión terminó, noté un contraste muy acusado en mi estado, en comparación con cómo me sentía al empezar. Al acabar me sentía más ligera, más en paz, con más esperanzas y algo así como más poderosa porque conocía mi capacidad innata para afrontar momentos de dolor intenso y procesarlos hasta superarlos.

Esto sucedió cuando estaba ya cerca de cumplir los 30 años y fue mi primera sesión somática dedicada a explorar el trauma que había experimentado en el útero, antes de nacer. Inicialmente, había acudido a aquella terapeuta para abordar la sensación de que no servía para nada y el miedo al abandono, los dos sentimientos que gobernaban mi vida entonces. Me habían impedido articular bien mi mundo interior y afirmar y defender mis deseos y necesidades debidamente. Me hacían sentir mal conmigo misma y, como resultado, sufría un síndrome de impostora que me machacaba, una codependencia nada saludable y una ansiedad social muy acusada, que tan solo sabía apaciguar a base de toneladas de alcohol para «soltarme». Por no mencionar un trastorno alimentario muy marcado, entre otros detalles. Como no conseguía identificar la raíz de aquella sensación de vacío en mi interior y no me apetecía seguir distanciada de la yo que imaginaba y del mundo que me rodeaba, me apoyé en la terapia somática en busca de apoyo.

Cuando empezamos a cooperar, me sorprendió que acabásemos regresando al trauma original asociado a mi nacimiento, un tipo de trauma que muy frecuentemente se pasa por alto al diagnosticar problemas de salud mental como la depresión o la ansiedad. Yo siempre había dado por supuesto que la causa de sentirme tan rota por dentro era la ausencia de mi padre o la muerte de mi hermano. Pero resulta que era el trauma que sufrí en el útero y al ver la luz, cuando me apartaron de mi madre a la fuerza nada más nacer (nos mantuvieron separadas y yo fui con una familia de acogida durante los primeros meses de mi vida, una etapa crucial). Eso me marcó con un sufrimiento visible que perduraría años y años.

Luego me fui enterando de que, en comparación con mis hermanos, yo era el bebé «tranquilito», el bueno, el que menos atención y menos apoyo reclamaba. Sin embargo, repasando ahora esa trayectoria, creo que en mi caso se podría interpretar esa «independencia» fácilmente como «desapego».

Empecemos por lo básico: la característica principal de los bebés es que tienen que dar la lata, que dar trabajo. Para su desarrollo, lo más beneficioso es que muestren emociones a lo grande, que expresen sus necesidades y deseos, que lloren para llamar la atención de quienes los cuidan, que gimoteen cuando algo los molesta y que prueben dónde están los límites para afianzar su concepción de sí mismos.

Trauma del desarrollo

Los primeros meses de la vida de un niño son fundamentales para sentar unos fundamentos sólidos para el apego, esa sensación de seguridad que perseguirá al niño o niña durante toda su vida. En el próximo capítulo volveré sobre este aspecto. Pero cuando se los separa de sus madres naturales, como me pasó a mí, se sienten amenazados, y eso a su vez les graba sensaciones de inseguridad en el cuerpo y la mente. Esos recuerdos implícitos del cuerpo físico permanecen ahí ocultos, moldeando sus reacciones adaptativas ante el mundo que los rodea y se manifiestan en forma de síntomas de angustia mental y física, que duran hasta la edad adulta: ansiedad, trastornos obsesivo-compulsivos, depresión, adicciones y dolores crónicos, por ejemplo, aunque hay otros. Un aspecto definitorio de estas experiencias tempranas es que son preverbales, así que no es posible articularlas de manera narrativa. Por ese mismo motivo, es posible que no las reconozcamos como fuentes de trauma o que no relacionemos el dolor que padecemos con esos momentos formativos.

Por desgracia, son heridas sin sanar que nos acompañan todavía hoy, aunque mucha gente lo ignore. El trauma del desarrollo arroja una sombra muy oscura y pesada sobre la vida de la persona. Y persiste fuera de la memoria consciente.

Las hormonas del estrés que se liberan durante esas primeras experiencias condicionan la trayectoria de nuestro desarrollo futuro, influyen sobre el sistema nervioso y la manera en que nos manejamos en el mundo. Un trauma así podría potenciar un entorno ideal para que prolifere un amplio abanico de problemas, empezando por dificultades ligadas al aprendizaje, pasando por alergias y otras mil posibilidades.

Para quienes sufren las secuelas de un trauma del desarrollo (que puede haber ocurrido desde la concepción hasta que el niño o niña adquiere la habilidad de hablar, alrededor de los dos o tres años), el camino hacia la recuperación empieza por construir un santuario seguro dentro de sí mismos. En la terapia verbal convencional, el terapeuta guía a sus pacientes por el laberinto del pasado, para descubrir las raíces de los síntomas y los problemas de hoy. Pero ¿cómo abordas las heridas que son anteriores al lenguaje y a la propia memoria verbal? Quienes practican el método *Somatic Experiencing®*, como yo, se embarcan en este viaje junto a sus clientes con el objetivo de generar una sensación de seguridad y confort dentro del sistema nervioso en el presente.

Durante las semanas y los meses que siguieron a mi sesión de terapia somática, noté esa misma sensación de descanso, naturalidad y alivio que me había sorprendido al terminar. Sí detecté una diferencia muy notoria en mi capacidad para gestionar las emociones, comunicar cuáles eran mis límites y permanecer más centrada en el presente y orientada a mi día a día. Me sentía a salvo, firme, fuerte, y lo más importante, segura conmigo misma y en mi cuerpo. Confiaba en mí, quizás por primera vez.

Reacciones de estrés postraumático

Como explican *El cuerpo lleva la cuenta* y otros libros célebres sobre el trauma (como *El cuerpo recuerda: la psicología del trauma y el tratamiento del trauma*, de Babette Rothschild), el trauma se recuerda, se almacena y se revive a través de la memoria del cuerpo físico o memoria implícita. Aunque estas obras sirvieron para dar a conocer un concepto completamente nuevo a la corriente general de opinión (que el trauma reside en la experiencia somática, clavado profundamente como una astilla en el organismo), hace más de un siglo que se estudian e investigan estos hallazgos. En 1889, el pionero francés de la psicología, médico, filósofo y psicoterapeuta Pierre Janet publicó *L'Automatisme Psychologique* («El automatismo psicológico») obra en la que estudiaba sistemáticamente el proceso psicológico de la disociación.[1] Sus hallazgos iluminaron las diferencias radicales entre la memoria ordinaria y la memoria traumática, hasta proponer que los recuerdos traumáticos se separan (o disocian) de la consciencia y se guardan como percepciones sensoriales, estados o afecciones emocionales y reconstrucciones conductuales en el subconsciente (o el inconsciente). En palabras del doctor Joe Dispenza, célebre investigador y autor de fama mundial, «Tu cuerpo es tu mente subconsciente».

Esas reconstrucciones conductuales o «reacciones», como sugiere Van der Kolk, pueden manifestarse de maneras sutiles o no tan sutiles. Pueden surgir en nuestros comportamientos cotidianos. Por ejemplo, si evitamos el contacto visual tal vez pudiera ser porque, cuando éramos bebés, los ojos de quienes nos cuidaban reflejaban sobre todo rabia, ansiedad o desapego; una experiencia sensorial amenazadora que nos hizo interiorizar que lo más seguro es dirigir la mirada a otra parte.

Estas reacciones también pueden expresarse en nuestra forma de responder al estrés o de gestionar los estímulos que nos activan. Puede que hayas oído historias de supervivientes de abusos, actos de violencia, guerras o accidentes de tráfico que afirman no tener ningún recuerdo consciente de la experiencia, en absoluto. Pero que, de repente, son presa de emociones, sensaciones o reacciones físicas tan intensas que los debilitan, y que estallan cuando una cierta experiencia sensorial las desencadena. Por ejemplo, en su libro *The Traumatic Neuroses of War* («Las neurosis traumáticas de guerra»), Abram Kardiner expuso casos de muchos pacientes veteranos que eran incapaces de rememorar las experiencias vividas en el conflicto (solían llamarlo «amnesia de guerra») pero experimentaban ataques de pánico y reviviscencias en las que se veían de nuevo en las trincheras cuando tomaban el metro en Nueva York y entraban en los túneles.

O quizás incluso tú reconozcas la experiencia que explicaré a continuación. Podría suceder cuando alguien alza la voz en un encuentro deportivo y tú, al instante, sientes ansiedad y notas que se te contraen los músculos y contienes la respiración. Y todo se debe a que tu cuerpo, inconscientemente, recuerda el tono familiar de los gritos agresivos que tu padre le lanzaba a tu madre mientras tú (que eras todavía casi un bebé) y tus hermanos os escondíais en el armario.

Se trata de recuerdos muy tempranos, eras demasiado joven para guardarlos conscientemente y te traumatizaron, aunque tú no lo sepas. Pero el cuerpo reacciona a ellos. En este momento, es posible que no percibas que lo que activa esa reacción es un recuerdo inconsciente. Por lo tanto, los sentimientos y las reacciones físicas que engendra parecen confusos, irracionales o incongruentes con la situación del presente. Este es un fenómeno que me encuentro a menudo en la consulta e incluso lo detecto en mi propia experiencia de hoy, cuando se producen reacciones aunque no parece haber ninguna ración consciente que permita sospechar que están ligadas a experiencias del pasado.

Por ejemplo, hace años tuve una clienta del método *Somatic Experiencing*® que sufría miedo a conducir por autopistas, un terror que la obligaba a ceñirse exclusivamente a carreteras nacionales y tramos urbanos caca vez que se subía al coche. Se trataba de una estrategia de gestión que aplicaba para evitar la sensación de inseguridad. Esta circunstancia le dificultaba los desplazamientos y había algo más: no lograba entender racionalmente de dónde procedía esa ansiedad, lo que complicaba todavía más la situación. No es solo que pensase que estaba «loca», sino que, como ella recalcó, su marido se sentía cada vez más frustrado, especialmente desde que habían tenido hijos. Todo aquello añadía tensión sobre su bienestar, su matrimonio y sus hijos.

Aunque no siempre es necesario localizar el trauma original (la herida primordial), durante las sesiones somáticas, mientras trabajábamos juntas, nos topamos con que la raíz de su miedo estaba, en realidad, en los camiones con remolque tipo tráiler. Cuando ella tenía apenas unos meses de edad, sufrió un accidente en la autopista junto a su madre. Un tráiler derrapó sobre una placa de hielo, impactó contra el coche donde viajaban y lo sacó de la calzada. Si bien no era capaz de recordar la experiencia, su cuerpo sí tenía memoria de ella y se aseguraba de recordarle el peligro potencial por instinto. Así que trabajamos para desactivar esa asociación terror + camiones remolque + peligro. Sumado a que aprendió a utilizar ciertas herramientas que la ayudaban a sentirse segura en el coche, la situación cambió radicalmente. En poco tiempo consiguió sentarse en el asiento de pasajero y acompañar a su marido mientras conducía por autopistas. Posteriormente, lograron repetir la operación acompañados también de los niños. Y en menos de seis meses, era ella quien se sentaba al volante y transitaba por autopistas sin mayores problemas.

Cuando un trauma regresa en forma de reacción, resulta relativamente fácil detectar que nuestras reacciones nos comunican una historia.

Por tanto, en lugar de ceder a juzgarnos a nosotros mismos o caer en la mera crítica de esas reacciones y esos impulsos implícitos, acosándonos con preguntas del tipo: «¿pero qué narices me pasa?», lo más sensato es ejercitar la curiosidad: «¿qué fue lo que me pasó?». Se trata de reconceptualizar la situación con un poco de compasión, porque nos ayudará a sobrellevar las reacciones que surjan en la vida cotidiana, como brotes de ansiedad, depresión, trastornos obsesivo-compulsivos, conductas de evitación, aislamiento y otras muchas.

¿Qué pasaría si esas cosas que tan rápidamente solemos achacar a un diagnóstico o un trastorno no son más que mensajes del cerebro y del cuerpo que, de esta manera tan eficaz, reaccionan al estrés postraumático? Así las cosas, en lugar de trastorno obsesivo-compulsivo, ¿no podríamos considerar ese fenómeno como una reacción obsesivo-compulsiva de carácter adaptativo? En vez de hablar de un trastorno de ansiedad generalizado, ¿no podríamos considerarlo una reacción de ansiedad generalizada adaptativa? Y en lugar de trastorno por estrés postraumático, ¿qué tal si lo consideramos una reacción de estrés postraumático?

Memoria explícita y memoria implícita

Para entender realmente la memoria de los traumas, primero hay que comprender los fundamentos básicos de la memoria. Más específicamente, la memoria consciente explícita y la memoria inconsciente implícita.

Memoria explícita

La memoria explícita se suele describir como memoria verbal o declarativa de información, que somos capaces de recordar de forma consciente. Simplificando, diríamos que la memoria explícita se puede explicar. Lo que solemos considerar memoria en líneas generales es la memoria explícita. Como en «cuando tenía nueve años, fui un día a pescar con mi abuelo. Era verano y hacía un día estupendo. Mi abuelo llevaba puesto su gorro favorito, porque le traía buena suerte, ¡y yo pesqué mi primera carpa!».

Existen dos subtipos de memoria explícita:

- **Memoria semántica:** conocimientos generales, hechos y conceptos.
- **Memoria episódica:** experiencias personales y sucesos.

La memoria explícita se almacena, principalmente, en una estructura cerebral conocida como hipocampo y comienza a desarrollarse entre los dos y tres años, cuando se forma dicho hipocampo. Por eso no recordamos explícitamente la etapa vivida en el útero materno, nuestro nacimiento o la primera infancia. La memoria explícita contiene datos como quién, qué, dónde y cuándo ocurrió cada experiencia.

Y el «cuándo» constituye una distinción muy importante, porque solamente los recuerdos explícitos llevan esa marca temporal, están codificados cronológicamente. Eso nos permite distinguir entre experiencias del pasado y del presente.

Memoria implícita

Por otro lado está la memoria implícita, que habitualmente se ciñe a la memoria fisiológica y no somos capaces de recordar conscientemente. Se trata de la memoria no declarativa o no verbal, que se archiva en varias regiones diferentes del cerebro, como el cerebelo, el cuerpo estriado y la amígdala. La memoria implícita empieza a desarrollarse a las siete semanas de gestación. Por ejemplo, aprendemos la memoria muscular de chuparnos el pulgar todavía dentro del vientre materno, como recurso para calmarnos y reconfortarnos. Yo tenía un sonograma encantador de mi hijo Noah, grabado mientras se chupaba el dedo a las 20 semanas de vida.

Al igual que sucedía con la memoria explícita, la memoria implícita se divide en varios subtipos:

- **Memoria procedural:** se trata de la memoria que guarda las instrucciones para ejecutar tareas cotidianas sin pensar activamente en ello, como la memoria muscular y la memoria instintiva.
- **Memoria emocional:** la memoria de las emociones experimentadas durante una experiencia vivida previamente.
- **Memoria sensorial:** almacena cualquier dato relacionado con los cinco sentidos: vista, oído, tacto, olfato y gusto.

La memoria implícita adopta el liderazgo predominantemente en los siguientes cuatro escenarios:

1. Antes de que el hipocampo y la memoria explícita se desarrollen, entre los dos y tres años. Por tanto, custodia todos los recuerdos preverbales.
2. Durante experiencias traumáticas, cuando el cortisol (una de las hormonas de la supervivencia) inunda el encéfalo, ahogando o bloqueando al hipocampo, y por tanto, dificultando el funcionamiento de la memoria explícita.
3. Cuando una persona sufre una lesión cerebral que daña su hipocampo.
4. Cuando se produce una disociación de la psique y no se consigue recopilar la información de la memoria explícita.

Hay que hacer hincapié en que, a diferencia de la memoria explícita, la memoria implícita no dispone de un proceso que codifique sus recuerdos cronológicamente. Así que no es posible distinguir entre experiencias del pasado y del presente. Por ejemplo, montar en bicicleta o cepillarse los dientes son tareas que no llevan asociada una marca de tiempo. Por si fuera poco, cuando tenemos un recuerdo emocional (por ejemplo, el dolor que resurge cuando nos acordamos de una persona querida desaparecida), esa aflicción no está ligada al concepto de tiempo. Por eso la pena y el dolor nos pueden arrasar hoy con la misma intensidad que el mismo día en que falleció esa persona que echamos de menos.

El doctor Russell Kennedy, colega de profesión y autor de renombre (a quien apodamos «el Catedrático de la Ansiedad»), afirma que «en realidad, un estímulo no es sino una regresión a otra edad emocional anterior».

Vuelve a leer la frase anterior: en realidad, un estímulo no es sino una regresión a otra edad emocional anterior. Si analizamos este concepto, como pasa con la declaración de Van der Kolk que afirma que «el trauma no regresa en forma de recuerdo, sino de reacción», cabe imaginar que, cuando un estímulo activa la memoria implícita ligada a un trauma, dado que esa emoción es completamente atemporal (da igual si se trata de vergüenza, miedo, ansiedad, ira o lo que sea), el cuerpo físico y el cerebro se retrotraen a la reacción emocional que experimentaron en el momento de sufrir el trauma originario. De repente, nuestro yo adulto se catapulta de vuelta a las experiencias somáticas y emocionales de años atrás.

¿CÓMO SE FORMAN LOS RECUERDOS Y LA MEMORIA?

El sofisticado proceso de formación de la memoria empieza por la codificación, cuando el insumo sensorial se procesa en primer lugar, en las áreas ligadas a los sentidos, como los centros especializados de la visión y el oído. Son datos en bruto, que luego se convierten o traducen para generar una memoria cohesiva.

A continuación viene el almacenamiento, para conservar la información en la memoria.

En último lugar está el proceso de recuperación, que se organiza en la corteza prefrontal y en las áreas de almacenamiento, donde es posible consultar conscientemente los recuerdos que se han codificado y almacenado correctamente.

Aquí va un resumen simplificado del procedimiento: convertir, conservar y consultar información.

Heridas visibles

La memoria implícita también se puede presentar en forma visible, a través del cuerpo: de las fascias, de los músculos y las vísceras, afectando a nuestra postura, nuestros impulsos y cómo se comporta el organismo en el lugar que ocupa en el mundo.

Durante mi formación como practicante certificada del método *Somatic Experiencing*®, vi un vídeo de Peter Levine trabajando con un joven veterano de la guerra de Irak, llamado Ray, que había resultado herido por la deflagración de un dispositivo explosivo improvisado. Dos semanas después del incidente, tras despertar del coma, a Ray le diagnosticaron una lesión cerebral traumática, trastorno de estrés postraumático, dolor crónico y un síndrome de Tourette que había desarrollado de repente, a tenor de las contracciones y los espasmos que su fisiología sufría de manera incesante. En una entrevista por separado, Levine señaló que le parecía curioso el diagnóstico del síndrome de Tourette, pues no se trata de un fenómeno que suela brotar de repente.

En aquel vídeo, Levine se centraba en la respuesta espasmódica que Ray padecía en su cuello. Acabó por concluir que allí se agolpaban los impulsos defensivos o de desorientación bloqueados que Ray había experimentado en su organismo cuando la onda expansiva lo hizo volar. Dicho de otra forma: en el instante inicial de la explosión, la respuesta de «sorpresa» instintiva de Ray fue dirigir su mirada, cabeza y cuello hacia el origen del peligro o el sonido del estallido, mientras al mismo tiempo alzaba los hombros para protegerse, como una tortuga que quisiera esconderse en su caparazón. Sin embargo, en cuestión de milisegundos, salió despedido por los aires sin poder evitarlo, lo que sobrecargó a su cuerpo y su sistema nervioso y desencadenó la respuesta de orientación defensiva incompleta en el cuello, que luego se repetiría una y otra vez al salir del coma. O sea, que el trauma regresó, en forma de reacción.

Seguí atentamente las evoluciones de Peter, que fue suavizando el ritmo de la sesión y ayudando a Ray a que concluyese su respuesta de orientación a la explosión (pues había quedado incompleta). Un proceso que entrañaba calmar las convulsiones que afectaban al cuello y la cabeza. Lo asombroso, aunque no demasiado sorprendente, es que tan solo hicieron falta seis sesiones de *Somatic Experiencing®* para que los temblores y el síndrome de Tourette de Ray desapareciesen sin dejar rastro. Posteriormente, en una entrevista, Ray declaró lo siguiente: «Aprendí a usar las herramientas que él me enseñó [herramientas somáticas] y aplicarlas yo mismo». En la actualidad, Ray colabora frecuentemente como voluntario junto a Levine en las terapias de *Somatic Experiencing®* que dedica a veteranos.

La historia de Ray me recordó un breve documental sobre medicina en la Primera Guerra Mundial, titulado *War Neuroses* («Neurosis de guerra») que vi en la facultad cuando estudiaba fotoperiodismo. El filme, del año 1917 y rodado por el comandante Arthur Hurst, documentaba los tratamientos médicos aplicados a pacientes que padecían amnesia de guerra y conmociones por neurosis de guerra y estaban internados en el hospital militar de Seale Hayne de Devon, Reino Unido.[2]

Eran soldados traumatizados que, después de la guerra, sufrían especialmente trastornos intratables de la movilidad, con síntomas como tartamudeo, cojeras o dificultades para caminar, espasmos y temblores, todas ellas afecciones neurológicas muy frecuentes en aquellos veteranos.

El libro *Hysterical Men: War, Psychiatry, and the Politics of Trauma in Germany, 1890-1930* («Hombres histéricos: guerra, psiquiatría y política del trauma en Alemania») publicado en 2009 por Paul Lerner, describía así las imágenes: «Las contorsiones involuntarias y extravagantes del físico de los afectados por la neurosis de guerra imitaban, al menos visualmente, los peligros ocultos de los conflictos modernos y mecanizados... [...] De hecho, los estremecimientos persistentes y repetitivos, que probablemente eran el síntoma paradigmático, parecían ser la huella de las explosiones que habían resonado sobre sus frágiles cuerpos. La agitación nerviosa de los pacientes parecía reflejar el ritmo de los bombardeos incesantes del enemigo».

Otro estudio realizado sobre el mismo documental, en este caso de 2013 y conducido por investigadores del Centro para los Trastornos del Movimiento y la Neurorrestauración de la Universidad de Florida, resumía las lesiones de aquellos soldados, en un diagnóstico moderno, como «reacciones al estrés de los combates» y enumeraba los siguientes síntomas:

- Trastornos de la marcha (afectaban al caminar), como desequilibrios, arrastrar los pies o colocarlos de manera poco firme, frecuentes caídas, tropezones y parálisis.
- Posturas anormales, conocidas como distonía pura.
- Espasmos faciales.
- Temblores de la cabeza.
- Tics nerviosos y convulsiones.
- Ansiedad y ataques de pánico incapacitantes.
- Sordera y ceguera para las palabras (alexia).

Tras escuchar el relato de Ray y conocer las investigaciones subsiguientes, no pude evitar la curiosidad y me puse a indagar qué impacto habría causado el trauma en mi propio organismo. Llevaba años con una postura que, con toda claridad, estaba encogida, con los hombros caídos y adelantados. Además, arrastraba los pies y no pisaba con verdadera firmeza, hasta dudaba a veces al caminar. Eso y que, cuando me afectaba la ansiedad, me balanceaba de un lado al otro. Todo eran cicatrices visibles de la vergüenza. Esas posturas y movimientos narraban la historia de una chiquilla que se había sentido abandonada, insegura y desconectada. Que siendo un bebé tuvo que aprender a consolarse ella sola acunándose, porque no le atendía la persona que debería haberlo hecho.

El trauma de mi violación, más reciente, también era bien evidente a la vista. Yo soy diestra, pero desde aquel episodio, había notado que la mitad derecha de mi cuerpo se había vuelto más débil. De hecho, el hombro derecho se me había hundido y estaba casi cinco centímetros más bajo que el izquierdo. Había acudido a un montón de fisioterapeutas y quiroprácticos pero no había encontrado el remedio. Hasta que empecé con la terapia somática no me di cuenta de que esa postura era el resultado de una respuesta de lucha incompleta que se había originado durante aquella agresión. Mi asaltante me había atacado por la derecha y, cuando yo traté de hacerle frente y defenderme, me dominó porque era más fuerte y mi reacción fue congelarme. Fui trabajando con mi terapeuta somática hasta completar la respuesta defensiva del lado derecho de mi cuerpo y eso me ayudó un montón. Al final, tu postura no solo es testimonio de tu historia, sino que también expone cómo se sintió tu cuerpo y quizás lo que no llegó a expresar.

Un enfoque para trabajar con supervivientes basado en el trauma

«Seguramente, estos conocimientos les habrían ahorrado otros traumas a las víctimas en cuyos casos he trabajado durante tantos años», dijo el detective. Por desgracia, son palabras que yo había escuchado ya muchas veces, de un sinfín de abogados de otras víctimas.

Acababa de presentar un programa de prácticas basadas en el trauma y la memoria en una convención sobre crímenes violentos en Virginia cuando un agente de policía especializado en investigación de delitos sexuales se me acercó para tomar la palabra e intervenir.

Era abril de 2019, y en aquellos momentos yo llevaba años dirigiendo cursillos de formación en neurobiología forense y estudios sobre el trauma para fuerzas policiales y militares. Personalmente, entonces abril era, y siempre será, un mes agridulce para mí. No solo es el Mes de la concienciación sobre las agresiones sexuales, sino que es precisamente el mes en que ocurrió la violación que yo sufrí. El 1 de abril de 2009.

Y desde entonces, cada mes de abril, me he dedicado a hablar ante audiencias de todas partes, a compartir mi historia, exponer mis conocimientos y ofrecer mi guía para asegurarme de que nadie vuelve a ser víctima de la retraumatización después de una agresión.

Yo había puesto música suave en el portátil, para darle al lugar un poco de ambiente y melodía mientras el público congregado, compuesto por personal de primeros auxilios y emergencias, enfermeras, agentes de policía e investigadores, salía del salón de conferencias. Lentamente, unos veinte profesionales se fueron quedando rezagados de la multitud que abandonaba el recinto y empezaron a formar una cola detrás del primer detective que se me había aproximado.

«¿Qué les parecería si les propongo celebrar un debate abierto, como una sesión de preguntas y respuestas todos juntos? ¿Opinan que sería útil?». Les lancé la propuesta. Asintieron y se repartieron por la primera fila. Yo me senté en el borde del escenario, con las piernas colgando. Durante la siguiente hora, más que a hablar, me dediqué a escuchar mientras el grupo exponía sus reflexiones sobre los principales aspectos de mi formación, que son los que intento transmitir a estas audiencias cada año:

- Los investigadores son especialistas en recopilar testimonios a través de detalles narrativos: quién, qué, dónde y cuándo. Pero es que los recuerdos traumáticos no se almacenan en la memoria explícita o episódica. En vez de eso, habría que examinar las memorias implícitas. Entre las preguntas que me formularon estuvieron las siguientes: «¿Hay algo que puedas sentir acerca de esa experiencia? ¿Hay algo que puedas percibir por el olfato? ¿Es posible recordar colores?». Plantear respuesta sensoriales ayudaría a desbloquear fragmentos de memoria que, después, los investigadores podrían recomponer como un puzle, aunque de un modo no lineal.
- Las fases de la memoria son codificación, almacenamiento y recuperación. Cuando el sistema nervioso de una víctima cuenta con

una regulación suficiente, a veces se produce una «reconsolidación de la memoria», durante el cual aquel recuerdo traumático narrativo que antes era imposible recuperar acaba regresando a la recolección consciente de la víctima. Puede suceder en forma de recuerdos fragmentados, reviviscencias (*flashbacks*) o simples destellos.

- La memoria implícita no se guarda acompañada de una marca cronológica. Sin embargo, es lógico que quienes investigan delitos ansíen establecer una cronología secuencial de principio a fin, para elaborar su caso. Pero en lugar de ceñirse a eso a rajatabla, sería conveniente explicar que no pasa nada si la información que se proporciona no está debidamente ordenada. Jamás deberíamos propiciar que las víctimas interpreten que su historia no tiene sentido, que están obligadas a recordarlo todo o, tal vez, que están siendo objeto de un juicio. Esto las desconecta todavía más de los recuerdos explícitos e implícitos que podrían recuperar.
- Cómo y dónde se interrogue a las víctimas son dos factores cruciales. Las preguntas hay que hacerlas en un espacio que perciban como un refugio seguro, no en una sala de interrogatorios fría y cerrada que recuerde a una celda. Es esencial disponer un entorno agradable y acogedor. Y lo mismo vale para la actitud del investigador o la investigadora. El sistema nervioso de la víctima está paralizado, congelado. Y el deshielo no comenzará mientras no se sienta rodeada de seguridad, confianza y empatía.
- La esfera o espacio peripersonal que rodea a la víctima (o sea, el mapa de límites que nuestro cuerpo percibe en todo momento) puede proporcionar más información si resulta que los recuerdos son muy limitados.

Un poco de contexto, a modo de ejemplo: un día, mi marido David viajaba sentado en el asiento de copiloto de un coche y, de repente, en un cruce, otro automóvil chocó directamente contra el lateral donde él se encontraba. Se quedó inconsciente al momento, pero el conductor sí pudo testificar y explicar el accidente. Si David hubiese permanecido consciente, pero sin recuerdos de lo sucedido, un investigador que lo interrogase podría haberle interpelado así: «Tal y como imagina que puede haberse producido el accidente, ¿nota algún tipo de tensión en su cuerpo?». A esa pregunta, lo más probable sería que mi marido respondiese que notaba que los músculos del lado derecho de su anatomía se tensaban para soportar mejor el impacto.

Cuando se trabaja con víctimas de crímenes violentos, es importante recopilar pruebas y testimonios que sean coherentes y fiables. Pero si la policía u otros profesionales no afrontan ese proceso teniendo en cuenta lo que hoy sabemos sobre el trauma, la víctima se encierra en sí misma todavía más.

Recordar no equivale a recuperarse

He estudiado a fondo y he asistido a suficientes casos profesionalmente para concluir que, cuando alguien me cuenta que tiene «una memoria malísima», lo que yo creo que quiere decir en realidad, aunque sea sin reconocerlo abiertamente, es que han sufrido algo que su sistema nervioso ha interpretado como «un trauma horrible». La ironía de todo esto es que yo misma formo parte de ese inmenso club de gente que apenas conserva recuerdos de su niñez. En aquella época, nuestros cerebros tenían otra prioridad antes que formar recuerdos, y era sobrevivir.

Los cerebros pequeñitos en cuerpecitos en crecimiento, cuyos sistemas nerviosos todavía se encuentran en fase de desarrollo o no están capacitados aún para gestionar el estrés, son mucho más vulnerables a las adversidades. Y como los niños se vuelven todavía más frágiles cuando optan por luchar o huir, a menudo se decantan por la opción más previsible para la supervivencia: encerrarse en sí mismos o disociarse. En esos momentos, un chiquillo o una chiquilla se desconecta del instante presente, pero también de su propia persona, de quienes los rodean, del mundo a su alrededor e incluso de sus recuerdos. Por lo tanto, si nos criaron en entornos de este cariz, sometidos a un enorme estrés, sin el apoyo de cuidadores que supiesen regular sus conductas y sufrimos abusos, abandono o un millar de otras posibles experiencias traumáticas (en los próximos capítulos verás qué amplio es el abanico), no solo tendremos una memoria narrativa muy limitada o directamente inexistente del trauma, sino que lo más probable es que ni siquiera recordemos los momentos felices de aquellos años.

Muchos de mis clientes se preocupan precisamente por no tener recuerdos conscientes de su infancia y piensan que es un área en la que deben esforzarse para recuperarse. Siempre les respondo igual: les doy ánimos y les señalo una vez más que recordar no equivale a sanar y recuperarse. Como ahora sabemos, el trauma no radica en el suceso trágico ni en el relato consciente, sino en el cuerpo físico y en las reacciones instintivas que el sistema nervioso ejecuta en el presente.

Como explica Peter Levine, el trauma pervive en la energía enfocada a la supervivencia y en las estrategias de gestión de riesgos que están atrapadas en nuestro organismo para responder cuando se detecta la presencia de estrés, tensión o amenazas. Esas reacciones inconscientes se reflejan en el modo en que afrontamos las dificultades en la edad adulta. En nuestra forma de restar importancia, de encerrarnos, de aislarnos, de desconectar, de soltar arranques de ira, de escapar a toda prisa o de hacernos pequeños para escondernos. Para la Brittany bebé, cuyo cuerpecillo era incapaz de defenderse durante las desagradables experiencias que vivió en la etapa prenatal, el estado de cerrazón y desconexión se convirtió en una estrategia de protección, que me dejó congelada en un modo de supervivencia perpetuo. Se podía observar en mi postura corporal ya adulta, encogida y encorvada.

La esencia de la sanación consiste en reforzar y ampliar nuestra capacidad para soportar y convivir con los sentimientos que tiempo atrás nos parecían intolerables, seguida de descargar o liberarse de la energía atrapada en forma de adrenalina y cortisol en el tiempo presente. Así permitiremos que el cuerpo y el sistema nervioso restauren el equilibro y recobren la sensación percibida de seguridad. El método *Somatic Experiencing®* facilita y favorece los procesos de experimentar, expresar y expulsar aquello que sustenta tu bloqueo. Como verás en el Itinerario de la sanación centrada en el cuerpo, en la segunda parte del libro, dominar tu organismo y tu fisiología sirve para sentar las bases de cara a enfrentarse al mundo con una nueva sensación de seguridad. O sea, que hay buenas noticias: aunque no consigamos recordar qué nos ocurrió, siempre es posible sanar y llevar a una conclusión las historias del pasado, si trabajamos sobre los impulsos de supervivencia y las reacciones que se manifiestan en el presente.

Una reflexión: ponerles nombre a las reacciones

Te invito a que reflexiones sobre las reacciones que experimentas hoy, que narran las historias de tus traumas. Sin ahondar en el pasado, sino centrándonos en el presente, ¿cuáles serían los patrones emocionales más comunes, los patrones de conducta o las observaciones físicas más habituales que registras en tu vida cotidiana?

A modo de ejemplo, voy a enumerar mis propias reacciones al estrés postraumático, que ya he mencionado en este capítulo:

1. **Emociones:** vergüenza, inseguridad, miedo al abandono y ansiedad.
2. **Conductas:** incapacidad para articular mi mundo interior o establecer de forma asertiva mis necesidades y deseos, síndrome de impostora que me paraliza, relaciones de codependencia no saludable, ansiedad social acusada que solo lograba sobrellevar y superar con la ingesta de alcohol «para soltarme» y hábitos alimentarios desordenados.
3. **Observaciones físicas:** disociación y desconexión respecto de mí misma, postura encogida y encorvada, caminar perezoso arrastrando los pies, debilidad o atonía en el lado derecho del cuerpo.

...... TUS REACCIONES DE ESTRÉS POSTRAUMÁTICO ...

1. Emociones:

____

____

2. Conductas:

____

____

3. Observaciones físicas:

____

____

CAPÍTULO 5

Introducción al sistema nervioso: todo tiene un sentido y tú también

No sucede con mucha frecuencia, pero a veces, una sencilla excursión campestre en un día radiante de primavera se convierte en un ejemplo ideal de cómo te protege el sistema nervioso. Y de cómo, ante un peligro inesperado, su respuesta y su forma de abordar la situación inmediatamente después pueden marcar diferencias colosales. Porque puede convertirse en un recuerdo fantástico o traducirse en años de sufrimiento.

Al grano: te contaré qué nos pasó a mí y a mi marido David cuando nos llevamos a nuestro hijo Noah (que tenía dos añitos) al Parque Nacional de Glacier (EE. UU.). Era la última semana de mayo, un momento perfecto para descubrir aquellos parajes, justo cuando la fauna sale de la hibernación y antes de que todo se inunde de turistas. Con las cascadas y los lagos cristalinos a rebosar de agua y de vida gracias al deshielo.

Nosotros somos muy aficionados al senderismo, pero habíamos planeado ir a la sección oriental del parque para recorrer un sendero cortito, para toda la familia, alrededor del lago Swiftcurrent en la zona de Many Glacier. En total, un recorrido circular de algo menos de cinco kilómetros completamente llano, que seguía la ribera de un lago alpino muy pintoresco, rodeado por picos escarpados. Un caminito perfecto para probar por primera vez cómo era llevar a cuestas al pequeñajo. Sin embargo, en cuanto llegamos nos encontramos con una muchedumbre agolpada en el punto de salida del sendero, hipnotizada por uno de los cientos de osos grizzly que habitan en el parque. El animal estaba ocupado en sus cosas, deambulando por la ribera, pero no muy lejos del sendero.

Entonces, una guarda del parque nos explicó que este individuo en concreto llevaba tiempo persiguiendo y acechando a una hembra de alce que había dado a luz a dos crías un par de días antes. Aprovechando que la madre estaría exhausta tras el parto, el oso se las había ingeniado para echarle las zarpas a una de ellas esa misma mañana. Y seguía rondando por allí con la esperanza de dar caza a la otra. Como buena madre, mi corazón sintió una gran lástima por la pobre alce, pero había que aceptarlo, porque la naturaleza y la vida son así. De todos modos, por si no soportas la curiosidad, te diré para aliviarte que al día siguiente, mamá alce hizo frente al oso y lo obligó a retirarse. De hecho, el encontronazo se grabó en vídeo, se viralizó y llegó incluso a la televisión y las noticias en todo el mundo.

Volvamos a lo nuestro: la guarda nos sugirió que tomásemos otro sendero, en dirección al lago Josephine, que nos conduciría hasta una cascada espectacular, una maravilla rugiente. Eso sí, recalcó que la última nevada que había caído en las montañas había empujado a los osos a merodear por zonas más bajas, así que nos recomendó que vigilásemos bien y fuésemos preparados para un posible encuentro. Así que nos atamos el espray repelente para osos en el cinturón, bien a mano, y nos pusimos en marcha.

Durante la siguiente hora, atravesamos un denso bosque de coníferas y, de vez en cuando, íbamos gritando «¡Hola, ositos!» a la espesura. A menudo nos respondía el eco o el repiqueteo agudo de las campanillas que muchos senderistas suelen llevar para ahuyentar a estos bichos. Tranquilizaba saber que había más gente por allí y que todo el mundo tenía los ojos abiertos. Tras mucho bracear y girarme para observar el paisaje y vigilar, llegó un momento en que me empezaron a doler la espalda y los hombros. Bueno, claro, Noah también pesaba lo suyo y yo no aceptaba que nadie más que yo lo llevase a cuestas, en el portabebé. Quería tenerlo junto a mí. Cuando mi marido y yo salimos a la naturaleza por nuestra cuenta, el escenario es muy distinto, ya que estamos acostumbrados a estas situaciones y a convivir con la fauna.

Pero esta vez llevábamos al pequeñín, así que el cuento era diferente y disparaba los niveles de adrenalina y de cortisol. El nivel de tensión estaba más elevado.

Luego salimos de la arboleda para atravesar un prado abierto de montaña, en pendiente y cubierto de nieve. Yo iba siguiendo las huellas de David, paso a paso. Ni siquiera nos habíamos planteado la posibilidad de encontrarnos con la nieve, pero ver que no éramos los únicos en aquel terreno (ni mucho menos) nos dio confianza, nos parecía que no era un tramo arriesgado en absoluto. En ese momento, David marchaba unos 20 pasos por delante, así que para recuperar la desventaja, apreté los bastones y los clave con fuerza para mantener el equilibrio. Seguí avanzando y ya en plena pendiente, sin árboles alrededor, una ráfaga de viento repentina me llegó desde las alturas, como si descendiese de golpe desde los picos que tenía a mi derecha y se precipitase hacia la izquierda, descendiendo hasta el punto donde estaban el lago Josephine.

Se oyó un crujido por debajo de la zona donde yo me encontraba y vi que allá abajo un enorme bloque de nieve se desprendía y se deslizaba por la ladera hasta hundirse en las aguas oscuras. Me quedé paralizada por una sensación espeluznante. Ni siquiera había notado que el azul zafiro y cristalino de las aguas que tanto nos había llamado la atención apenas 20 minutos antes se había tornado en un negro ominoso.

En ese momento caí en la cuenta de que estábamos en plena travesía por la falda de una montaña, en terreno nevado y resbaladizo, colgados sobre la zona más oscura y, por tanto, más profunda del lago. Si yo daba un paso en falso y caía con Noah, no habría forma de agarrarme, no había una repisa, ni una playita, nada de nada. Todo lo que veía era un agujero negro helado que seguramente nos tragaría, sobre todo si tenemos en cuenta la dificultad añadida de cargar con el peso atado a mi espalda. Han pasado muchos años desde entonces, pero todavía hoy noto un cosquilleo en los dedos, las piernas parecen volverse de madera y me cuesta respirar hondo.

El corazón me late desbocado, me afloran las lágrimas y siento que se me cierra la garganta y una mano invisible me oprime el pecho. Puro espanto, un terror atávico.

En el método Somatic Experiencing®, esta respuesta se reconoce y categoriza como shock o congelación.

En aquel instante, en plena montaña, el tiempo se detuvo y todo sucedió a cámara lenta, como si cuerpo y mente se preparasen para una colisión inminente. No era capaz de hablar, ni de moverme ni de actuar. Estaba totalmente paralizada. Como una liebre iluminada por las luces largas del coche, helada como los glaciares entre las cumbres que nos rodeaban. Me quedé allí plantada, aturdida, incapaz de separar la mirada de aquella masa oscura de agua que nos amenazaba 40 metros más abajo. Sabía que debía caminar, debía salir de allí, pero tenía los miembros atenazados, inmovilizados. Al menos aún podía razonar y juzgué que no tenía un buen control sobre mi cuerpo y mi equilibrio. Así que decidí que lo más seguro no era permanecer de pie. Poco a poco, me agaché hasta sentarme en el suelo y me recosté un poco de lado para que el portabebés quedase clavado en la nieve.

«¿Se encuentra bien?». Me llegó una voz. Sin que yo me diese cuenta, detrás de nosotros se había congregado una hilera de senderistas. Iban avanzando de uno en uno, en fila indica, como automóviles en una vía de sentido único, para superar aquella cornisa tan empinada. Intenté responder, pero no me salían las palabras. Era incapaz de hablar.

Uno de ellos me preguntó: «¿Quiere que la ayudemos? ¡Ey, me parece que esta mujer necesita ayuda!». Así llamaron a David. A David, de quien yo me había olvidado por completo en pleno *shock*. ¡Gracias al cielo, allí estaba David! Dejé escapar un minúsculo suspiro de alivio y de repente conseguí alzar la vista, hasta cruzar la mirada con mi marido.

Me habló con voz calmada: «Cariño, no te muevas de ahí, que ya voy». Las lágrimas rebosaron y me rodaron por las mejillas, respiré hasta llenar los pulmones de aire, como si fuera la primera vez. Ya me iba asentando en el momento presente, poco a poco. Recuperé el habla y sentí que el desfallecimiento se iba pasando. «Noah, hijo mío, no te preocupes. Mamá está aquí y papá viene enseguida», así reconforté al pequeño. Describí la situación: «David, estoy atascada. Me he quedado helada, no me puedo mover». Para entonces, David estaba tan solo a unos pasos de mí.

Percibí que los músculos ya cedían, ya no estaban tan agarrotados. Se relajaron y se soltaron. Fue como si flotase por encima de mi cuerpo, observando la escena desde arriba. Ahí llegó la disociación.

El fenómeno de disociación (desligarse del presente, sea en cuerpo o mente) es habitual cuando el sistema nervioso se siente sobrepasado.

Lo siguiente que advertí fue que David estaba a mi lado y me sostenía la mano. El contacto físico me sirvió como línea, me aferré a ella para regresar al presente sin obstáculos. Cuando capté con la vista su rostro, por puro instinto eché atrás la mano para agarrar los deditos de Noah. Esa sensación me ayudó a reafirmarme en el presente, al instante. Ahí ya aprecié que el cuerpo se me estaba destensando y la insensibilidad desaparecía entre temblores y cierta agitación.

Todo el cuerpo y mi sistema nervioso tiritaban estremecidos, pero no era por el frío. Era algo muy distinto. Eran la adrenalina y el cortisol de la respuesta instintiva de huida, que me avisaban de que era hora de moverse y salir pitando de allí.

En un par de minutos, David me ayudó a erguirme con la colaboración de otra senderista. Cuando me puse en pie, tenía claro que, si permitía que ellos dos me llevasen hasta un punto más seguro, más allá de la repisa, el cortisol y la adrenalina se quedarían atrapados en mi cuerpo y generarían un ambiente interno tóxico. Sabía que aquel era un momento crucial, decisivo para dictar si esa experiencia se transformaría en otro trauma para mi sistema nervioso o en un ejemplo de resiliencia y determinación. Sabía que mi sistema nervioso necesitaba concluir y superar aquella experiencia tan dura. Y que nadie podía ocupar mi lugar para ello, aunque tenía presente que no lo conseguiría sin ayuda.

«Puedo caminar, necesito caminar», afirmé sin rodeos. «Pero sí que me vendría bien que me ayudaseis a mantener el equilibrio». A velocidad de caracol, retrocedimos hasta la linde del bosque. Con cada pasito exprimía el chorro de energía de las hormonas en mis extremidades y sentía el calor que ardía en mi interior.

Fui observando la movilización interna de mi organismo. Sabía que estaba haciendo precisamente lo que mejor se le daba: mantenerme con vida. Igual que la mamá alce cuando luchó para proteger a sus crías.

En cuanto crucé el lindero de la arboleda y me encontré bajo las techo de las copas de los abetos, solté un suspiro atronador. «¿Quieres sentarte un rato?». Me lo preguntó David mientras yo me concentraba en mis brazos, en mis piernas que temblaban y en el corazón, que palpitaba como loco. «No, no. Tengo que dejar salir toda esta energía», repliqué mientras me soltaba la mochila portabebés y se la pasaba a David. Fuimos deshaciendo el camino a toda prisa y al poco tiempo entramos en una zona más despejada, de monte bajo. Me interné allí y me puse a pensar. No paraba de repetirme «Necesito unos minutos para acabar con esto».

> *Mi sistema nervioso había dejado atrás la congelación y ahora había pasado a una respuesta de huida; todavía me quedaba energía de supervivencia que debía expresar y descargar.*

A medio caminar entre los matorrales, me puse a agitar las manos, como para secármelas después de lavarlas. Luego amplié las sacudidas hasta los brazos y noté un cosquilleo en las yemas de los dedos, que se extendió a los pies y subió por las piernas. Entre zarandeos, temblores, sudores, gruñidos y ruidos inconexos, estaba expulsando la respuesta primaria que había originado mi sistema nervioso, para liberar cada centímetro del cuerpo.

> *Este es uno de los cinco pasos cruciales del método Somatic Experiencing®, del que hablaremos en la segunda parte del libro.*

Al poco, la intensidad de aquellas sensaciones se fue atenuando. Sin saber cómo, me descubrí inclinada hacia David, con una mano apoyada en la rodilla y la otra tendida hacia él. Me la tomó y en cuanto sentí su calor, mi sistema nervioso terminó de regularse. Volvió la seguridad, volvió la conexión. Hora de descansar y digerir. Me erguí firme y orienté mi conciencia a mi centro de gravedad, a mi equilibrio y la estabilidad de los pies. Di un pasito minúsculo adelante con el pie derecho e hice oscilar el peso para apoyarlo sobre él, como si anduviese sobre una capa de hielo quebradizo. Basculé horizontalmente a la derecha y repetí el mismo movimiento con el pie izquierdo y el peso.

> *Como sabía que la disociación puede perdurar durante mucho más tiempo tras terminar una experiencia, mi intención era asegurarme de que me anclaba en el presente y en el cuerpo, tan bien como pudiese.*

Al fin podía admirar el lago Josephine en paz y con más claridad, tenía la certeza de que había cerrado el ciclo de respuesta al estrés.

Pero regresemos al presente. Ahora estoy sentada en nuestra biblioteca y frente a mí tengo la foto enmarcada de Noah sentadito en la orilla del lago, que tomamos al poco rato de aquellos momentos de pavor. Todavía hoy, cuando rememoro cómo recuperé la seguridad y la calma tras aquel susto, se me escapan suspiros de alivio y siento que el cuerpo se relaja.

Gracias al ritual marcado por la lentitud y al procesamiento somático que puse en práctica en aquella ladera, conseguí superar el miedo y volví al mismo sendero cuatro meses más tarde, con mi madre. La nieve del glaciar se había fundido ya y no me afectó ninguna parálisis, ni siquiera el más leve temor.

> *Gracias a que supe dejar vía libre para que la experiencia llegase a su fin y se completase, a que acepté y me adapté a las oleadas naturales de activación que genera el sistema nervioso, hoy puedo recordar lo sucedido apreciando de buena fe los mecanismos que mi organismo activó para aplicar el modo de supervivencia y ayudarme a salir de allí.*

Ahora vamos a echar un vistazo y desentrañar cómo funciona el sistema nervioso y por qué actúa, además de aprender recetas para aprovechar su potencial natural a través de la experiencia somática.

Conoce a tu sistema nervioso

El sistema nervioso transmite información ligada a casi todos los aspectos de tu vida y tu bienestar: reflexiones, conductas, emociones, sensaciones, niveles hormonales, musculatura, vísceras, fascias, sistema inmunitario, impulsos instintivos y muchas, muchas más cosas. Contribuye a cuatro funciones esenciales:

1. Movimiento voluntario e involuntario.

2. Mantenimiento de la homeostasis interna del organismo, mediante la supervisión y el apoyo de multitud de las funciones automáticas del cuerpo, como la frecuencia cardíaca, la digestión, el metabolismo, la temperatura corporal, las concentraciones hormonales, las reacciones de estrés y supervivencia, la respiración, la reparación de tejidos, el ciclo vigilia-sueño y muchas otras.
3. Actúa como sistema de supervisión y vigilancia interno. Capta y responde a estímulos y a amenazas detectadas. También inicia la segregación de hormonas para coordinar las respuestas de estrés y supervivencia.
4. Procesa los pensamientos, los sentimientos y las emociones.

La teoría polivagal

La teoría polivagal es un concepto de vanguardia que explica cómo funciona el sistema nervioso. La ideó y propuso originalmente el psicólogo y neurocientífico Stephen Porges y subraya el papel que el sistema nervioso desempeña para nuestra seguridad, conexión y regulación. Porges sostiene que, cuando los seres humanos nos sentimos seguros, el sistema nervioso presta apoyo a las funciones homeostáticas que favorecen la salud, el crecimiento y la restauración, además de fomentar que accedamos a la conexión con otros congéneres.

Porges presentó al mundo esta teoría durante su discurso presidencial en la convención anual de la Sociedad para la Investigación en Psicofisiología de 1994. Su colega, la terapeuta clínica Deb Dana, tradujo la teoría polivagal a un modelo terapéutico práctico y juntos fundaron el *Polyvagal Institute*, que imparte formación a profesionales de la medicina (yo misma entre ellos).

En la actualidad, la teoría polivagal sirve de fundamento sobre el que se sustentan muchas otras modalidades terapéuticas, incluido el método *Somatic Experiencing*®. A continuación voy a destacar las enseñanzas, prácticas y aplicaciones de esta teoría, según los trabajos desarrollados por Porges y Dana.

La teoría polivagal está regulada por tres principios maestros:

1. **Corregulación:** nuestro sistema nervioso concede prioridad a la conexión con otras personas como mecanismo de supervivencia.

2. **Neurocepción o «detección sin consciencia»:** Nuestro organismo dispone de un sistema de vigilancia interno que supervisa o escanea el ambiente en todo momento para detectar señales de seguridad o de peligro que se escapan a la percepción consciente de la mente. En otras palabras: trabaja en el plano subconsciente.
3. **Jerarquía:** cuando se enfrenta a una amenaza percibida, el sistema nervioso sigue una ruta predecible. Este capítulo analizará cada principio detalladamente.

Corregulación: la ciencia de la conexión

La corregulación es la ciencia del compañerismo, el espíritu gregario y la solidaridad, que demuestra que las cosas salen mejor cuando estamos juntos, de verdad. Los seres humanos son animales mentalmente programados para conectarse, es un imperativo biológico, algo imprescindible para sobrevivir.

No solo dependemos de (y confiamos en) nuestros cuidadores para que nos alimenten, nos alojen en un refugio con techo, nos protejan y nos atiendan a edades tempranas. Es que además, a nivel de sistema nervioso, la capacidad para que otras personas nos consuelen y reconforten determina nuestra propia capacidad para consolarnos y reconfortarnos por nuestros propios medios en etapas posteriores de la vida. Desde el instante en que nacemos, comienza una experiencia sin palabras que durará toda la vida, en el plano subconsciente, en busca de la conexión con y la compañía de otros sistemas nerviosos.

Yo lo experimenté de primera mano cuando nacieron mis hijos. Aunque ya había leído estudios sobre esos instintos, me abrumó la ola de amor puro e intenso al contemplar cómo mis dos bebés buscaban la conexión y la unión, incluso a los pocos minutos de ver la luz. Los dos trataron de localizar mi rostro nada más nacer y reptaron como pudieron en cuanto tuvieron mi pecho al alcance, a los pocos minutos de vida. Me refiero a esa maniobra que efectúan los recién nacidos para arrastrarse hacia el pecho de la madre cuando se produce el contacto piel con piel sin interferencias externas.

En los días y semanas posteriores al parto, me fascinaron sus sentidos, porque parecían superdesarrollados, como si los alertasen sobre mi presencia, según yo estuviese más cerca o más lejos. «Es porque tienen una sensibilidad muy acentuada para captar el olor de tu leche materna. Sin ella no podrían sobrevivir», me explicó mi pediatra. Ahora bien, yo también sabía que eran capaces de sentir y sintonizar con mi presencia gracias a la «coherencia cardíaca». La ciencia de la coherencia cardíaca defiende que el campo magnético del corazón es el campo rítmico más intenso dentro del cuerpo humano. Abarca un radio de varios metros a nuestro alrededor y contiene información importante sobre nuestro estado emocional, físico y de energía. Cuando pasas suficiente tiempo cerca de una persona, tu ritmo cardíaco empieza a igualarse y coincidir con el suyo, estableciendo una conexión que sirve como recurso regulador, pero también como fuente de desregulación si esa persona padece ansiedad, ira o depresión.

Yo presencié el impacto de la coherencia cardíaca expresada en la manera en que mis hijos se despertaban de repente y armaban escándalo o se ponían a lloriquear en cuanto yo salía de la habitación. O en el ritmo paralelo al que se iba ralentizando su respiración y se adentraban en el sueño profundo cuando los tomaba en mi regazo o los tenía tumbados y pegados a mí, piel con piel. Esta última fue una experiencia que las comadronas me animaron a practicar tanto como fuese posible. O en esos momentos en que coincidían su sobreestimulación con lágrimas de cosecha propia.

Gracias a la teoría polivagal, sabía que los primeros años de vida sientan las bases para gran parte del desarrollo de su sistema nervioso y que mi propio sistema nervioso desempeñaría un papel clave en ello, a través de la corregulación. Tenía presente que, a lo largo de sus años formativos, hasta que pudiese defenderse por sí mismo, su sistema nervioso imitaría el estado de mi propio sistema nervioso, en un esquema que se conoce como «neuronas espejo» o «emociones espejo». Si yo sufría ansiedad, mis hijos padecerían ansiedad. Si yo me deprimía, ellos notarían ese efecto depresivo. Si yo estaba serena, ellos experimentarían la sensación de calma.

Empezando por la infancia, los momentos saludables de conexión con las personas que nos rodean le sirven de apoyo a nuestros sistemas nerviosos subdesarrollados, les ayudan a regularse. Por el contrario, los instantes de desconexión o la necesidad de protegerse frente a otros aumenta la sensación de sobrecarga y refuerza los patrones de supervivencia habituales que luego nos acompañarán hasta la edad adulta. En un mundo que otorga prioridad a la independencia, es habitual asumir que nuestra capacidad para autoconsolarnos se desarrolla antes de que adquiramos la capacidad para que nos consuelen otras personas. Pero la teoría polivagal demuestra precisamente lo opuesto: el mecanismo que sienta los cimientos para que aprendamos a autorregularnos es precisamente la corregulación. Debido a que nuestro sistema nervioso está preconfigurado para darle prioridad a la conexión, cuando no conseguimos experimentar una conexión saludable en esos años de desarrollo, corremos el riesgo de crecer interiorizando que, puesto que somos incapaces de sentir seguridad junto a otras personas, no es posible sentir esa seguridad ni siquiera con nosotros mismos. Porges lo expone así: «El trauma pone en entredicho nuestra capacidad para implicarnos con otras personas, porque sustituye los patrones de conexión por patrones de protección».

El sistema de involucración social

Porges explica que tenemos un complejo sistema de involucración social integrado en la neuroanatomía, a través de la conexión por medio del nervio vago, que discurre entre el corazón y el rostro. El nervio vago comunica el estado del sistema nervioso parasimpático, por eso la cara muestra sin tapujos lo que siente el corazón. El sistema de involucración social se encuentra constantemente emitiendo o buscando señales de bienvenida o de advertencia por medio de ojos, orejas, voz, expresiones faciales y movimientos de la cabeza. De igual manera, presta atención para detectar ese mismo tipo de señales en quienes nos rodean y capta esa información.

> *Cuando establecí contacto visual con David en plena excursión montañera, sentí que una gran seguridad inundaba mi interior y me tranquilizaba. Su voz calmada desde el otro extremo del sendero, el tacto de su mano y notar los deditos de Noah entrelazarse con los míos... fueron momentos profundos que me reconfortaron y me regularon precisamente cuando mi sistema estaba demasiado exigido para autorregularse por sus propios medios.*

Otro ejemplo de un sistema de implicación y participación social en acción sería cuando tratamos de comunicarnos con un bebé (o con un cachorro o mascota) simplificando palabras, con onomatopeyas y palabras cariñosas, sin pensarlo siquiera dos veces. La teoría polivagal propone que, cuando nos encontramos en un estado de regulación, el nervio vago envía señales a la laringe y la faringe que propician un aumento de la porosidad de las cuerdas vocales, que condiciona la variación rítmica o la entonación ascendente y descendente de nuestra voz. Ese incremento de la porosidad provoca que la experiencia de la corregulación sea más intensa. Este no es más que otro ejemplo que subraya que el sistema nervioso concede la máxima prioridad a la conexión, por encima de cualquier otro factor.

El sistema de involucración social está compuesto por rutas conectadas a lo largo del nervio vago y otras vías nerviosas situadas en el rostro y la cabeza. Controla todas las siguientes funciones:

1. **Nuestra expresión facial (expresión emocional):** cuando nos encontramos en un estado de regulación y conexión, disfrutamos de acceso total a la expresión emocional y emitimos mensajes claros, de bienvenida. Cuando pasamos a estados de protección o desconexión, perdemos ese acceso a la expresividad facial.
2. **Nuestros** párpados (mirada social): cuando nos encontramos en un estado de regulación y conexión, nuestros ojos lucen un aspecto más atractivo, conscientes del presente y receptivos. Cuando pasamos a estados de protección o desconexión, las pupilas se dilatan para analizar el entorno en busca de amenazas o se vuelven más distantes y orientan la mirada hacia abajo, señal de que nos encerramos.
3. **Nuestro oído medio (especialista en escuchar la voz humana):** cuando nos encontramos en un estado de regulación y conexión, se activan los músculos del oído medio para captar frecuencias medias, como las de la voz humana, con lo cual las conversaciones ganan en significado. Cuando pasamos a estados de protección o desconexión, se pierde parte de la capacidad auditiva centrada en las frecuencias medias y se activan los músculos del oído bajo para detectar sonidos en bajas frecuencias, lo que evolutivamente

equivale a sonidos amenazantes como gruñidos, golpes e impactos. Por eso resulta tan dificultoso mantener una conversación cuando se está en modo de supervivencia.

4. **Los giros y la inclinación de la cabeza (gesticulación social, orientación):** cuando nos encontramos en un estado de regulación y conexión, una suave inclinación de la cabeza invita a la curiosidad y la conexión con otras personas. Esa rotación del cuello estimula el nervio vago y favorece la regulación.

En el mundo actual estamos más conectados que nunca a través de la tecnología, las redes sociales, las noticias y los medios de comunicación, etc., pero también sufrimos más aislamiento que nunca, al punto de que cada vez es más difícil sentir una conexión real. Los elevados niveles de desregulación psicológica y la alta incidencia de los trastornos mentales que hoy se detecta entre la población más joven podrían ser el resultado de la falta de esa conexión entre rostros y corazones, de la carencia de una corregulación genuina.

También es importante señalar que, al igual que tenemos la capacidad de corregularnos con las personas para desarrollar una mayor sensación de seguridad, es posible que se emplee el mismo mecanismo para desregularnos. Si te pasas todo el tiempo en compañía de alguien que padece ansiedad constante, tu sistema nervioso acaba por experimentar más ansiedad. Si convives con alguien que sufre una depresión permanente, tu sistema podría comenzar a adquirir síntomas de esa misma depresión.

Neurocepción: la ciencia de la seguridad

La «neurocepción» es la capacidad de tu organismo para detectar amenazas y evaluar la sensación de seguridad. Está muy por debajo de tu control consciente y trabaja sin que tu mente se percate. Dicho de otra forma, es una toma de consciencia física que no va acompañada de una percepción. Stephen Porges acuñó el término «neurocepción» para describir la forma en que el sistema nervioso autónomo capta indicios de seguridad o de peligro sin involucrar en esa labor a otras partes del cerebro, dedicadas a la reflexión.

El proceso de la neurocepción no implica pensamiento consciente y comienza en el tallo encefálico, también conocido como cerebro reptiliano, que rige los instintos e impulsos de supervivencia y que transmite el idioma de los sentidos. Es la región más antigua y primitiva del cerebro, así que piensa en un lagarto. Un lagarto contempla el mundo total y absolutamente a través de sus sentidos. Está alerta para captar ruidos, imágenes, olores y sensaciones táctiles. Se detiene, se orienta, sale disparado o se queda inmóvil. Y los seres humanos poseemos esas mismas habilidades instintivas para analizar el entorno y responder por impulso. Por ejemplo, muchas de nuestras intuiciones y reacciones impulsivas, como la capacidad de detectar cuándo un entorno o una persona emiten vibraciones negativas, responden a la neurocepción, nuestro sentido arácnido al estilo Spiderman.

Destellos y disparadores

Porges descubrió que el sistema nervioso permanece ininterrumpidamente a la escucha, para saber qué pasa a nuestro alrededor y calibrar si la situación es segura o no. Por medio de la neurocepción, se apoya en tres vías para la conciencia subconsciente: dentro, fuera y en medio.

O sea, que su radar de vigilancia actúa:

- ***Dentro* de tu cuerpo:** en las vísceras, los músculos y demás órganos.
- ***Fuera* del cuerpo, en el entorno externo:** tanto en el entorno inmediato a tu alrededor como fijándose en el mundo en general.
- ***En medio* de ti y del resto de la gente:** a nivel de sistema nervioso, pero no a nivel cerebral.

Cuando se detecta un indicio neuroceptivo de seguridad, lo denominamos «destello». Cuando lo que se capta es un indicio neuroceptivo de peligro (como los osos que mi sistema trataba de detectar mientras vigilaba), lo denominamos «disparador».

Es fundamental recalcar que «seguro» y «peligroso» son categorías relativas, que varían de una persona a otra. La siguiente tabla presenta unos cuantos ejemplos.

	DENTRO	FUERA	EN MEDIO
Indicios de peligro (disparadores)	Ritmo cardíaco acelerado, dificultad para respirar, niebla mental, náuseas, ansiedad, agobio, ira, vergüenza, miedo.	Ruidos muy altos, caos, riesgos por mal tiempo, catástrofes y malas noticias, sensación de soledad, extrañeza, falta de comida o refugio.	Chillidos y gritos, voz monótona, expresión facial rígida, sensación de ser objeto de culpa, ninguneo, rechazo o juicio.

	DENTRO	FUERA	EN MEDIO
Indicios de seguridad (destellos)	Ritmo cardíaco calmado, respiración estable, claridad mental, postura relajada, sosiego, entusiasmo o ilusión, control.	Familiaridad, luz solar, entorno tranquilo (sonidos y olores), accesibilidad para alimentos y refugio.	Sonrisa, tono de voz agradable, ojos amigables, aceptación, risa, espíritu lúdico, compasión.

Basándose en el marco de la teoría polivagal (PVT, por sus siglas en inglés), Porges y Dana trazaron el Mapa de destellos y disparadores polivagales, que nos ayuda a identificar qué es lo que se aprecia como seguro (tus destellos) o peligroso (tus disparadores) para cada persona individual y su sistema nervioso. Puedes rellenar este mapa en la página 323 del Apéndice A.

El cerebro bajo la acción de los disparadores

Vamos a analizar qué significa que el cerebro se dispare… pero primero, un repasito a los fundamentos científicos. Concretamente, cuando hablamos de estímulos desencadenantes (disparadores), gran parte de la experiencia se desarrolla en el cerebro subconsciente: el cerebro reptiliano o tallo encefálico y el cerebro mamífero o sistema límbico. Este último es el responsable de la conexión, las emociones y los recuerdos.

Y algo esencial en relación con el trauma: alberga la amígdala, el centro de detección especializado en las amenazas. Dado que el sistema límbico está estrechamente conectado con el tallo encefálico (cerebro reptiliano), puede influir sobre las funciones básicas que se controlan en esa área, como la respiración, el ritmo cardíaco y la digestión, entre otras.

La propia amígdala cumple una misión tremendamente importante: nos protege de las amenazas detectadas. Cuando recibe una señal neuroceptiva de peligro (un disparador) emitida por el cerebro reptiliano (acuérdate del lagarto, imagina que está escaneando el entorno), provoca una sucesión de respuestas para asegurar la supervivencia:

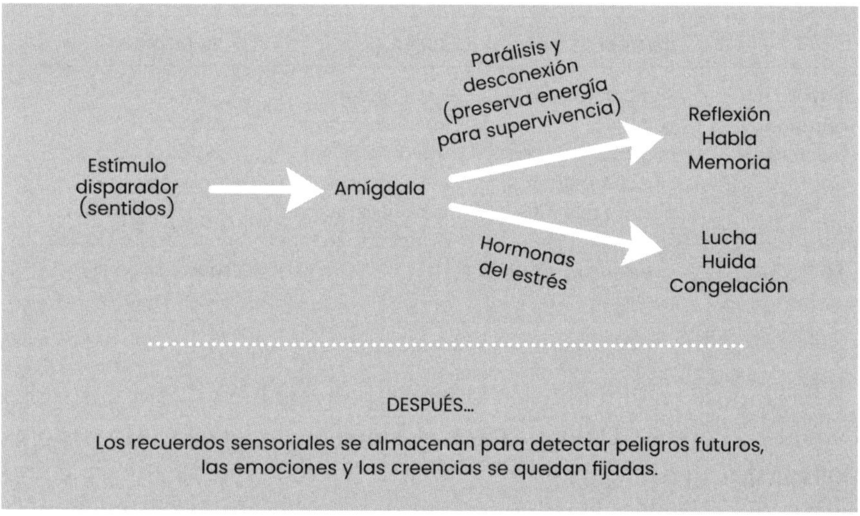

1. El organismo segrega hormonas del estrés, como la adrenalina y el cortisol, que te preparan para actuar. *Como la descarga de adrenalina que me aplastó en la montaña.*
2. Así se inicia la reacción fisiológica para luchar, huir o desconectar. *Como me pasó a mí cuando entré en modo pánico, pero no era capaz de moverme.*
3. Cuando la amígdala se activa, otras áreas no esenciales del cerebro se desactivan (incluidas las áreas que se encargan de la reflexión, del habla y de los recuerdos), así el encéfalo puede centrarse en lo prioritario, que es sobrevivir. *Por eso a mí no me salían las palabras cuando me preguntaron otros senderistas si necesitaba ayuda.*

Hay un motivo que justifica por qué, cuando la amígdala toma el control, reaccionamos antes de poder pensar siquiera. Las regiones del cerebro que no se consideran imprescindibles para la supervivencia rebajan su actividad o se desconectan por completo. Aquí se incluye el área de Broca (lenguaje), la corteza prefrontal (reflexión consciente) y el hipocampo (memoria). En esencia, a la hora de apostarlo todo para sobrevivir, es el saber ancestral y primario del cerebro reptiliano y mamífero el que toma el mando y se sobrepone al cerebro humano o neocórtex, que evolutivamente es el más joven. Por tanto, cuando te afecten los disparadores, que no te sorprenda que la lógica, el raciocinio o las habilidades de resolución de problemas estén fuera de combate.

Además, ante estímulos de este tipo, a menudo reaccionamos antes de poder pensar siquiera, sencillamente porque la amígdala responde más rápido que el cerebro consciente y envía mensajes al resto del organismo en 200 milisegundos. Por contra, la corteza prefrontal tarda entre tres y cinco segundos en transmitir sus mensajes al resto del cuerpo. Por eso las reacciones impulsivas son instantáneas, sin tiempo para pensar. Por ejemplo: si se te caen un cuchillo o las tijeras, no te pones a evaluar cómo actuar. Por puro instinto, apartas el pie para que el objeto peligroso no te haga daño.

A veces, cuando consideramos nuestras reacciones, nos criticamos porque parecen totalmente incongruentes o irracionales ante las circunstancias de la situación. «¿Por qué haría yo esa barbaridad?», es una de las preguntas clásicas tras haber salido huyendo, explotar de rabia o perder el juicio momentáneamente. En esos momentos no tenemos en cuenta que la capacidad de razonamiento no tenía nada que hacer ante la inmediatez de las reacciones del cerebro subconsciente e irracional. Entiéndeme bien: esto no supone una excusa para comportamientos agresivos, dañinos o destructivos. Pero sí puede explicar su origen. En cualquier caso, tengo buenas noticias: es posible modificar las reacciones predefinidas mediante la práctica intencional y proactiva de nuevas respuestas. Así crearemos nuevas rutas de conexión neural e incorporaremos patrones procedimentales o impulsos de reacción al sistema nervioso.

EL CASO DE LISA

Cuando Lisa acudió a mi consulta, llevaba años y años sufriendo un insomnio atroz. Había probado todos los fármacos que había, todos los remedios, trucos y las prácticas de relajación. Pero a largo plazo, nada le funcionaba. Tras visitar a una larga serie de especialistas en el sueño que no supieron darle un diagnóstico certero ni una respuesta útil, atribuyó su problema a años de estrés y a los efectos de la carga alostática (el desgaste acumulativo del organismo, físico y mental, debido al estrés crónico). Así que optó por reducir su horario de trabajo, adoptar una dieta más saludable para ganar energías, programar excursiones y viajes en familia… en suma, tomarse la vida con más filosofía. Por desgracia, el insomnio no mejoró.

Cuando empezamos el tratamiento juntas, no tardamos en descubrir que el estrés que la mantenía en vela por las noches no era un reflejo de presiones pasadas y presentes, sino una asociación inconsciente del miedo a la oscuridad. Más específicamente, el miedo a las tinieblas que había sufrido de joven, cuando había sido víctima de abusos repetidamente a menos de una persona de su familia. Lisa no se lo podía creer. «¡Pero eso no tiene ningún sentido racional», exclamó. «¡Si a mí no me da miedo la oscuridad!». Sin embargo, su cuerpo nos contaba una historia muy distinta.

Un día que estábamos en plena sesión ensayando y replicando su rutina nocturna mediante un ejercicio de visualización, su cuerpo nos demostró con total claridad que, en el momento en que Lisa apagaba la luz, se producía una activación. Se le tensaban los hombros, su respiración se volvía superficial y experimentaba una disociación o entumecimiento de cintura para abajo. Para Lisa, aquello era la normalidad. Era lo que había experimentado durante años y años, probablemente por eso no era capaz de reconocer conscientemente que, cada noche, cuando se apaga la luz, su cuerpo y su fisiología se anclaban en el pasado y revivían las respuestas de supervivencia de aquellos instantes, una y otra vez.

Gracias a nuestro trabajo juntas, Lisa consiguió recuperar el sentido del presente y la sensación de seguridad para su cuerpo, y así finalmente pudo procesar somáticamente la experiencia tomando el control. Por fin pudo expulsar las hormonas del estrés y de la supervivencia segregadas y acumuladas en el pasado y librarse de ellas. Con el tiempo, el estímulo disparador que le provocaba la oscuridad fue perdiendo intensidad y también se alivió el insomnio.

EL MODELO DEL CEREBRO DE LA MANO

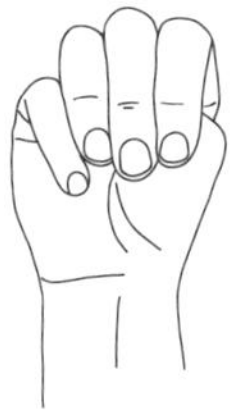

El doctor Dan Siegel, un reputado catedrático de psiquiatría clínica en la Universidad de California en Los Ángeles, fue el pionero de un concepto denominado «modelo de la mano del cerebro», que consiste en utilizar una mano para demostrar qué le sucede al cerebro cuando un disparador nos estimula. En este modelo, los cuatro dedos más largos representan el cerebro superior (neocórtex), mientras que el pulgar (amígdala), la palma (cerebro mamífero) y la muñeca (cerebro reptiliano) representan el cerebro subconsciente. El modelo de la mano del cerebro explica así la situación:

1. Cuando mejor funciona el cerebro es cuando la parte superior (la que piensa) y la parte inferior (la emocional) trabajan en cooperación.

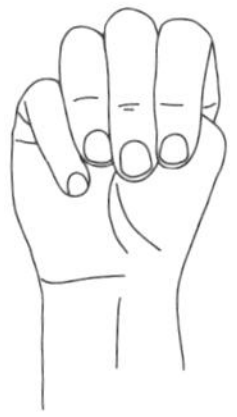

2. Cuando un estímulo nos dispara, el cerebro superior y pensante pasa a segundo plano y el cerebro emocional toma el mando. Por tanto, es difícil que el cerebro superior ayude al inferior a calmarse. O sea, que nos volvemos irracionales.
3. Cuando esto sucede, es necesario que las partes superior e inferior del cerebro reanuden la colaboración, para que el cerebro consciente pueda ayudar al cerebro subconsciente. Así pues, primero hay que calmar las emociones y los impulsos que se han desatado en el organismo para que el cerebro racional se pueda volver a conectar.

Un sistema de seguridad desregulado

Piensa en una situación que te afecta porque evoca heridas o sufrimientos pasados. Podríamos compararla con una señal de humo del pasado. La señal está presente, aunque en realidad quizás no haya ningún fuego activo. Pues bien, cuando experimentamos ese estímulo, es probable que desencadene las mismas reacciones mentales y físicas que desarrollamos cuando nos enfrentamos al trauma original. Es como si el subconsciente nos chillase: «¡Estamos en peligro, ahora mismo!», cuando en realidad quiere decirnos: «¡Una vez estuvimos en un peligro igual a este!».

Una vez más, tienes que pensar que tu sistema nervioso es como un sistema de seguridad integrado en el organismo. Se mantiene siempre alerta, analizando el entorno en un segundo plano mientras tú sigues con tu rutina. Está listo para protegerte de cualquier amenaza que capte. Cuando detecta algún peligro, sea real o no (el ladrido de un perro, un ruido fuerte, el llanto de un bebé, una bronca de tu jefa, un agujero negro de aguas profundas en un abismo a tus pies mientras andas de excursión por la montaña), el sistema nervioso responde. Y cuando ya has sobrevivido o asistido en persona a una amenaza, el sistema nervioso adopta una función más. Ya no se limita a detectar el peligro y protegerte de estímulos aparentemente normales, sino que hace todo lo posible para evitar que vuelvas a padecer el trauma que sufriste en el pasado, sea cual fuese.

Plantéatelo así: si un día un ladrón se coló en tu casa por la ventana, no instalarías un sistema de seguridad que se limitase a vigilar las puertas, querrías uno que también observase las ventanas. Porque tu necesidad de protección habría aumentado. Pues de un modo similar, es posible que tú tengas un sistema de seguridad que no funcione bien precisamente porque tengas un trauma todavía sin curar. Así que ese sistema hace sonar la alarma aunque la amenaza ya no esté presente. O a lo mejor no hace sonar la alarma en absoluto aunque sí exista un peligro real presente. Esto sería un desparejamiento neuroceptivo. Diríamos que tienes el sistema nervioso «desregulado», o sea, atascado en un estado crónico de supervivencia.

«Igual» equivale a «seguro»

Una cosa es lo que personalmente sabes que es seguro y otra es lo que tu sistema nervioso considera que es seguro. Y con bastante frecuencia, esos dos conceptos son muy distintos. Cabe subrayar que tu sistema nervioso siempre da prioridad a lo que le parece familiar, aunque no sea beneficioso para ti. Según la fisiología humana, lo que es igual es seguro, porque es predecible. El sistema nervioso no piensa, así que no puede conceptualizar ni racionalizar qué es seguro y qué no (como una relación abusiva, un ambiente tóxico en el trabajo o la práctica de dejarlo todo para mañana, que pone en peligro tu empleo).

No hay nada más acuciante para tu sistema nervioso que seguir un patrón predecible, donde predomine la familiaridad, lo conocido. A menudo nos encontramos con este tipo de patrones, con bloqueos en los mismos ciclos disfuncionales, en forma de autosabotaje. En realidad, lo que pasa es que el sistema nervioso continúa siguiendo los patrones de autoprotección que te habían sido útiles anteriormente. Pero, en el fondo, el sistema nervioso ni siquiera sabe cómo podría autosabotearte. Lo único que hace es fiarse de lo que ya conocía de antes, lo que ya había puesto en práctica para sobrevivir. A largo plazo, si le proporcionas al sistema nervioso momentos pequeños y tolerables (atenuados) de «seguridad real», irá creando una nueva recopilación de pruebas de familiaridad, que son lo que necesita para aceptar que es posible cambiar.

Jerarquía: la ciencia de la regulación

El tercer principio rector de la teoría polivagal dicta que el sistema nervioso opera según un orden jerárquico, que considera prioritarias la seguridad y la conexión. Por eso las respuestas del cuerpo y del sistema nervioso siempre siguen una ruta predecible.

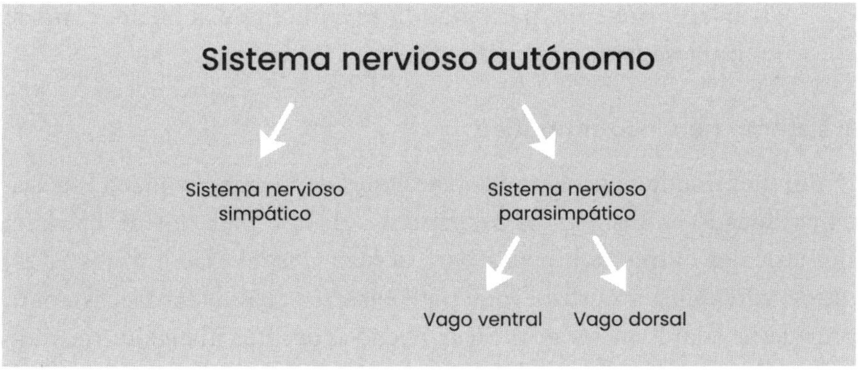

El sistema nervioso autónomo consta de dos ramas, el sistema nervioso parasimpático y el sistema nervioso simpático, y responde a todo lo que experimentamos mediante una jerarquía conformada por tres rutas predecibles: el complejo vagal ventral, el sistema nervioso simpático y el complejo vagal dorsal.

El sistema nervioso parasimpático

Este sistema dispone de dos rutas o estados, que corren por el nervio vago:

1. **La ruta del estado vagal ventral:** este es el estado donde priman el descanso y la digestión. Mientras te encuentras en este estado, el organismo promueve y prioriza las sensaciones de seguridad y conexión (contigo individualmente, con otras personas y con el resto del mundo). Te sientes bien contigo, capaz de lidiar con cualquier factor estresante que pueda surgir y en conexión con el mundo que te rodea.
2. **La ruta del estado vagal dorsal:** es el estado de la desconexión, cuando te encierras para protegerte. Cuando te enfrentas a un riesgo extremo y no puedes luchar ni huir, el sistema nervioso dorsal, un vestigio antiquísimo, toma el control y regresas a un estado evolucionario muy primitivo, que favorece la inmovilización (como si hibernases) para intentar sobrevivir. Cuando la situación es desesperada y te sobrepasa, el estado dorsal te desconecta de tu yo personal, del resto de la gente y del mundo que te rodea. En dicho estado, los sentidos se entumecen, como si no estuvieses presente, para inundarte en la insensibilidad, como si no hubiese nada a tu alrededor.

El sistema nervioso simpático

Aquí es donde se generan las reacciones de luchar o huir, en este sistema ubicado en los nervios periféricos y de la espina dorsal. La rama simpática es la que te prepara para actuar y regula las hormonas del estrés, adrenalina y cortisol (que potencian tus cualidades físicas), para protegerte y dar lo mejor de ti. Su actividad se acentúa al máximo cuando te encuentras en estado de alerta, en actividades físicas o ante una situación de emergencia o peligro.

Podríamos también comparar el sistema nervioso con un automóvil: el sistema parasimpático es el pedal de freno y el simpático el acelerador.

- En el estado ventral, el freno te permite ralentizar la velocidad poco a poco, modular las reacciones y conectar con el presente.

- En el estado simpático, el acelerador te pone en marcha para cargarte de energía y entrar en acción.
- En el estado dorsal, si el pedal acelerador de la reacción de lucha o huida es demasiado potente, se produce un frenazo de urgencia para corregir el problema y mejorar las posibilidades de supervivencia.

Históricamente, se creía que el sistema nervioso tan solo estaba compuesto por dos ramas distintas: el sistema parasimpático (descansar y digerir) y el simpático (luchar o huir). Sin embargo, la teoría polivagal ha desvelado que el sistema nervioso parasimpático se subdivide a su vez en dos estados o rutas diferenciadas, como acabo de exponer. Es un descubrimiento importantísimo, porque cambia la manera de entender el panorama del sistema nervioso. En lugar de contar con dos estados, resulta que disponemos de tres: ventral, simpático y dorsal.

Stephen Porges dedicó gran parte de sus investigaciones a explorar esas dos nuevas rutas vagales. En la teoría polivagal, el término «vagal» se refiere al nervio vago, mientras que «poli» significa «más de uno», indicando que hay ventral y dorsal. Estas dos rutas o vías empiezan en distintas zonas del tallo encefálico. La rama ventral emerge desde la parte delantera del cuerpo, mientras que la dorsal surge de la parte posterior.

El vago ventral gobierna las partes del organismo situadas por encima del diafragma, ya que está conectado con pulmones, garganta y corazón. También influye en las expresiones faciales, la expresividad en el discurso hablado y la interpretación y percepción de cuanto nos rodea. Y en este punto te pido de nuevo que pienses en la conexión entre rostro y corazón dentro del sistema de interactuación social, que favorece la conexión cuando nos encontramos en estado ventral. Esta rama contribuye a regular el ritmo cardíaco y la presión sanguínea, además de fomentar sensaciones donde predomina la seguridad y la predisposición para comunicarse y aprender. A través de la rama vagal ventral, se accede al neocórtex o cerebro racional, donde se desarrollan el pensamiento, el aprendizaje y el habla.

La rama vaga dorsal, que discurre por la parte posterior del cuerpo, se centra en gobernar los órganos situados por debajo del diafragma, ya que está conectada con el estómago, el hígado, los riñones, el bazo, el colon y los intestinos, y supervisa la función digestiva. Simplificando, diremos que el estado dorsal es el sistema especializado en la inmovilización y la conservación del organismo. En situaciones de riesgo, redirige el riego sanguíneo para redistribuirlo de las extremidades hacia el tronco, hacia los órganos vitales, lo que ralentiza el ritmo cardíaco y la respiración. Ante situaciones de peligro, de vida o muerte, esta respuesta adquiere la forma de un desfallecimiento, una disociación o un desplome total. Sus efectos también se pueden manifestar de un modo más suave, en forma de aislamiento social o de embotamiento afectivo.

Eric y el bucle autónomo

Eric acudió a mi consulta porque se sentía agotado, quemado, tras una temporada de desgaste extremo. Había llegado a tal punto que se había tomado un año sabático en el trabajo, tras poner las riendas de sus diversas empresas en manos de un socio. No era la primera vez que Eric necesitaba tomarse un respiro, tras haber alcanzado el agotamiento más profundo. Era un ciclo, un patrón que se repetía y que había empezado ya cuando estaba estudiando en secundaria. Conseguía notas excelentes, superaba todas las expectativas y luego estallaba, hasta desplomarse y encerrarse en sí mismo.

Es el mismo patrón que observo con asiduidad entre muchos de mis clientes con una carrera profesional más brillante, con currículos llenos de éxitos y grandes reconocimientos, que destacan entre la multitud. La obsesión y la presión por rendir al límite y triunfar los consume. Da igual si esa tensión es impuesta por otras personas, si la experimentan como un medio de escape o si creen que es un reflejo de las tremendas capacidades que atesoran. Trabajan y trabajan, sin tomarse un descanso, esforzándose al límite y sumergidos de manera crónica en el estado simpático de productividad y activación… hasta que un día, el combustible se termina y pasan al estado dorsal, de pura fatiga y agotamiento (*burnout*). O sea, al estado de la conservación, el descanso y la recuperación. Pero como han diseñado unas condiciones de trabajo que les exigen dar el 100 % de lo que son capaces, o quizás porque no saben cómo marcarse un ritmo tolerable, acaban por volver a caer en el mismo círculo vicioso. Porges y Dana se refieren a este fenómeno como «bucle autónomo», un ciclo repetido entre dos estados.

Me puse a trabajar con Eric para tratar somáticamente el patrón subconsciente que condicionaba su sistema nervioso, cuyas raíces se hundían en la infancia, según descubrimos. Entonces él equiparaba los buenos resultados académicos con el cariño, porque su padre (muy distante en el plano emocional) tan solo le prestaba atención y lo elogiaba por ese motivo.

Tras la terapia, consiguió erigir unas barreras más aceptables para definir su parcela de trabajo. Al final, logró interiorizar que su meta no debía ser exclusivamente trabajar para así obtener aprobación y elogios externos, y pasó a motivarse por su propio valor intrínseco.

LA CRONOLOGÍA DEL SISTEMA NERVIOSO AUTÓNOMO

Al igual que pasa con el cerebro, el sistema nervioso ha ido desarrollándose durante millones de años de evolución, adaptándose y refinándose progresivamente para atender nuestras necesidades básicas para la supervivencia. Stephen Porges llama «cronología del sistema nervioso autónomo» a este concepto. Desde la perspectiva evolutiva, la vía parasimpática dorsal es la rama más antigua del sistema nervioso autónomo y se encuentra ya en organismos vertebrados primitivos de hace 500 millones de años, mientras que el sistema nervioso simpático surgió hace 400 millones de años, con la evolución de los reptiles. La vía ventral es la más reciente. Evolucionó hace 200 millones de años y dio pie a que apareciese nuestro sistema de interacción social y la capacidad para obtener seguridad de la comunicación y la conexión.

Jerarquía: la escalera polivagal

Para ilustrar cómo es la jerarquía o estructura predecible según la cual se organiza el sistema nervioso a lo largo del día y para responder a las sensaciones de seguridad o peligro, Porges ideó una herramienta muy útil, que bautizó como "escalera polivagal". El Itinerario de la sanación centrada en el cuerpo será una gran ayuda para que dibujes tu propia escalera polivagal, con la cual entenderás mucho mejor las cualidades específicas de tu propio sistema nervioso.

¿Cómo funciona la escalera polivagal?

Cada día asciendes y bajas por la escalera de tu sistema nervioso; una escalera polivagal única, personal e intransferible. Ahora imagínatelo mientras observas esta ilustración:

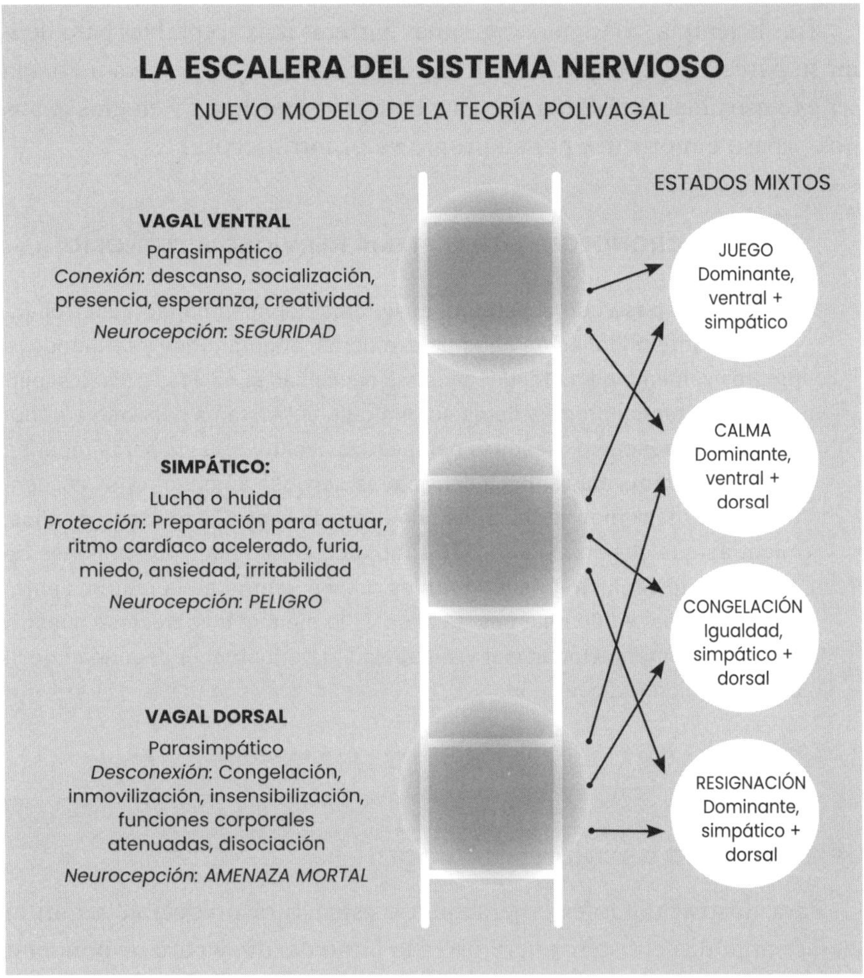

- Te levantas de la cama «con el pie derecho» o en estado ventral. Aquí, en el punto más alto de la escalera, sientes suficiente seguridad para conectar con tu mundo interior, con el entorno exterior y con las personas que te rodean.

- Ahora imagínate que estás de pie, encima de la escalera y con una mochila vacía. A medida que transcurre la jornada y experimentas factores estresantes, factores disparadores o señales neuroceptivas de peligro, la vas cargando de peso. Naturalmente, según se acumulan los estresantes, empiezas a descender por la escalera debido a que el propio peso te arrastra. De acuerdo con la jerarquía inherente a tu sistema nervioso, la primera respuesta predecible que notarás es el impulso de luchar o huir, transmitida por la rama simpática.
- Si luchar o huir no sirven para eliminar esa percepción de peligro, o bien si esa opción no está a tu alcance (por ejemplo, hay niños que han crecido en entornos donde responder luchando generaría un peligro mayor o donde huir implica que no contarán después con un refugio donde guarecerse), el sistema nervioso te empujará obligatoriamente a la respuesta dorsal, con la inmovilización y el bloqueo.
- Ahora tal vez te estés preguntando cómo se vuelve a lo alto de la escalera. La misma secuencia jerarquizada que existe para descender existe también para ascender. En otras palabras: cuando estás en la parte más baja de la escalera, en el estado dorsal, no es posible

Características comunes de la escalera polivagal

CIMA DE LA ESCALERA	ESTADO EMOCIONAL	PALABRA CLAVE
Estado: ventral vagal	Seguridad y conexión	Conexión
• ¿Qué dices? Estoy bien. El mundo está lleno de posibilidades.		
MITAD DE LA ESCALERA	**ESTADO EMOCIONAL**	**PALABRA CLAVE**
Estado: simpático	Ira o ansiedad	Protección
• ¿Qué dices? Estoy loco/a. Soy tóxico/a. El mundo no es agradable, da miedo, todo son molestias.		
FONDO DE LA ESCALERA	**ESTADO EMOCIONAL**	**PALABRA CLAVE**
Estado: vagal dorsal	Congelación	Desconexión
• ¿Qué dices? No merezco que nadie me quiera, soy invisible, estoy solo/a y perdido/a. El mundo es un lugar frío, vacío e inhóspito.		

apoyarte exclusivamente en tu sentido arácnido para regresar al estado ventral (lo cual no estaría nada mal). Cuando nos encontramos en un estado de congelación, encerrados en nuestro yo, todavía seguimos portando la adrenalina y el cortisol que liberamos cuando se inició la respuesta simpática de preparación y lucha o huida. Por tanto, para subir y desandar el camino del estado simpático hasta alcanzar el estado ventral, es preciso que descarguemos o expulsemos esas hormonas de la supervivencia que habíamos acumulado. En el Apéndice A te explico exactamente cómo se hace.

El espeluznante episodio que viví haciendo senderismo en Montana es un ejemplo fantástico de la fabulosa capacidad innata del sistema nervioso para cuidar de nuestra seguridad. Tras el momento inicial de amenaza inmediata y el terror puro que lo siguió, mi sistema consiguió llevarme a un estado de congelación. A continuación, gracias a la corregulación que logré experimentar junto con mi marido y mi hijo, me aupé hasta subir por la escalera hacia el estado ventral. Entonces, me temblaron los músculos para sacudirse de toda la adrenalina y el cortisol que me inundaban. A cada instante se iban produciendo ondas de activación, que me propulsaron para ir subiendo hasta un estado de seguridad, conexión y regulación.

Es imposible permanecer siempre en estado ventral

Es muy habitual equivocarse y pensar que el objetivo de la regulación del sistema nervioso es resistir y permanecer siempre en la cúspide de la escalera, en el estado ventral, 24 horas al día y siete días por semana.

Lo cierto es que el ser humano medio dotado de un sistema nervioso saludable y bien regulado sube y baja por la escalera polivagal unas 100 veces cada día. Eso es lo que se considera un sistema nervioso regulado, resiliente y flexible. Capaz de ascender y descender por los escalones sin grandes complicaciones, sin quedarse atascado. En contraste, un sistema nervioso que no sea flexible o que viva en un estado simpático o dorsal constante se considera rígido o desregulado.

Estados mixtos de la escalera polivagal

Además de los tres estados básicos del sistema nervioso, Porges propuso que existen estados mixtos, como los estados de juego, calma, congelación y resignación. Como se ve en la imagen de la escalera polivagal de la página 124, en los momentos mixtos, el sistema nervioso experimenta varias respuestas fisiológicas simultáneas.

Juego

En los momentos de juego, te encuentras al mismo tiempo en estado ventral y simpático. Cuando actúas intencionadamente en cualquier tipo de ejercicio físico, actividad deportiva, juego o baile, explotas la energía y la adrenalina de la respuesta simpática de lucha o huida (por ejemplo, cuando juegas en el parque con tus hijos). Pero aunque estés desarrollando la respuesta física de lucha o huida, como no hay señales neuroceptivas de peligro, no experimentas la respuesta emocional marcada por la ira o la ansiedad. En vez de eso, captas y recibes indicios de seguridad, así que te anclas emocionalmente en tu estado ventral parasimpático, donde lo que prima son la conexión, el bienestar, el ánimo de vivir nuevas aventuras y experiencias, la excitación.

Resignación y sumisión

El estado de resignación, a menudo descrito también por la sumisión y tendencia a complacer o apaciguar a otras personas, no es un estado propio del sistema nervioso, aunque mucha gente así lo asuma. La resignación es una respuesta específica que combina parte del estado de huida del sistema simpático y del estado de congelación dorsal. Cuando nos resignamos, desconectamos y congelamos aquellas partes de nuestro yo que queremos que se hagan oír. O sea, el estado dorsal. Teniendo esto en cuenta, evitamos la confrontación, pero también nos abstenemos de defender nuestras propias necesidades y deseos o de establecer límites. Tendemos a evitar todo eso por una respuesta emocional basada en el miedo (respuesta de huida): sentimos preocupación, ansiedad y temor de fijar esos límites e intereses personales, o miedo porque enfrentarnos a otra persona provoque rechazo, abandono, juicios de valor, más daños para nosotros, etc. Así que optamos por satisfacer las necesidades de otros y poner sus deseos por encima de los nuestros propios, para diluir ese potencial peligro.

Congelación

La congelación es un estado mixto, que combina elementos de la reacción de lucha o huida del sistema simpático y del apagón o desconexión del estado dorsal. Es muy habitual que describamos esta situación como pisar con un pie el acelerador (sistema simpático) y con el otro el freno (sistema dorsal) al mismo tiempo. Nos congelamos cuando nos enfrentamos a amenazas que ponen en riesgo la propia vida, a momentos de *shock* y situaciones horribles, cuando el organismo se ve tan sobrepasado por las circunstancias y el torrente de hormonas del sistema simpático que respondemos como una liebre deslumbrada por las luces de un automóvil. Sentimos que el organismo está preparado para actuar, pero somos incapaces de movernos.

CONGELACIÓN	DESCONEXIÓN/COLAPSO
La musculatura y la espina dorsal se tensan.	La musculatura y la espina dorsal se encogen y quedan como inertes.
Aumenta la frecuencia cardíaca y sube la presión sanguínea.	Baja la frecuencia cardíaca, caen la temperatura y la presión sanguínea.
Dilatación de las pupilas, máxima consciencia, sensación de pánico, situación desesperada, miedo profundo o amenaza mortal.	Mirada perdida, sensación de desconexión o disociación entre mente y cuerpo, desconexión del presente.
Como una liebre deslumbrada, el organismo está movilizado para actuar pero no puede moverse.	Como un animal inconsciente que finge estar muerto, sensación de fatiga e inmovilidad.
Estado de bloqueo, postura tensa para soportar el impacto, todo listo para huir o luchar.	Sensación de estar en medio de la nada, desesperanza, no hay dolor, insensibilidad, retirada y conservación de la energía.

Es muy importante saber distinguir entre una respuesta de congelación y una desconexión del estado dorsal. Durante mucho tiempo, se pensó que las posibles respuestas del sistema nervioso cuando percibe una amenaza eran huir, luchar o congelarse. Sin embargo, la teoría polivagal sostiene que las reacciones que se pueden experimentar son lucha, huida o desconexión. En un principio, puede parecer que las respuestas de congelación y desconexión son muy similares, pero en realidad hay diferencias notables, como se indica en la ilustración. Estas dos respuestas se pueden observar y manifestar de manera diferente dentro del cerebro, del cuerpo y del sistema nervioso, pero en el plano conductual, a menudo sí que presentan similitudes. Los comportamientos más típicos en este caso son el aislamiento, la procrastinación, la distracción y falta de atención al entorno, los atracones de TV y la disociación.

Congelación funcional

Vamos a añadir un estado mixto más al menú, y aquí es fundamental señalar el de la congelación funcional, que se puede describir como estado «de piloto automático». La congelación ya es un estado mixto, que combina elementos de la reacción de lucha o huida del sistema simpático y de la desconexión dorsal. Pero no se trata de la inacción debida al impacto de un *shock,* sino más bien de un estado donde, como indica su nombre, somos funcionales. Somos capaces de funcionar en el día a día, pero se mantiene la desconexión respecto del propio cuerpo, de las emociones y del panorama interno de la persona. Por fuera parecemos bien, todo está normal, pero por dentro sufrimos. Hasta puede parecer que estamos procesando emociones y las sentimos, pero en el fondo no es así. También puede suceder que nos forcemos a soportar este estado o a fingir que no pasa nada. La cultura occidental considera digno de aplauso que la persona ponga al mal tiempo buena cara y que siga adelante, totalmente desligada de la experiencia somática. Y creo que no me equivoco al afirmar que mucha gente padece y vive bajo los efectos de esta respuesta mixta. Es una de las cinco personalidades atascadas de las que hablaremos más adelante.

Cuando una persona consigue ir saliendo poco a poco de estados de desconexión, congelación y congelación funcional, puede experimentar cierta confusión, porque afloran de repente todas las sensaciones y emociones que antes no captaba o que suprimía. Incluso es posible que esa nueva ola de sensaciones la conduzca a pensar que está sufriendo una regresión. ¿Y por qué siento tantísima ansiedad *ahora? ¿De dónde brotan todas estas sensaciones?* Ante este panorama, se puede criticar a sí misma sin darse cuenta de que, en realidad, es señal de que está progresando. Se está descongelando, por así decirlo, para ir subiendo por la escalera hacia las reacciones de huida o lucha, el estado donde tiempo atrás su sistema nervioso calculó que estaba tan superado por las circunstancias que no podía funcionar.

El nexo entre la teoría polivagal y el método *Somatic Experiencing®*

La teoría polivagal propone una vía clara para conseguir la regulación, que se asienta sobre la seguridad, la conexión y la capacidad para librarse de las cargas de supervivencia que teníamos almacenadas y atascadas en el organismo si seguimos fielmente la ruta predecible que obedece a la jerarquía del sistema nervioso. Porges (fiel amigo de Peter Levine desde hace muchos años) y la teoría polivagal respaldan los estudios originarios de Levine. A diferencia de lo que ocurre con la fauna silvestre, que se sacude (físicamente, agitando el cuerpo) para sacarse de encima la tensión y el miedo, los seres humanos no contamos con ese recurso para saltar de una etapa a otra en el ciclo de respuesta al estrés. Como resultado, la energía residual que nos impulsaría a luchar o huir queda atrapada en el interior del organismo. Y si no abordamos ni solucionamos ese detalle, las experiencias que abrumaban al sistema nervioso nos pueden llevar a un estado de desregulación, donde nos sentimos constantemente sobreestimulados, aunque realmente no exista ninguna amenaza real. Por supuesto, las personas somos criaturas mucho más sofisticadas. Así que menearnos no es suficiente para sacudirnos de encima los traumas ni resolverlos.

En vez de eso, el método *Somatic Experiencing®* de Levine se centra en regular el sistema nervioso y para eso, en primer lugar, hay que construir una plataforma, unos cimientos que aporten seguridad. Serán nuestros recursos, según propone el método *Somatic Experiencing®*, o nuestros destellos, según la categorización de la teoría polivagal. La capacidad para crear una sensación percibida de seguridad, tanto dentro y fuera del organismo como entre nuestra persona y quienes la rodean, es un factor que fomenta la regulación y nos eleva en la escalera polivagal. Una vez sentadas las bases de la seguridad, comienza el proceso de expresar o expulsar lo que haya guardado y atascado en el cuerpo, siempre de forma suave y progresiva. Puede ser ira, miedo, dolor o cualquier otra emoción. Cuando le concedemos al sistema nervioso la oportunidad de expresar lo que tuvo que callarse en el pasado, de forma natural regresa arriba por la escalera, al estado ventral donde reinan la seguridad y la conexión.

Pero es que todavía hay más: al tiempo que se refuerza la capacidad para superar el dolor del pasado, se moldea un sistema nervioso más flexible y resiliente, mejor preparado para afrontar el estrés diario y sus sinsabores con menos sobresaltos, tanto hoy como en el futuro.

CAPÍTULO 6

Descubre cómo el apego de la niñez condiciona tus relaciones adultas

«Estamos aquí para ser los recuerdos de nuestros hijos. Cuando eres padre, eres el fantasma del futuro de tus hijos».

—Matthew McConaughey, *Interstellar*

«Pues yo tuve una infancia muy normal», me decían siempre mis clientes. «Mis padres me querían mucho». He escuchado lo mismo unas mil veces desde que soy practicante de tratamiento somático y, si te soy sincera, hasta yo misma solía decirlo antes.

Pero hoy siempre doy la misma respuesta: «Una cosa es lo que sabemos y otra cosa es lo que sentimos. A veces no coinciden del todo. Por ejemplo, aunque tus capacidades cognitivas te confirmen que tus padres te amaban... ¿de verdad sabes con certeza que en aquella época sentías eso, que recibías su cariño?».

Cuando repasamos la niñez, muy a menudo lo hacemos revisitándola y contemplándola a través de unas gafas que lo tintan todo de color rosa. Todo lo racionalizamos y siempre llegamos a la conclusión de que nos cuidaban, nos querían y nos aceptaban. Puede que sea cierto, pero aun así... aunque tuviésemos un techo acogedor, hubiese comida apetitosa en la mesa y no percibiésemos ninguna amenaza de violencia y hoy nos parezca que «salimos normales», no conviene olvidar esto: es posible que ambas versiones sean ciertas al mismo tiempo. Nuestra impresión de haber vivido una infancia corriente y normal puede coexistir con la realidad de que también hubiese episodios en los que sintiéramos inseguridad, especialmente en los primeros años, antes de que aprendiésemos a hablar. Quizás no disfrutamos de un apego o una proximidad suficiente con quienes nos cuidaron con tanto cariño, o no nos defendieron adecuadamente de circunstancias o personas negativas. O tal vez nos criamos en una atmósfera donde predominaban el abandono, la desatención, el caos o el miedo.

Así es la naturaleza del apego, de las heridas que portamos como herencia de nuestras primeras relaciones personales. Las cicatrices que todavía nos provocan dolor a menudo están ocultas o camufladas; aunque estén en primer plano, no conseguimos distinguirlas. Las magulladuras de la falta de apego no siempre están a la vista, también pueden agazaparse y permanecer escondidas. Pero condicionan las elecciones guiadas por el instinto, las reacciones y los sentimientos. Tienen el potencial de generar creencias y conductas nocivas y desafortunadas que se manifiestan en nuestra vida actual. Esos impulsos, esas reacciones, son el eco de la voz de nuestro yo infantil herido, que sigue dominando nuestro sistema nervioso y que, en cada instante y situación de aflicción o desamparo, le arrebata las riendas a tu mente adulta y racional. Entonces nos retrotraemos a esa personalidad de la infancia y, repitiendo sus esquemas, nos apartamos de otras personas, buscamos desesperadamente afianzar algunas relaciones o estallamos de rabia. Más tarde nos avergonzamos y ridiculizamos por ese comportamiento irracional, sin caer en la cuenta de que esos precisos instantes suponen una oportunidad, porque abren una ventana para que las partes más jóvenes de nuestro yo puedan finalmente experimentar la seguridad, la sintonía y el consuelo que les faltó en los primeros años.

Voy a citar una afirmación muy célebre del propio Peter Levine: «Nunca es tarde para vivir la infancia que te mereces».

Este capítulo pretende ayudarte a explorar ese sendero para regresar a ti. A través de la aceptación y de la reconexión con tu propio yo, irás generando un sentido interior (un sentimiento) de que alguien, por fin, te presta oídos y atención, te observa, te acompaña y te apoya. A partir de ese punto, empezarás a desarrollar la capacidad innata de fijar límites, avanzar con un propósito claro y aprender a apoyarte en tu fortaleza fisiológica. Lo cual, a su vez, fomentará una relación más sana contigo personalmente, con las personas que te rodean y con el resto del mundo.

Los orígenes de la teoría del apego

John Bowlby es un afamado psiquiatra inglés, conocido como el «padre de la Teoría del apego», que investigó la influencia del vínculo maternal (o «apego») sobre el crecimiento y el desarrollo social, emocional y cognitivo de cada niño mientras trabajaba en una consulta clínica especializada en la orientación infantil en la década de 1930. Cuando empezó a estudiar este campo, las teorías freudianas predominantes atribuían el comportamiento y el desarrollo del niño a factores de motivación internos, como la agresión, el hambre y la sexualidad, pero obviaban las influencias externas. Bowlby puso en tela de juicio esta suposición, ya que apreció que entre los niños con problemas emocionales que acudían a su consulta abundaban los que habían padecido una falta de afecto a edades tempranas y no habían recibido cuidados y atenciones apropiados. A pesar de las voces que se alzaron en su contra, su trabajo hacía énfasis en la importancia de las experiencias relacionales en la primera infancia y más allá.

Basándose en su trabajo clínico, Bowlby propuso un concepto revolucionario: la Teoría del apego, que formula la idea de que nuestros primeros vínculos (apegos) desempeñan un papel crucial para el desarrollo y las capacidades funcionales que nos acompañará toda la vida. Sostenía que la figura cuidadora principal, que típicamente suele ser la madre, servía como «organizadora psíquica» vital. Un elemento esencial para que el desarrollo cognitivo, emocional, social y conductual de cada niño avanzase con éxito. Y por eso defendió que, para disfrutar de un nivel de salud óptimo, era preciso mantener relaciones cálidas, cariñosas, sólidas e íntimas con las personas cuidadoras. Propuso que el apego posee cuatro características diferenciales específicas:

- Mantenimiento de la proximidad: deseo de permanecer cerca de la persona por quien sentimos apego.
- Refugio seguro: capacidad para regresar junto a quien nos cuida para procurar consuelo y seguridad cuando nos enfrentamos a un miedo o una amenaza.
- Base segura: la figura cuidadora es la base del niño, le permite que explore con seguridad.

- Angustia de separación: sufrimiento de una sensación de angustia habitual ligada a la ausencia de la figura cuidadora.

Además de sus observaciones humanas del vínculo madre-hijo/a, Bowlby también se inspiró en las conductas de otros mamíferos y su forma de cuidar a las crías, poniendo de relieve los sorprendentes paralelismos que se aprecian en los instintos de supervivencia entre diversas especies. Lo más destacado fue la comprobación de que entre los primates (nuestros parientes más cercanos), concretamente entre chimpancés y gorilas, los individuos jóvenes buscan la protección de un ejemplar adulto cuando tienen miedo. Esta observación, sumada a muchas otras, empujaron a Bowlby a proponer que los seres humanos, como sus parientes primates, están configurados de forma innata para establecer conexiones emocionales profundas como medio para asegurar la proximidad y mejorar sus posibilidades de sobrevivir.

Mary Ainsworth, psicóloga y colega de Bowlby, profundizó en la investigación y en 1969 ideó el método de evaluación denominado Protocolo de situaciones extrañas (*Strange Situation Classification*, SSC) para analizar las diferencias en las experiencias de apego entre distintos niños. En primer lugar, conducía a madre e hijo/a hacia una sala desconocida para ellos, para observar la reacción del chiquillo ante diferentes circunstancias. Por ejemplo, que la madre se ausentase, que entrasen y saliesen personas desconocidas y otras situaciones similares. Los estudios de Ainsworth desvelaron que, como resultado de las interacciones tempranas madre-hijo/a, se producían respuestas relacionales predecibles por parte del pequeño. Identificó tres estilos de apego primarios (patrones relacionales): seguro, evitativo (inseguro) y ambivalente-resistente (inseguro). Los detallaremos uno por uno en este capítulo. Posteriormente, en 1986, el equipo de investigación formado por Mary Main y Judith Solomon identificó un cuarto estilo de apego, el apego desorganizado. Gracias a estas sólidos fundamentos científicos, hoy sabemos que los lazos que establecemos con quienes nos cuidan en la infancia muy probablemente acaben reflejándose en los lazos que construiremos en la edad adulta.

Desde hace unas ocho décadas o algo más, la teoría del apego de Bowlby ha sido objeto de cientos de estudios y se ha ido incorporando a diversas disciplinas y ámbitos, como la psicología, la sociología, la neurociencia y la ciencia del desarrollo. Decenas de miles de estudios, experimentos, artículos científicos, libros y conferencias han ido apareciendo y han abordado distintos aspectos de dicha teoría, centrándose en conceptos como los estilos de apego, las conductas del apego, los trastornos relacionados con el apego y las intervenciones terapéuticas. En este mismo capítulo hablaremos de gran parte de estos temas, ya que vamos a profundizar en nuestras historias personales de apego y analizar qué función cumplen hoy en nuestras relaciones personales y nuestro bienestar general.

Aspectos básicos del apego

Generalmente, el apego se estudia observándolo a través de dos lentes: el apego en la infancia y los estilos de apego en la edad adulta. Vamos a aplicar las dos variantes, empezando por el apego en la infancia y tomando conciencia de que muchas de las dificultades personales y sociales que nos afectan hoy pueden tener su origen en nuestros primerísimos vínculos.

El apego es un vínculo emocional que se forma en la infancia, durante los primeros años de vida, con nuestro padre o madre o la persona que nos cuida. Desempeña un papel esencial en nuestro desarrollo infantil y también influye sobre los patrones de apego que marcarán nuestras relaciones adultas. Según sean las cualidades y la calidad de ese primer apego, hasta los dos años de edad, en ella se van manifestando y fijando patrones relacionales subconscientes (o estilos de apego), pero conviene recalcar que no son del todo inamovibles. De hecho, se calcula que hasta un 80 % de las personas adultas tendrán el mismo estilo de apego que ya tenían a los 18 meses de edad. Esos patrones predominantes se hacen notar cuando sentimos seguridad o inseguridad en nuestras relaciones, con nosotros mismos y con otras personas.

Durante los tres primeros años de vida, conocidos como fase de apego, es crucial que se establezca y mantenga una sensación de seguridad con las personas que nos cuidan y atienden. Son los cimientos imprescindibles que sostendrán una percepción sana de nuestro propio yo y del mundo. A su vez, eso favorecerá que establezcamos relaciones sociales sanas, positivas y valiosas en la edad adulta. Es más: casi un siglo de investigaciones ha demostrado que un apego seguro en la infancia es la base esencial para más adelante poder gozar de una salud física y mental robusta. Esas cualidades que aspiramos a disfrutar durante toda la vida, como relaciones sociales sólidas, resiliencia e independencia, hunden sus raíces en el apego. Además, las primeras experiencias de apego ejercen un efecto muy profundo sobre el desarrollo del sistema nervioso, ya que dibujan el esquema sobre el que se asienta la capacidad de autorregularnos y corregularnos.

Un apego seguro a la persona que nos cuida proporciona tres ventajas principales:

- Proporciona al niño una sensación firme de seguridad.
- Ayuda al niño a aprender y dominar la regulación emocional porque alivia la angustia, promueve la alegría y refuerza la serenidad.
- Constituye una base segura en la que apoyarse para explorar el mundo alrededor, lo que fomenta la independencia.

Si invertimos las premisas, también se cumplen. Si un niño no crea un apego seguro con quienes lo cuidan, puede sufrir alteraciones en su desarrollo, que le acarrearán problemas para el aprendizaje, trastornos emocionales o conductuales y dificultad para establecer conexiones con otras personas. Y esos fenómenos persisten en la edad adulta. En esencia, la utilidad de un apego seguro es protegernos de los traumas, mientras que un apego inseguro es un factor predictivo de sufrir esos mismos traumas.

El apego en la niñez

Ahora volvamos a la corregulación, tema que ya vimos en el capítulo anterior. Recuerda, la conexión con otras personas es un imperativo biológico, una necesidad para la supervivencia. Y por eso el sistema nervioso prioriza la conexión, a través del sistema de interacción social. Desde la perspectiva evolutiva, fomentar unas conexiones sólidas y preservarlas aporta beneficios tanto para la supervivencia como para la reproducción. Por ejemplo, pensemos en el papel de la oxitocina (conocida como «hormona del amor») en nuestras vidas. La oxitocina es responsable de provocar que la leche materna fluya por los conductos mamarios hasta los pezones, con lo que contribuye a consolidar el vínculo entre madre y bebé, además de favorecer la nutrición. Pero es que, además, durante los momentos de excitación junto a nuestras parejas íntimas, el organismo segrega oxitocina. Y también lo hace cuando experimentamos eso que llamamos enamoramiento.

Pero basta ya de ciencia: es suficiente con cruzar la mirada con un bebé para entender que los seres humanos nacemos predispuestos a la conexión. Desde que llegan al mundo, e incluso ya en el útero, los bebés empiezan a tejer lazos con quienes los cuidan y también con sus hermanos y hermanas. En su libro *El apego en psicoterapia*, el célebre autor David Wallin subraya que los bebés comienzan a emular las expresiones faciales de sus progenitores de inmediato, con apenas 40 minutos de vida. Todo un símbolo de ese impulso primario que busca la conexión. Esas apuestas biológicas por la conexión tienen varios motivos, entre ellos, que sirve para estimular el desarrollo.

Los gestos reconfortantes con que nos obsequian nuestros padres, como sus abrazos, las nanas y las sonrisas, aportan beneficios emocionales y cognitivos muy duraderos, e incluso tienen el potencial de protegerlos ante dificultades y sinsabores en la adolescencia o apoyarlos para alcanzar éxitos académicos en una fase posterior. El cerebro humano es un órgano fascinante, compuesto por más de 100.000 millones de neuronas, cuya complejidad supera con mucho la de cualquier otro objeto del universo conocido. Incluidas las computadoras más avanzadas. El período crítico para su desarrollo se inicia en el útero y se extiende durante el primer año de vida. Al tercer año, el cerebro infantil ha alcanzado casi el 90 % de su tamaño adulto. El crecimiento es muy rápido y la formación de los circuitos neurales discurre a una velocidad pasmosa, que oscila entre las 700 y las 1.000 conexiones sinápticas por segundo. Por eso se considera que el período denominado «infancia» dura hasta el tercer año. Por tanto, no sorprende que las interacciones con quienes nos cuidan durante esa fase sean una piedra angular del proceso de configuración temprana del cerebro, ya que precisamente se están estableciendo millones de interconexiones nuevas. Por medio de la comunicación y de las repetidas interacciones, se crean rutas neuronales que contribuyen al desarrollo de recuerdos implícitos, impulsos, creencias y capacidades cognitivas. No exagero si digo que, durante esta etapa, el cerebro de cada crío es terriblemente sofisticado pero también tremendamente susceptible.

Además de contribuir al desarrollo cognitivo, un apego seguro aporta apoyo emocional y regulación. Por ejemplo, nada más nacer, el cerebro y el sistema nervioso de los bebés están infradesarrollados. Para regular y calmar las reacciones tan drásticas que les provoca un mundo repleto de estímulos, ese sistema nervioso recién estrenado no tiene otro apoyo para recuperar la sensación fisiológica de seguridad y tranquilizarse que fijarse y fiarse de quienes lo cuidan.

Para recalcar este punto, un estudio longitudinal realizado durante un plazo de 30 años por el instituto de salud *Global Health Institute* de la Universidad de Duke descubrió que el afecto materno en la infancia es un elemento predictor del malestar emocional en la edad adulta. Con la participación de 482 sujetos, el equipo de investigación midió el nivel de afecto que sus madres le proporcionaban a sus bebés a los ocho meses de edad. A continuación, cuando esas personitas llegaron a la edad adulta, el equipo de investigación evaluó sus niveles generales de salud mental, ansiedad, hostilidad y malestar general (a una edad media de 34 años). El estudio reveló que los bebés cuyas madres mostraban la dosis de afecto «más exagerada» a la edad de ocho meses luego se habían convertido en personas adultas que presentaban unos niveles particularmente bajos de malestar, ansiedad y hostilidad. La correlación más fuerte se detectó en la categoría de ansiedad. Esta misma tendencia persistía en todas las mediciones y el equipo concluyó que cuanto más intenso era el cariño materno en la infancia, menos malestar experimentaba ese bebé al llegar a la edad adulta.

La inmensa colección de estudios sobre la teoría del apego no solo pone en entredicho, sino que refuta la creencia cultural arraigada de que si le prestamos demasiadas atenciones a un bebé lo malcriamos emocionalmente y provocamos que crezca siendo «inestable», «con necesidades» o «demasiado dependiente». Muy al contrario, los datos subrayan exactamente lo opuesto y ratifican que no es posible excederse dando «demasiado cariño». De hecho, cuanto más respondamos a las necesidades y exigencias del bebé, más independiente acabará siendo, porque interioriza que siempre contará con un refugio y una base segura para explorar el mundo.

Como afirma Gordon Neufeld, psicólogo canadiense especializado en el desarrollo, «el apego es la dinámica más importante en la vida del niño... y la finalidad de ese apego es facilitar la dependencia».[1] Por si fuera poco, las criaturas están preconfiguradas por instinto para exhibir conductas específicas, denominadas «liberaciones sociales», como llorar, sonreír y gatear, destinadas a fomentar la proximidad y el contacto con su madre o la figura primaria de su apego. En última instancia, para el desarrollo de los más pequeños, es beneficioso que manifiesten sus emociones intensamente: que lloren, que chillen y que se sirvan de sus cuerpecillos para atraer nuestra atención. O sea, precisamente lo que solemos calificar de «rabietas» y «berrinches». Si generalizamos la idea de que los bebés deben ser «buenos y tranquilitos», definimos unos estándares que no encajan con la biología de los chiquillos. De hecho, que un bebé sea «bueno» y «tranquilo» podría considerarse un síntoma negativo de desapego interno o disociación.

Además de las ventajas que aporta para el desarrollo, el apego sirve como plataforma sobre la cual los bebés construyen su percepción interna de sí mismos, tomando como referencia las respuestas e interacciones que sus padres les ofrecen. Dado que en la más tierna infancia nos percibimos de la misma manera en que nos perciben quienes cuidan, cuando nos proporcionan amor y respeto, entendemos que también podemos confrontarnos personalmente con esas mismas premisas. Esa base segura promueve una autoestima más fuerte, más asertividad, más confianza personal, independencia y el deseo de explorar. Pero es que no nos limitamos a adoptar esas creencias sobre nuestro yo basándonos en la conducta de nuestros padres, es que también nos fijamos en los apegos tempranos para dibujar cómo serán las expectativas de nuestras futuras relaciones sociales. Por ejemplo, si los progenitores de un bebé le proporcionan conexión (en forma de comprensión) y experiencias enriquecedoras, ese mismo bebé esperará obtener un tratamiento similar en otras relaciones. Al revés, si le gritan o lo castigan haciendo uso de amenazas y del miedo, el bebé preverá que eso es lo que recibirá en otras relaciones personales. Los padres tienen una influencia muy significativa sobre la imagen que los niños tienen de sí mismos y del resto de la gente. Les confieren asunciones inherentes que los pueden fortalecer o debilitar para afrontar la vida.

Alan Sroufe, psicólogo especialista del desarrollo del Instituto de Desarrollo infantil de la Universidad de Minnesota (EE. UU.), lo explica así: «El apego es una relación al servicio de la regulación emocional y la necesidad de explorar del bebé. Es ese sentimiento profundo y duradero de confianza que tiene en la disponibilidad y la capacidad de respuesta de quienes lo cuidan».[2] Un apego seguro comporta unos beneficios inmensos. De acuerdo con el *Estudio longitudinal de padres e hijos de Minnesota*, cuyo fin es analizar los patrones de apego, que empezó en 1957 y continúa en marcha, cuando un niño siente un apego seguro gracias a quien lo cuida, conseguirá:

- Un mayor sentido de la seguridad y la asertividad.
- Una mejor regulación emocional.
- Una autoestima más elevada.
- Mejor capacidad para soportar el estrés.
- Una interacción e integración más positiva en el grupo de pares de edad preescolar.
- Amistades más estrechas en la etapa media de la infancia.
- Mejor coordinación de las amistades y los grupos sociales en la adolescencia.
- Relaciones románticas con más confianza y menos hostilidad en la edad adulta.
- Mejores competencias sociales.
- Más cualidades de liderazgo.
- Unas relaciones mejores y más felices con sus progenitores y hermanos.
- Más confianza y seguridad ante la vida.

Tal vez te estés preguntando cómo es posible que una criatura pueda empezar a conformar ideas tan importantes sobre sí y sobre el mundo a su alrededor cuando su cerebro cognitivo (el neocórtex, donde se procesan el pensamiento consciente y el habla) todavía no se ha desarrollado. Pues porque, dado que somos seres sociales por naturaleza, gran parte de la comunicación tiene lugar mediante señales no verbales, como el lenguaje corporal, el tono de voz, el contacto visual y otras. En el primer año de vida, nos apoyamos fundamentalmente en el cerebro reptiliano o tallo encefálico, donde el lenguaje que se emplea para interpretar el mundo que nos rodea es el lenguaje sensorial y no verbal. Así es como los pequeñines captan las señales de seguridad o de peligro que flotan en el mundo y que nos envían quienes nos rodean. Los bebés son especialmente receptivos a esas señales somáticas y recopilan una especie de cajón de los recuerdos subconscientes que clasifican como agradables y positivas o como advertencias de peligro, y que almacenan en la memoria implícita (la del cuerpo físico). Esas señales luego van originando patrones de apego impulsivos que probablemente conservemos hasta la edad adulta. Veamos algún ejemplo: evitar el contacto visual si la mirada de quien nos cuidó estaba siempre llena de rabia o acallar las emociones si le provocaban ansiedad a esa persona. Los estudios científicos han demostrado que esa memoria biológica, que se forma en etapas muy tempranas, tiene el poder de alterar nuestros sistemas psicológicos y fisiológicos en etapas posteriores.

..... LA AVERSIÓN DE KRISTIN AL CONTACTO VISUAL ...

Los ojos nos relatan los primeros episodios de la vida. Cuando trabajo con la vista, sé que puedo acceder a los patrones de apego que guardan mis clientes.

Cuando conocí a Kristin, desde el primer instante me di cuenta de que en su seno había una historia de trauma ligada al apego. Los primeros síntomas que detecté fueron su aversión al contacto visual y el hecho de que mirase al suelo constantemente durante las sesiones.

En los bebés la reciprocidad de su relación y comunicación con otras personas se asienta en el contacto visual. Por eso aprenden a mirar a los ojos, cambiar de dirección y luego volver a clavar la mirada. Y así es como aprenden también a atraer a otras personas (o sea, que aprenden a liderar y lo practican cuando eligen cambiar el punto de atención y finalizan la conexión visual, lo que desarrolla su autoconsciencia) y afecta a su sincronía, lo que conocemos como reflejo emocional: cuando la persona adulta sonríe, el bebé responde sonriendo. Pero si el bebé no es objeto de experiencias de contacto visual positivas, debido a casos de abuso o de negligencia en el cuidado, por ejemplo, ese contacto de tipo relacional que impulsa a mirar a los ojos puede asociarse a sentimientos de miedo o de peligro. Eso sí, tengo buenas noticias: aunque se haya sufrido, en cualquier momento es posible reparar esa avería en las relaciones, con la ayuda de otra persona.

Así que me dispuse a construir un contenedor para mi relación personal con Kristin, para que ella se sintiese segura, apoyada y conectada. Eso luego nos haría posible trabajar específicamente con el contacto visual para reforzar su capacidad de comunicarse con otras personas a través de los ojos y conectar con ellas, en lugar de evitarlas o directamente rechazarlas.

Fuimos tanteando los límites con pequeñas prácticas y Kristin iba registrando y describiendo las sensaciones internas que percibía cuando surgían, para avisarme de cuándo le parecía tolerable y agradable mantener el contacto visual y cuándo no. Cuando pasaba esto último, me indicaba sin dudar (pero sin brusquedad) que prefería desviar la mirada. Así logró que su organismo experimentase de nuevo la práctica de atraer la atención de otras personas y empezó a asumir el papel de protagonista para decidir qué querían ver sus ojos y qué no. Con un cierto espíritu lúdico, practicamos la técnica del espejo emocional, haciéndonos muecas y expresiones que la otra debía replicar. Así íbamos recordando momentos de su pasado donde se produjo una desconexión o ruptura con otra persona, una experiencia que provocaba que apartase la mirada o clavase los ojos en el suelo. Poco a poco fue permitiendo que la mirada se le volviese más suave hasta hacer tolerable el contacto visual y entonces alzaba la vista. A veces no se enfocaba directamente en mis ojos, sino en mis hombros. Así fue abriéndose la puerta para la conexión.

Durante muchos meses, la capacidad de Kristin para dar y recibir a través de los ojos se fue fortaleciendo. No solo consiguió dar un gran paso adelante en la resonancia de nuestras sesiones, sino que notó que su habilidad para conectar a un nivel más profundo con otras personas mejoraba considerablemente.

Lo que hace falta es una tribu

Durante sus investigaciones sobre el apego, Bowlby descubrió que fomentar ese apego no era responsabilidad solamente de la madre. De acuerdo con sus estudios, los bebés crean por instinto una jerarquía limitada de apegos, que les aporta una organización emocional y además les sirve de apoyo. Aunque la figura de apego principal suele ser uno de sus progenitores, Bowlby observó que los niños pueden entablar apegos seguros y firmes con diversos cuidadores, como otros hermanos, padres, abuelos e incluso personas ajenas al círculo familiar, como cuidadoras y niñeras. El doctor Gabor Maté, especialista en la investigación sobre traumas, lo resume así: «Lo que hace falta para criar a un niño es una tribu o una aldea de apegos».

La intimidad saludable y la conexión humana son factores esenciales para enfrentarse a muchos de los desafíos que nos plantea el mundo, pero la cultura predominante en la actualidad se caracteriza por una desconexión radical. El estilo de vida contemporáneo nos ha separado de la naturaleza y de los hábitos tradicionales de cuando primaba la vida comunitaria. Pero si observamos la sabiduría de los pueblos indígenas, es posible apreciar cómo son las conductas humanas naturales. En las sociedades cazadoras y recolectoras, donde la comunidad era lo más importante, los recién nacidos eran objeto de cuidados por parte de toda la tribu. De hecho, eran varias las madres lactantes que amamantaban y atendían a cada bebé. A diferencia de la estructura de familias nucleares que impera hoy (y que también se está desmoronando), esas sociedades aceptaban y abogaban por un modelo de familia extendida, incrustado en una comunidad más amplia siempre dispuesta a ayudar.

Hasta hace bien poco en la historia de la humanidad, los niños se criaban en una especie de aldea que prestaba apoyo: una tribu, un clan, la familia extendida, la comunidad, el vecindario. Sin embargo, en la Norteamérica posindustrial de nuestros días, los patrones de la cultura económica y social no parecen prestar importancia a las relaciones entre los niños y las personas adultas que los cuidan. En generaciones anteriores, la normalidad estaba marcada por comidas compartidas, paseos y juegos en familia (sin ordenadores ni otros dispositivos), con conversaciones profundas y significativas. Pero no es difícil sostener que nuestro mundo actual, tan ajetreado y dominado por la tecnología, fomenta justo lo contrario. Como resultado, el factor más importante para el desarrollo infantil (la relación y el apego con quienes cuidan) está cada vez más en peligro. Se nota en la manera en que los niños están separados de sus cuidadores porque ambos progenitores trabajan horas sin fin para obtener los ingresos que sufraguen los costes tan altos que tiene la vida, en la forma en que hay muchos niños que crecen en hogares monoparentales e incluso en el modo en que esos mismos niños están aislados de la sociedad mientras se limitan a consumir lo que les ofrece el teléfono móvil, la televisión, internet y los videojuegos sin más.

Cuando observamos a la infancia del presente, que tiene los niveles más elevados jamás registrados de trastornos mentales, físicos y conductuales, lo más habitual es concluir que necesitan medicamentos, horarios más estructurados o directrices y reglas más rígidas. En realidad, lo que necesitan imperiosamente son relaciones sociales y apegos más fuertes. Con todo, la buena noticia es que nunca es tarde para reparar los historiales personales de apegos. Si se actúa con decisión e intencionadamente, es posible reconquistar esos cimientos básicos, para nosotros mismos y para nuestros hijos.

Los estilos de apego en la infancia

En el marco de la teoría del apego, Bowlby propuso que los bebés nacen con un sistema conductual interno que prima el apego y que se estimula en respuesta a las amenazas percibidas. Cuando un bebé se asusta o se molesta, trata de dirigirse a su figura cuidadora principal para consolarse y resarcirse. Para ello, con el cerebro y todo su cuerpo, analiza tres cuestiones:

1. ¿Mi cuidador o cuidadora está cerca de mí? ¿Puedo sentir su presencia? ¿Está físicamente cerca de mí? ¿O tal vez... *mis padres están separados, o se han divorciado, o han fallecido, o están ingresados en un hospital, en la cárcel o sencillamente siempre están fuera porque están trabajando?*
2. ¿Mi cuidador o cuidadora me presta atención? Si está cerca, ¿me está prestando atención? ¿O tal vez... *está consumido/a por el estrés, por problemas mentales, por los efectos de un trauma, por el trabajo, por el abuso o consumo de sustancias?*
3. ¿Mi cuidador o cuidadora reacciona? Cuando siento y expreso malestar, ¿responde de una forma proporcionada y que me sosiega (me consuela, me mece, me abraza, etc.)? ¿O tal vez... *se enfada, sufre ansiedad, o permanece desconectado/a de mí, por ejemplo?*

Si el bebé experimenta de forma regular y consistente una respuesta afirmativa a estas cuestiones, interiorizará que su cuidador o cuidadora es una persona segura y fiable. Por tanto, se creará un apego seguro.

Apego inseguro

Cualquier otra respuesta a estas tres cuestiones que sea distinta de la afirmativa y consistente generará un apego inseguro, que podemos categorizar en tres estilos predecibles: ambivalente-resistente (inseguro, ansioso), evitativo inseguro o desorganizado inseguro.

Ambivalente-resistente inseguro

Si el resultado medio de la respuesta es un sí inconsistente (o sea, que a veces la persona cuidadora está cerca, presta atención y reacciona, pero en otras ocasiones no lo hace), el bebé aprende a permanecer hipervigilante y alerta frente a esa figura de apego impredecible. La buscará y se pegará a ella cuanto pueda, y lo hará porque siente que esa persona sí puede ser fiable, pero no actúa de esa manera exactamente. Y sabe que esa persona es capaz de proporcionarle la base segura que reclama porque ha experimentado anteriormente esa reacción, aunque de forma intermitente. Como consecuencia, el bebé oscila entre el enfado y la ansiedad cuando quien lo cuida intenta consolarlo. Se mantiene su malestar, en una suerte de estado de protesta, cuyo objetivo final es permanecer en contacto con su cuidador/a tanto tiempo como sea posible, ya que no tiene certezas y es posible que esa sea la última ocasión en que sienta esa sensación de seguridad.

Evitativo inseguro

Si el resultado medio de la respuesta es un no consistente (o sea, que la persona cuidadora nunca está cerca, ni presta atención ni reacciona), el bebé aprende a evitar esa figura de apego poco fiable, porque entiende que el método más eficaz para regularse implica no activar a quien lo cuida. Tras experimentarlo repetidamente, ha aprendido que esa persona no hace otra cosa que minusvalorar su malestar o añadirle más ansiedad. Esa falta de confianza y de conexión con la persona cuidadora provoca que el niño se vuelva indiferente a la relación, que acalle sus propias necesidades y emociones y que se forme la idea de que no puede fiarse de nadie más que de sí mismo.

Desorganizado inseguro

Si el resultado medio de la respuesta es un no consistente (o sea, que la persona cuidadora nunca está cerca, ni presta atención ni reacciona), y el bebé siente más temor cuando su figura cuidadora está cerca debido a problemas de consumo de sustancias, caos, desorden o negligencia, el bebé no construye una respuesta organizada para afrontar sus necesidades emocionales, que suelen ser impredecibles e inestables. A veces, muestra un apego físico exagerado o enrabietado hacia quien lo cuida, pero en otras ocasiones lo evita. Así se genera una dinámica de tira y afloja, en la que ocasionalmente busca la cercanía pero también la teme. Este resultado suele ser producto de entornos extremos, donde la persona cuidadora provoca terror, vive víctima del miedo o está totalmente desapegada. Dado que todo bebé está predispuesto por instinto para la conexión, sus impulsos lo llevarán a buscar la atención de quien lo cuida cuando algo lo perturbe. Pero si es precisamente su cuidador quien origina ese malestar o esa amenaza, por instinto también se apartará de esa persona (y de ahí surge la dinámica de tira y afloja). Este patrón da lugar a un desorden y una confusión muy profunda en el niño.

En relación con el sistema nervioso, se observa la correlación entre estados y estilos. Es decir, que cada estilo puede reflejar las emociones, los sentimientos, los pensamientos y los patrones de conducta habituales que se suelen asociar a los estados del sistema nervioso. El apego seguro se experimenta en la respuesta vagal ventral; el apego resistente-ambivalente inseguro se experimenta en la respuesta del sistema simpático (luchar o huir); el apego evitativo inseguro se experimenta en la respuesta vagal dorsal y el apego desorganizado inseguro se experimenta tanto en la respuesta de luchar o huir como en la respuesta vagal dorsal. Estos estados adaptativos para la supervivencia nos acompañan hasta la vida adulta y conforman los patrones predecibles que condicionan cómo nos relacionaremos con otras personas y cómo nos autorregularemos y corregularemos.

LAS CUATRO ESES

Otro marco conceptual popular basado también en las investigaciones originales de Bowlby sobre el apego es el modelo de la crianza de las Cuatro

Eses* del doctor Dan Siegel. Esas cuatro eses representan los factores que ayudan a que el niño mantenga siempre la sensación de estar seguro, visto, sosegado y, como colofón, seguro.

1. **Seguro:** un compromiso para no provocar temor en el niño, para crear un refugio o entorno seguro, para brindarle un espacio donde pueda dar rienda suelta a su expresividad emocional, donde pueda recomponerse y reconectar tras un conflicto.
2. **Visto:** un compromiso para reconocer, aceptar y entender las experiencias que vive el niño, además de cómo se siente y quién es.
3. **Sosegado:** un compromiso para reconfortar al niño en los momentos difíciles y acompañarlo en los momentos placenteros.
4. Y por último, como resultado, **protegido**.

La crianza debe ser constante, aunque no sea perfecta

La teoría del apego hace hincapié en que padres y madres pueden aceptar las imperfecciones y los errores. La crianza con apego gira en torno a alimentar la relación que mantienes con tu hijo/a, en lugar de imponer y poner en práctica un conjunto rígido de estrategias. No hace falta exigirse la perfección, porque esa es una expectativa poco realista. De hecho, es perfectamente lógico y normal que se produzcan momentos de desconexión o incomprensión, denominados «rupturas». Pero un padre o una madre «suficientemente bueno/a» sí que debe ofrecer oportunidades para limar asperezas, tender puentes y reparar esas rupturas. Así fomentará en el niño una mayor capacidad para soportar y superar los momentos duros.

Donald Winnicott es un reputado pediatra y terapeuta especializado en las relaciones progenitores-bebés y también el responsable de acuñar

* Las «Cuatro Eses» se refieren a las iniciales de estos cuatro términos en inglés: *Safe, Seen, Soothed, Secure*. Corresponderían a «Seguro/a, visto, sosegado y protegido/a». *(N. del T.)*

el concepto «madre suficientemente buena» en 1953*, tras observar miles de ejemplos de conductas maternales y registrar sus efectos sobre los niños. Tras estudiar el tema a fondo, detectó que los «fracasos» de los cuidados y la crianza que son subsanables, en el fondo, son beneficiosos para los bebés y los niños, porque refuerzan su resiliencia. Por si fuera poco, Winnicott también detectó que satisfacer las necesidades del niño un 30 % del tiempo era suficiente para crear un apego seguro. Posteriormente, los trabajos del doctor Edward Tronick desvelaron que padres y madres e hijos tan solo están en conexión entre el 20 y el 30 % del tiempo.

Esta propuesta deja bien claro que la conexión (o sea, el esfuerzo por entenderse y enfrentarse juntos a los momentos difíciles de forma fiable y consistente) es el factor esencial y decisivo en la maternidad y la paternidad. Se aprecia perfectamente cuando un bebé rompe a llorar y la persona a su cargo va probando una lista de posibles remedios para resolver la situación y tranquilizar al pequeñín. Probará a cambiarle el pañal, quizás luego a ofrecerle un biberón, luego a cambiarlo de ropita y, tal vez como último recurso, a llevarlo a darse una vuelta hasta que, por fin, el bebé se calme. Ser un padre o una madre perfectos no es tan importante, la clave es transmitirle al niño la sensación de seguridad: «Cuando tengas un problema, estaré a tu lado» y «Pase lo que pase, intentaré entenderte y mejorar las cosas».

Así pues, cuando los padres meten la pata y rompen sin querer la conexión que mantenían con sus hijos (ya sea porque les alzan la voz, porque pierden los nervios o porque cometen algún fallo), tienen la oportunidad de solucionarlo. Aceptar y adoptar el concepto de «ruptura y reparación» (porque rompemos la conexión y la volvemos a restaurar) en las relaciones conlleva oportunidades muy importantes para progresar y crecer, porque les demuestra a los niños que las relaciones pueden soportar y resarcirse de las dificultades y que todas las emociones humanes son válidas y hay que aceptarlas.

---

* Del inglés *good enough mother,* como contraposición al ideal de madre perfecta que en el fondo se considera poco realista. *(N. del T.)*

¿Cómo se manifiestan los apegos en la edad adulta?

Apego seguro, apego ansioso o con preocupación (resistente e inseguro en niños), apego distante (evitativo inseguro en niños) y apego evitativo-temeroso (desorganizado-inseguro en niños): estos son los cuatro estilos de apego que representan las maneras habituales en que se construyen conexiones entre individuos, que se forjan en las experiencias de la niñez y persisten en las relaciones en la edad adulta. Como ya hemos explicado antes, estos patrones derivan de cómo fueron los cuidados y las atenciones recibidos durante las primeras etapas del desarrollo.

Apego seguro

Este estilo de apego surge de la figura de un cuidador que proporcionaba predictibilidad, regularidad y fiabilidad. En la edad adulta, las personas con estilo de apego seguro muestran buenas cualidades para establecer relaciones profundas y soportar y gestionar los conflictos con eficacia. Tienden a ser personas seguras de sí mismas, que se sienten seguras y cómodas, que responden ante las necesidades y saben fijar límites apropiados. Suelen tener un concepto positivo de sí mismas y también un concepto positivo del resto de la gente.

- **Respuesta ante un estímulo disparador:** son relativamente poco propensas a saltar y reaccionar.

Apego preocupado-ansioso

Este estilo de apego resulta de una figura cuidadora que haya sido inconstante e impredecible. Se caracteriza por la inseguridad, la ansiedad acusada y la codependencia. Quienes presentan este estilo de apego tienden a ser personas emocionalmente volátiles, con miedo al rechazo, con pavor a verse abandonadas o sumidas en la soledad, con tendencia a pegarse a otras personas, proclives a buscar la satisfacción de esas personas, con necesidad de reafirmación y propensas a idealizar a otras personas. Suelen tener una imagen negativa de sí mismas y una imagen positiva de los demás. Es habitual que estén convencidas de que su pareja es «la mitad buena» de la relación. A menudo tienen dificultades para fijar límites, con lo cual son vulnerables a sufrir daños en las relaciones.

- **Respuesta ante un estímulo disparador:** se congelan o se resignan y procuran someterse a los demás para complacerlos.

Apego distante

Este estilo de apego resulta de una figura cuidadora que se haya comportado de forma distante, sin implicación, sin mostrarse disponible. Quienes presentan un apego distante tienen dificultades para confiar en otras personas, construyen muros para protegerse y suelen conducirse con retraimiento, con facilidad para mostrarse indiferentes emocionalmente. Valoran la autosuficiencia y a menudo rechazan a quienes consideran que los agobian o asfixian. Suelen tener una buena concepción de sí mismos y una visión negativa del resto de la gente, lo que refuerza todavía más su hiperindependencia.

- **Respuesta ante un estímulo disparador:** Optan por huir o luchar.

Apego evitativo-temeroso

Este estilo de apego emerge de una figura cuidadora que se haya comportado de manera caótica, que haya cometido abusos o que sencillamente haya sido negligente y no haya cumplido en sus cuidados. Es un estilo caracterizado por la confusión total en torno a las relaciones: la persona adulta oscila entre la desesperanza y la indefensión. Se puede manifestar en emociones muy intensas como miedo, irritabilidad o ira, así como en sentimientos cuyo rasgo común es el sometimiento: derrota, desamparo o depresión. Además, es habitual que los individuos que exhiben este estilo de apego repliquen las dinámicas que aprendieron en su niñez y las apliquen a otras relaciones, eligiendo parejas que las maltratan o protagonizando conductas abusivas. Pueden comportarse de manera impredecible (relaciones de tira y afloja o de atracción y rechazo) debido al conflicto biológico interno que padecen entre el deseo de una relación estrecha y el terror que esa misma idea les causa.

Suelen tener una imagen negativa de sí mismas y también una imagen negativo del resto de la gente.

- **Respuesta ante un estímulo disparador:** Varía; puede optar por luchar, huir, congelarse o resignarse.

El apego seguro hay que ganárselo

El apego se experimenta como un continuo y el ser humano desarrolla una combinación de estrategias diferentes. Es decir, que tú no tendrás un solo estilo de apego, sino una mezcla de todos ellos. Igual que el sistema nervioso posee un estado de protección dominante (piénsalo, ¿qué es más habitual en ti, que luches, que huyas o que te congeles?), al apego le sucede lo mismo.

A lo mejor por eso mismo te percatas de que en tu interior están mezclados estilos seguros y estilos inseguros. La pregunta clave es esta: ¿cuál de ellos lleva la voz cantante la mayor parte del tiempo? Si resulta que se trata de un estilo inseguro (puede ser ansioso, distante o evitativo-temeroso) el que está en cabeza, pues bue... tu caso no es extraordinario. Ni mucho menos. De hecho, más del 50 % de la población tiene un estilo de apego inseguro como estilo dominante.

El objetivo de tratar con terapia el apego no consiste en eliminar estas respuestas, sino en dotar de mayor seguridad a los apegos, para que el estilo dominante no caiga bajo el paraguas de la inseguridad. En la actualidad, mi estilo es aproximadamente un 80 % seguro, un 10 % ansioso, un 5 % distante y un 5 % evitativo-temeroso. Pero no siempre ha sido así, yo he tenido que conquistar esa combinación, me he tenido que ganar el apego.

Y tengo buenas noticias: aunque tu estilo de apego siga un camino predecible, si actúas y te esfuerzas de forma intencionada y con constancia, con el tiempo se pueden cambiar las cosas. El apego es algo relativamente fluido. No está forjado a fuego, simplemente lo han moldeado las circunstancias. Este es el entramado conceptual para la terapia destinada a ganarse un apego seguro. O sea, que una persona desarrolle un estilo de apego seguro en la edad adulta, tras superar la inseguridad en los apegos que ha heredado de su infancia. Y atención, que las buenas nuevas no terminan aquí: resulta que es viable poner remedio y cura a tu historial de apegos por medio de nuevos apegos o relaciones en las que te involucres ahora. Vamos, que no es imprescindible emprender una dolorosa regresión hacia ese pasado tétrico de la infancia ni restañar las heridas de tu apego sufridas a manos de quienes te cuidaron si esas mismas personas ya no pueden (o no quieren) ayudarte. En última instancia, las conexiones interpersonales que creas en la actualidad sí tienen el poder de propiciar nuevos apegos o de reparar los que ya habías desarrollado.

A través de un lazo duradero y profundo que compartas con una figura de apego (que servirá de sustituta para las de tu pasado) que te ayude a edificar unos nuevos cimientos sólidos para las relaciones y construir un refugio seguro, es posible cultivar y expandir el apego seguro. Será un apego transformador y puede nacer en el contexto de una relación personal (romántica o de otra naturaleza). Por tanto, puedes conquistar esa seguridad con la ayuda de un amigo, una pareja, un mentor o incluso una terapeuta. El proceso puede ser largo y exigir tiempo, de hecho, diferentes estudios han confirmado que es necesario experimentar una relación segura durante un plazo de entre 3 y 5 años para que se formen expectativas positivas similares de cara a otras relaciones. Sin embargo, también hay estudios que refrendan que una sola relación segura es suficiente para modificar tu estilo de apego. Ese apego seguro conquistado pivota sobre las relaciones que mantengas contigo en primer lugar y con otras personas. Por ejemplo, que consigas ganarte un apego seguro contigo mismo/a dependerá de que repares esa relación que mantienes contigo, mientras que para conquistar un apego seguro con otras personas, tendrás que remendar esa clase de relaciones.

De la ansiedad a la seguridad

Personalmente, yo tengo un historial de heridas en el apego muy dilatado, más extenso que mi propia vida. Pero no adelantemos acontecimientos; en el próximo capítulo hablaré sobre los patrones de apego intergeneracionales. En cualquier caso, las experiencias que viví en mis primero añitos me dejaron huellas muy persistentes, que afectaron de forma muy profunda y destructiva a mis relaciones conmigo misma y con los demás. No solo había estado expuesta al trauma mientras todavía me encontraba en el útero materno (donde crecí flotando en una sopa tóxica aliñada por las hormonas que mi madre segregaba por necesidad de supervivencia y por las drogas), sino que además me arrebataron de los brazos maternos nada más nacer. Mis primeros meses transcurrieron alejada de ella, en un hogar de acogida. Por consiguiente, no se formó ese vínculo entre madre e hija. Nada de cuidados por su parte, nada de mimos ni de consuelos. Incluso después de que nos reuniésemos por fin, pasé gran parte de mis años formativos separada de ella emocional y físicamente, dado que se volcó en su carrera profesional.

Vista desde fuera, mi infancia tenía un aspecto bastante corriente, incluso para mí. Hasta que llegué al final de la adolescencia y cumplí los 20 años, más o menos, no fui consciente de que mis inseguridades, mis patrones de codependencia tóxica y el miedo atroz que sentía al rechazo y al abandono no eran normales en absoluto. Cuando empecé a estudiar a fondo el sistema nervioso y la naturaleza del trauma, me zambullí en una ciencia que me reveló con toda crudeza mi realidad: mi propia incapacidad para cuidarme o quererme como adulta era el reflejo directo de la manera en que me habían cuidado de pequeña. Había nacido en un mundo lleno de dolor, con un padre biológico ausente y una madre muy joven que no tuvo las cosas nada fáciles. Un hogar monoparental con capacidades limitadas y pocas herramientas para proporcionarme la seguridad física y emocional que tanto necesitaba. A medida que fui creciendo, me fui dando cuenta de que ciertas partes de mi madre consideraban que sus hijos éramos una carga.

Se notaba cuando tantas veces comentaba que «ojalá pudiese dar marcha atrás en el tiempo». Porque en ese caso no habría sido madre tan joven. O que «jamás había disfrutado de la libertad ni había vivido para ella misma». O cuando admitía sin rodeos que, para ella, su prioridad absoluta nunca había sido la maternidad, sino su carrera profesional. Reconozco que, aunque hoy entiendo su perspectiva, cuando yo era más joven dolía mucho oír cosas así. Más tarde acabaría por enterarme de que su propia madre (mi abuela) ya albergaba sentimientos parecidos. Mi mamá y mi tía me contaron que a menudo sentían que mi abuela «no quería ser madre» y que hasta «se arrepentía».

Por mi parte, convertirme en madre ha tenido una parte desafiante, pero también una reconfortante. Me ha servido para desarrollar una empatía mucho mayor hacia mi madre; ella era jovencísima cuando nos tuvo a mi hermano y a mí, lo tenía todo en contra y le tocaron malas cartas. En mi caso, no fui madre hasta la treintena, y llegada a ese punto ya había avanzado y había mejorado mucho mi estado de salud mental personal. Acunaba a mis bebés, tan chiquitines y vulnerables, envueltos en mis brazos, sabiendo qué necesitaban, pero sin olvidar que mi madre no tuvo la oportunidad de darme lo que yo exigía en esa etapa.

He saldado cuentas con el pasado. Con el mío y con el de mi madre, porque explica cómo la convirtió en la persona que hoy es. Pero sin justificar el dolor que yo tuve que soportar.

En esa dualidad radica la belleza del tratamiento terapéutico: que una parte de mí, anteriormente disgustada y molesta, se pueda unir a otra parte de mí para sentir esta compasión por todas las dificultades que ella tuvo que superar. Una parte de mí no suprime ni invalida a la otra. Hay espacio para que coexistan todas. Aunque mi madre y yo nos construimos un rinconcito reparador dentro de nuestra relación cuando yo me hice adulta, lo mejor de la sanación es que las heridas que marcaron mis apegos de niña se podían cuidar y curar en cualquier relación segura. No tenía que ser exclusivamente con su ayuda personal. Las heridas derivadas de las relaciones deben tratarse con relaciones. Yo necesitaba proporcionarle a mi sistema nervioso experiencias de conexión diferentes, en las que primasen las sensaciones de seguridad, de consuelo, de comprensión, de constancia. En mi caso, la terapia y la sanación llegaron a través de la relación con mi marido, David. Pero es verdad que los comienzos no fueron fáciles. Se suele decir que los opuestos se atraen y se podría decir lo mismo sobre los estilos de apego. David tiene, predominantemente, un estilo distante, lo contrario que yo, porque predomina el estilo ansioso.

Él llegó a la relación en estado de hiperindependencia y yo con tendencias favorables a la codependencia. Esta es una dinámica bastante común, porque es habitual que busquemos parejas que activen y disparen nuestro estado dominante, aquel con el que estamos más familiarizados. En este caso, y de forma inconsciente, David había estado buscando una pareja que «lo agobiase», que lo empujase a alejarse dentro de la relación. Por mi parte, yo inconscientemente buscaba una pareja que se sintiese «distante y desapegada» para así acentuar mi miedo al abandono y el impulso a permanecer pegada a su lado tanto como fuese posible. Nos queríamos muchísimo, pero los primeros capítulos de nuestra historia juntos no fueron un paraíso de armonía.

Por entonces yo me había convertido en una persona codependiente de otras de forma crónica. Saltaba de una relación seria a otra, sin descanso, aterrada por el peligro de quedarme sola. Y esas relaciones me consumían porque yo padecía unas tendencias de inseguridad y ansiedad tremendas, fundadas en el terror a verme abandonada. O sea, que no sorprende que yo atrajese a la gente que precisamente me iba a mantener en esa posición. Podía ser alguien que abusase de mí emocionalmente, o que no fuese accesible emocionalmente, alguien que necesitase tratamiento o que hubiese que salvar, que me necesitase para cuidarlo (y así se iniciaría una dinámica de la cual nunca saldrían y no me dejarían), o quizás alguien en apariencia distante y desinteresado (lo que dispararía mi impulso a pegarme a esa persona, a perseguirla a todas horas): Naturalmente, como David era más bien una persona algo esquiva e independiente, cuando empezamos a vernos, eso fue precisamente lo que más me atrajo de él. Tampoco tardé demasiado en comprender por qué había cerrado ciertas partes de sí mismo al resto del mundo. Era hijo único y su padre, que era distante emocional y físicamente, los había abandonado a él y a su madre cuando David tenía 13 años, tras darle su madre un ultimátum: «o nosotros o el alcohol».

Es verdad que nuestros estilos, tan opuestos, chocaban a menudo, pero poco a poco, cada uno le fue permitiendo al otro vivir experiencias que fueron suavizando la inseguridad de nuestros estilos de apego, hasta que por fin nos reunimos a medio camino, un espacio compartido donde podríamos dar pie a un apego seguro. Con el paso del tiempo, yo logré demostrarle que podía ser vulnerable, que podía ser interdependiente y que a cambio lo que iba a obtener era conexión y fidelidad. A su vez, también progresivamente y con tiempo, él me enseñó que podía confiar en que estaría a mi lado a las duras y a las maduras. Y que yo merecía que me amasen. Recuerdo una ocasión en la que tuve que sopesar si aceptar una oferta de trabajo que me obligaba a trasladarme al extranjero y separarme de él durante seismeses. Me moría de miedo ante la idea de marcharme, pero durante los primeros tres años de nuestra relación me había demostrado tal nivel de compromiso y confianza que decidí concederme cierta independencia.

Recuerdo exactamente lo que me contestó cuando le expuse mis dudas: «Ya sabes que yo seguiré aquí cuando vuelvas. Te espero. Te mereces tener una vida propia fuera de esta relación. Al final, yo puedo complementar tu vida, pero no puedo completarte a ti. Eso solamente está en tu mano. Tienes que aprender a quererte a ti misma más de lo que me quieres a mí». Si no hubiésemos invertido en nuestra relación anteriormente, cuidándola y reforzándola, no sé si habría sido capaz de dar los pasos que luego yo di en mi carrera profesional, no lo tengo claro. Se comportó siempre de una forma muy sólida y eso le enseñó a mi sistema nervioso que yo contaba con un apoyo seguro para experimentar y probar algo nuevo, y que contaría con la oportunidad de regresar a casa, a la seguridad y la reconexión para el futuro. Fue su amor, firme y cálido, lo que definió ese nuevo estándar.

¿CÓMO REEDUCAR A TU YO JUVENIL?

Convertirme en madre supuso para mí una oportunidad increíble para continuar tratando y sanando las heridas del apego que había sufrido de joven. Porque el cerebro sigue siendo dúctil, maleable, capaz de desarrollar nuevas conexiones en cada día de la vida. Es verdad que alcanza su punto máximo de plasticidad en la niñez: a los 3 o 4 años, se habrá desarrollado hasta el 90 %. La segunda etapa de la vida con mayor elasticidad es precisamente cuando eres padre o madre por vez primera, porque el cerebro recibe un sinfín de estímulos y ve el reflejo de las conductas en las experiencias del bebé. Es un poco como si pudieses vivir de nuevo la infancia. Te vuelves capaz de aprender, de jugar y de conectar de maneras que, quizás, ni siquiera estaban a tu alcance cuando eras bebé. Esa especie de terapia ha sido uno de los aspectos más profundos de mi trayectoria como madre. He tenido la oportunidad de asistir y experimentar la ilusión y el asombro infantiles a través de los ojos de mis pequeñines. Y al mismo tiempo, de apoyarme en el cariño y el afecto que tantas veces eché de menos en mi propia infancia.

Hay una pequeña Brittany que sigue viva en mi seno y que ahora, por fin, tiene la posibilidad de experimentar ese capítulo de la vida, junto a mis hijos y a la Brittany adulta. Peter Levine tenía razón: nunca, nunca es tarde para concederte la niñez que te mereces.

Las heridas desde la perspectiva somática

El trauma ligado al apego en la infancia puede derivar en la adquisición de ideas fuertemente arraigadas ya en la edad adulta: el individuo se convence de que ha sufrido lesiones, de que no merece que nadie lo quiera o de que es incapaz de confiar en nadie (ni siquiera en uno mismo). Esas concepciones pueden ir acompañadas de sentimientos de vergüenza, de indignidad, de desamparo e impotencia, además de ansiedad y de la sensación de no pertenecer a ningún grupo, a ningún lugar. Es posible que, en último término, esos sentimientos de inseguridad y de no encajar condicionen la propia identidad, las relaciones sociales y la capacidad para convivir con el propio organismo.

Una herida o lesión del apego se considera tanto un trauma del desarrollo como un trauma relacional. Dicho de otro modo: este trauma relacional (una ruptura) sucede en la etapa de desarrollo y, por tanto, afecta al modo en que el niño puede procesar el trauma. A menudo, altera o interrumpe el desarrollo (emocional, psicológico, cognitivo y físico).

El objetivo al tratar los traumas del apego a través de la praxis somática es centrarse en la regulación y la reparación. O sea, lo que interesa es desarrollar una regulación del sistema nervioso y emocional, además de enfocarnos en los ciclos de ruptura y reparación de las relaciones personales. Al hacerlo, erigimos una relación interna con nuestras emociones más saludable y robusta, y generamos nuevas oportunidades para conectar con nosotros mismos y con otras personas. En la segunda parte de este mismo libro nos adentraremos en el compromiso que exige hacer esto realidad, con pasitos suaves y progresivos para tratar heridas y lesiones pasadas. Por el momento, bastará con un resumen rapidito.

El propósito de la regulación es reconstruir el sistema nervioso autónomo y el yo emocional. El apego es una experiencia emocional (deriva de un lazo emocional), así que la calidad del apego en la infancia está directamente relacionada con el estado de nuestro mundo emocional interno actual.

Es posible que experimentemos emociones extremas, insoportables (lo que técnicamente denominamos «Activación de alta intensidad global»), pero también es posible que esas emociones estén disociadas, que nos parezcan ajenas o ni siquiera aparezcan. Por ejemplo, si durante la infancia sufrimos repetidos casos de desconexión, ninguneo o abuso, es probable que llevemos una carga de dolor, desencanto, rabia y vergüenza en el organismo físico y la fisiología. Y eso implica un potencial para forjar el rechazo al amor o una resistencia a aceptar nuestras propias necesidades o deseos. Asimismo, si en la niñez fuimos objeto de abusos por parte de un ser querido, probablemente tuvimos que silenciar el impulso involuntario de supervivencia que nos obligaría a escapar o presentar batalla. ¿Por qué? Pues porque esas respuestas habrían desembocado en sufrir todavía más daño. Estos condicionantes pueden dibujar un panorama interno donde la respuesta frustrada de luchar (ira) o huir (miedo) se vuelvan inaccesibles o disociadas... o bien las experimentemos con una intensidad tremenda y las proyectemos en el presente.

Lo primero es tomar conciencia del problema y acceder a los recursos de los que disponemos en la actualidad para apoyarnos. A continuación, se procura mejorar poco a poco la capacidad de tolerar y asumir la experiencia emocional en el ahora. Primero nos limitaremos a detectarla y percibirla, sin necesidad de expresarla. O sea, que el paso inicial consiste en sentar las bases que nos harán capaces de captar e identificar nuestros sentimientos. A medida que vayamos aprendiendo ese lenguaje en el que se comunican el cuerpo físico y la fisiología, podremos empezar a prestar una atención especial a reflejos y expresiones más concretas de nuestras emociones, para finalmente sintonizar y conectar con ellas (comprensión y compasión), ya sea desde nuestro propio yo o a partir de otras personas. Este es el espacio donde se pueden comenzar a reparar las rupturas sufridas previamente.

Aquí, por medio de la conexión con nuestro propio yo y con otras personas, tenemos la posibilidad de reconstruir los patrones de conexión, reforzar nuestra fe y seguridad, tanto en el propio yo como en otras gentes, y por fin empezar a restaurar nuestra fuerza y poder personal, la asertividad. Eso nos ayudará a fijar mejor cuáles son los límites que aceptamos y a defender nuestras necesidades y deseos.

En la segunda parte del libro aprenderás cómo aplicar el método *Somatic Experiencing®* para conectarte con la emoción experimentada (las bases interoceptivas de la emoción o sensaciones). Esta técnica ayuda a liberar la carga hormonal de supervivencia que se retiene en el seno de emociones tan intensas (como la ira y el miedo que he mencionado justo antes), pero también a aplicar prácticas que te permitirán cimentar la capacidad y la resiliencia en tu sistema nervioso. También te explicaré cómo acceder a una agresividad saludable, que es una fuerza vital innata (la respuesta de lucha) y que quizás viste truncada en tus años formativos. Imprescindible para afianzarte en tu yo de una forma segura.

Reflexión: autoconexión para principiantes

La autoconexión implica la capacidad de entender y responder a tus propios estados emocionales, necesidades y perspectivas internos. Constituye el primer paso para remodelar cómo nos percibimos a medida que nos desarrollamos. Esta habilidad se puede reforzar a través de técnicas conciencia presente (*mindfulness*), técnicas de autocompasión e intervenciones terapéuticas, como el modelo de los Sistemas familiares internos (IFS, *Internal Family Systems*) concebido por Richard C. Schwartz. Con los IFS es posible aplicar las herramientas del trabajo por partes para sintonizar con las partes de nuestro yo que portan el historial de apegos. Con frecuencia, los traumas del apego no resueltos residen en las partes del yo más jóvenes y heridas, que habitualmente conocemos como «el niño interior». Se trata de las partes irracionales y heridas que asoman a la superficie cuando nos enfrentamos a un estímulo desencadenante o sufrimos dolor. A veces puedes sentir una conexión muy estrecha con esas partes más vulnerables de ti, mientras que en otras ocasiones podrías sentir una conexión más cercana con tu yo adulto regulado, que aporta una sensación de fuerza y seguridad.

Dentro del espíritu de la autoconexión, puedes permitir que esas partes más jóvenes de ti se sientan comprendidas, consoladas y apoyadas por tu yo adulto, más resiliente y con una mejor regulación. Por ejemplo: ahora, en la edad adulta, puedes tomar decisiones y elecciones que no estaban a tu alcance durante la niñez. Puedes elegir si quieres expresarte, si poner límites o si alejarte de una situación incómoda, por poner unas cuantas opciones. Tu yo adulto puede propiciar experiencias que tu yo más joven jamás logró disfrutar, como momentos de compasión, de curiosidad, de claridad, de creatividad, de calma, de confianza, de coraje y de pura conexión (estas son las ocho C que propugna el sistema IFS), para demostrarle a esos fragmentos de tu yo más joven que tu mentalidad es abierta y que quieres conocerlos mejor. Además, ahora eres consciente de que, cuando los sentimientos dolorosos afloran, eres capaz de recordar que son las huellas dejadas por experiencias molestas en otra época, que ya pertenece al pasado. Teniendo esto en mente, puedes sintonizar de una forma compasiva con las necesidades y las emociones de tu niño interior.

A continuación enumero una serie de recomendaciones e indicaciones para propiciar la autoconexión:

1. Contémplate como un niño (o una niña). Tal vez te sirva de ayuda mirar una foto de ti en esa edad. ¿Te imaginas cómo sería encontrarte ahora cara a cara con esa versión más joven de ti, conectar durante unos instantes, respirar a la par?
2. Si te cuesta sentir cariño o amabilidad hacia tu yo del pasado, ¿por qué no pruebas a visualizar a alguien que sirva de aliado fiable para ese niño interior? Puede ser una figura que conozcas, un personaje ficticio o incluso una persona a quien admires o consideres tu ídolo. Imagínate a esa persona mientras contempla con bondad y cariño a esa parte más joven y vulnerable de ti.
3. Y ahora, ¿qué tal si intentas imaginar que tu yo adulto o ese aliado fiable traba amistad o habla con gentileza con tu yo joven? ¿Qué le dice? ¿Lo reconforta con palabras amables, le expresa que lo acepta sin condiciones y tal como es, le ofrece protección o tranquiliza a tu niño interior?

Si experimentas dificultades durante esta práctica, ten en cuenta que siempre puedes volver a resta reflexión, en cualquier momento.

Reflexión: señales y signos de la conexión

Para quienes padecen lesiones ligadas al apego, a veces resulta más sencillo recapitular los errores o los atributos negativos de las personas que estaban a su cuidado que rememorar momentos de conexión. Es normal, somos criaturas enfocadas en la supervivencia. Se nos da bien reconocer los sentimientos dolorosos para que sepamos cómo protegernos de esa misma molestia en el futuro. Sin embargo, desarrollar un radar para captar las señales de conexión es igual de importante. Nos ayuda a subrayar qué factores nos benefician y nos sirven de apoyo en la vida.

¿Y por qué es tan importante esto? Pues porque el sistema nervioso considera prioritarias la conexión y la implicación social como medios para regularse. No lo olvides: nuestro estado ventral está marcado por la seguridad y la conexión. Cuanto mejor sea tu capacidad para conectar con otras personas, más y mejor se regulará tu sistema nervioso. Pero atención, porque eso no significa que debas arrinconar y ningunear tus traumas y cicatrices del pasado; es posible y deseable aceptar la dualidad, heridas y conexiones deben coexistir. Cuando insuflamos vida a imágenes y recuerdos que nos sirven de apoyo, tenemos la oportunidad de elegir cómo dirigir y aprovechar los recursos que nos han servido de ayuda en el pasado y que siguen ahí hoy. Conectar con experiencias de corregulación durante suficiente tiempo abre la posibilidad de modificar rutas neuronales antiguas, de salir del estancamiento de estados de supervivencia encallados y fortalecer nuestra capacidad para alcanzar un apego seguro.

No pierdas esto de vista. Y ahora, piensa, ¿en qué momentos de tu vida has sentido que alguien te apoyaba, que te cuidaban, que estabas en sintonía con otras personas? ¿Qué aspecto tenían esos cuidados? ¿Quiénes te los prodigaba? ¿Era una cuidadora, un hermano, alguien de tu familia, un amigo, una profesora, una compañera de trabajo...? Mientras reflexionas sobre ese instante, ¿percibes qué es lo que experimentas en tu fuero interno? ¿Notas una chispa de emoción, alguna sensación o quizás un impulso que relata cómo te sientes respecto a ese recuerdo agradable?

Práctica: límites y contacto físico

Cuando las cicatrices del apego son muy hondas, pueden llegar a lastimar y perjudicar nuestra capacidad de consolarnos mediante el contacto físico, sea contigo individualmente o con otras personas. Te propongo una práctica guiada para explorar sin presiones cómo es tu relación con el tacto.

Para empezar, cierra los ojos si con ello te sientes a gusto. Comienza a imaginar un momento reciente que haya sido ligeramente complicado. A lo mejor, porque llegabas tarde a una reunión, o porque discutiste con alguien, etc. Mientras rememoras ese episodio, ¿notas que alguna parte de tu cuerpo te reclame consuelo físico, que la acaricies para reconfortarla? Podría ser tan sencillo como posar la mano sobre el corazón, juntar las manos, abrazarte o frotarte las piernas, entre otras posibilidades. ¿Y si pruebas a hacerle caso? Fíjate en cuando poses las manos: ¿percibes qué sientes, cómo lo recibe tu organismo? ¿Lo interpreta como un apoyo o es más bien una molestia más? Si surge algún tipo de malestar, ¿qué ocurre si optas por retirar la mano?

Bien, y ahora... ¿qué pasa si te imaginas que hay una persona en tu vida que te hace sentir seguridad y conexión? ¿Y si os dais la mano? Fíjate en qué notas en tu organismo, en el cuerpo físico. ¿Aprecias quizás un suspiro de alivio? ¿O la mera idea te supone una carga más? Si te resulta molesta... ¿qué tal si te imaginas que esa otra persona retira la mano?

Si su mano te servía de apoyo, imagínate que la coloca precisamente en ese punto de tu cuerpo del que hablábamos antes. Que te toca: quizás apoya sus palmas en tus hombros, tal vez te da la mano o un abrazo. Deja espacio para escuchar y percibir cómo responde tu cuerpo. Pero ten claro que se trata de escuchar sin más, no hay respuesta correcta ni incorrecta.

Y ahora, ¿qué pasa si te imaginas que esa persona retira la mano? ¿Te parece que lo hace demasiado pronto, que lo hace muy lentamente, demasiado rápido o de un modo excesivamente brusco? ¿Cómo te comunica tu cuerpo esa impresión? Reconocer de qué forma abandonamos un momento de conexión o una experiencia relacional es igual de importante que percibir cómo iniciamos esos instantes.

¿Y si te imaginas que eres tú quien toca físicamente a esa persona, a esa figura de seguridad? Proyecta que te acercas a ella, con los brazos abiertos, que apoyas la cabeza sobre sus hombros o que le extiendes la mano.

Es hora de recapitular: durante este ejercicio, ¿notaste algún patrón de tu cuerpo que te sugiriese dónde había una respuesta positiva (un «no») o una respuesta positiva («sí»)? Podría manifestarse como una contracción muscular, una interrupción de la respiración, un calor repentino o un ritmo cardíaco acelerado. También podría ser una sensación de relajación, que la respiración se volviese más profunda o que se calmasen los latidos del corazón. ¿Eres capaz de decirte lo siguiente?: «Gracias, cuerpo mío, por comunicarme qué tal te va y por indicarme cuándo deseas que te toquen y cuándo no. Lo entiendo, es lógico después de todo lo que has vivido».

CUESTIONARIO SOBRE APEGO

¿No tienes curiosidad por saber cuál es tu estilo de apego? Pues adelante, puedes hacer el cuestionario sobre apego gratuito que ha creado la doctora Diane Poole Heller, terapeuta y especialista en el tema. Lo encontrarás en https://es.traumasolutions.com/Cuestionario-de-estilos-de-apego/

CAPÍTULO 7

La armadura del trauma y las cinco personalidades atascadas

Cada ser humano tiene un yo auténtico. El trauma consiste en la desconexión de ese yo. Y para sanarlo, es preciso volver a conectar con él.

—Gabor Maté

Ya habré repetido el término «armadura» (o «coraza») unas veinte veces como mínimo, y es porque a menudo me refiero a que el sistema nervioso, con la mejor de las intenciones, se viste una coraza y pasa a los estados de protección. Como metáfora no está mal: podríamos concebir ese escudo fisiológico como si en realidad fuese una armadura de caballero medieval. Ya sabes que cuando te enfrentas a una situación traumática, el sistema nervioso responde automáticamente. Detecta el peligro y se lanza a defenderte. Como si dijese «es hora de ponerse la armadura y plantar batalla, para sobrevivir». Pero, si resulta que, una vez terminada la batalla, no aprecia una sensación de seguridad en el propio cuerpo o en el entorno (y eso incluye a las personas que te rodean), no lograrás desprenderte de la armadura. O sea, que el organismo será incapaz de concluir y cerrar el ciclo de respuesta a la amenaza. ¿Quieres un ejemplo? Pues que alguien ningunee, rechace o considere inaceptable las experiencias dolorosas que tú hayas soportado.

Mucha gente, como es mi caso, hereda una armadura de generaciones anteriores o se la pone en los primeros años de su vida, antes incluso de que puedan recordar cómo era todo antes. De modo que la armadura lo es todo, no conocen otra cosa. Para otras personas, el blindaje puede llegar como consecuencia de una experiencia traumática. Y cuando nos quedamos atrapados en estados de supervivencia perpetuos, es muy fácil desorientarse en el laberinto de murallas defensivas, como si se perdiese el contacto con la persona auténtica, el yo genuino que llevamos dentro. Eso si es que habíamos conectado antes, claro está. Vamos, es un campo de batalla, un panorama donde nos volvemos alguien irreconocible. Una figura desconocida para quienes nos rodean y para nosotros mismos, porque adoptamos personalidades que no parecen naturales para nuestro yo. El tiempo pasa y la misma armadura que un día nos pusimos para sobrevivir al trauma acaba por convertirse en una pesada carga. Ya no brilla tanto como antes y más que aportarnos seguridad y protección, parece que propicia nuestra autodestrucción.

Lo que todavía puede suponer una derrota más amarga para nosotros es que esa armadura se camufle tras un diagnóstico o un trastorno, en lugar de reconocerla como el problema que es y tratarla como tal: como una respuesta perfectamente natural que te ayudó a sobreponerte a una experiencia anormal o intolerable. Por ejemplo, cabría redefinir casos que habitualmente consideramos como un trastorno por estrés postraumático, un trastorno obsesivo-compulsivo o un trastorno bipolar, para pasar a denominarlos respuesta al estrés postraumático, respuesta obsesivo-compulsiva o respuesta bipolar. Estos son tan solo algunos de los muchos «trastornos» que figuran en el *Manual de estadísticas y diagnósticos de trastornos mentales*, y que con excesiva frecuencia son en realidad mecanismos de superación y adaptación muy sofisticados, que el cerebro y la biología ponen en pie para ayudarte a confrontar situaciones que desafían tus capacidades. Mucho cuidado: no pretendo invalidar ni negar la existencia de esos trastornos en sí, que son muy reales y perjudiciales. Pero aceptar que son expresiones de nuestra armadura y parte de la respuesta natural ante los traumas nos puede llevar a una mejor posición para explotar las capacidades que tenemos de cara a tratarnos y curarnos por nuestros medios.

El método *Somatic Experiencing*® sirve de guía para que, de un modo lento, suave y progresivo, desmontemos esa armadura fisiológica protectora que nos pusimos en el pasado. Este método nos permite redescubrir quiénes éramos antes de que el trauma nos impusiese sus condicionantes. Para ello, lo primero es enterarnos bien de qué sucedió y reconectar con la seguridad del presente. Después hay que consolidar la capacidad personal para convivir con el propio cuerpo, tanto mediante la expansión (con cosas que nos hagan sentir bien) como mediante la contracción (con cosas que nos resulten molestas).

Por último, será la hora de permitir que el sistema nervioso procese y cierre en el presente esas experiencias que eran excesivamente fuertes para asumirlas en el pasado. De esta manera, nos iremos desprendiendo del blindaje y regresaremos al estado ventral, lo más alto de la escalera, donde priman la seguridad y la conexión.

Es fundamental no olvidar nunca que, en la práctica somática, es imprescindible ir retirando capas de protección de un modo progresivo, con pasos bien medidos (mediante aproximación gradual, denominada titulación). Por ejemplo, supongamos que llevas una armadura completa encima; no querrás quitártela toda de golpe.

Recuerda que el sistema nervioso funciona bajo este lema: «igual» equivale a «seguro». Por tanto, le otorga prioridad a todo cuanto le resulte familiar y siempre opone resistencia a los cambios, aunque sea «bueno para ti». Tu sistema nervioso no trabaja basándose en el cerebro racional y consciente, ¡conviene que no lo olvides! Así pues, si para él lo más habitual es ir por el mundo adelante con la armadura puesta, la perspectiva de quitársela de repente tan solo provocará que se active, porque sería una experiencia muy difícil de tolerar. Para evitar que suceda eso, habrá que ir eliminando pieza por pieza, con un margen de tiempo para que se acostumbre a la situación y se sienta más seguro a medida que lo desvestimos. Tendrás que mostrar compasión e incluso gratitud por esa armadura, pero también interiorizar que pertenece a una batalla en la que ya no estás luchando.

Las cinco personalidades atascadas

Tal como acabas de leer, cuando portamos en nuestro interior traumas del pasado, la armadura supone más una carga que una ayuda útil. La acumulación prolongada de hormonas del estrés y una respuesta incompleta del sistema nervioso nos pueden bloquear y encerrar en un círculo vicioso en pos de la supervivencia, porque esas conductas adaptativas erróneas se convierten en lo normal. Se trata de los patrones procedurales subconscientes y de los recuerdos implícitos del cuerpo físico, que continúan repitiéndose y reproduciéndose hoy. De la manera en que ninguneamos los riesgos, huimos de las dificultades, lo consideramos todo una catástrofe, nos dejamos arrasar por estallidos de rabia o evitamos cualquier complicación. Son patrones impulsivos profundamente arraigados que gobiernan nuestra vida y que, a largo plazo, acaban por consolidarse hasta que llegamos a considerarlos rasgos de cierto tipo de personalidad que hemos ido adquiriendo.

Se ha investigado muchísimo durante décadas para comparar la personalidad y la individualidad. Aclarémoslo. El concepto «individualidad» se refiere a quiénes somos, a nuestro yo más hondo.

La personalidad se conforma en los primeros años de vida y representa a la persona en la que nos hemos tenido que convertir. O sea, con las máscaras o las armaduras que nos hemos tenido que colocar para encajar en el resto de la tribu y sobrevivir. Es posible que aquí haya que incluir cómo aprendimos en la niñez a acallar o suprimir nuestras emociones porque a menudo se topaban con desregulaciones por parte de quienes nos cuidaban. A su vez, eso generaba una desconexión con la vida, con la figura de apego (la persona con quien mantenemos el lazo emocional más estrecho). Como explica el doctor Gabor Maté, «las personas tienen dos necesidades: el apego y la autenticidad. Cuando la autenticidad pone en peligro el apego, este último se impone sobre ella».[1] Dicho de otra forma: en los primeros años de existencia, precisamente cuando la conexión con nuestro yo auténtico es un riesgo para la conexión con nuestra figura de apego, casi siempre acabamos por sacrificar la conexión con ese yo.

Los estudios que investigan la confrontación entre personalidad e individualidad también reflejan ese debate tan antiguo que resumimos en «innato o adquirido». Lo innato es nuestro yo auténtico y genuino, mientras que el yo que prevalece, condicionado por el entorno, es lo adquirido. Cuando nos quedamos atrapados en la armadura, estamos entre la espada y la pared: entre lo innato y lo adquirido, entre la personalidad y la individualidad. Nos centramos en pelear con «la vida antes del trauma» y «la vida después del trauma». Y lo que es peor, para quienes quizás ni siquiera tuvimos una «vida antes del trauma», es que cuando contemplamos esa armadura nos asalta la duda: ¿cómo sería yo si tú no existieses?

Lo que siempre hay que tener presente es que esa armadura sirve para un fin y, por tanto, no debemos desecharla a la ligera. En vez de rechazarla sin más, tal vez debas asumir que es posible fundir las piezas que la componen y forjar con ellas un escudo más pequeño, pero eficaz para acudir en tu ayuda cuando te enfrentes a amenazas similares. O sea, que si estás prisionero o prisionera de la armadura que representa tu respuesta de lucha (aunque el objetivo sea expresar y expulsar de tu sistema la respuesta de lucha que no pudiste culminar y cerrar en el pasado), de cara al futuro lo más interesante no será descartar por completo la respuesta de lucha. Porque la necesitarás para lidiar con los retos que te proponga cada día.

En el plano global, cada estado del sistema nervioso posee respuestas vitales que nos son muy útiles en la vida cotidiana. No hay nada de malo en fijar límites para esa persona que te fastidia (lucha) ni es obligatorio trabajar por encima de tus posibilidades cuando se aproxime el plazo final de un proyecto (huida), y por supuesto puedes consentirte alguna vez unas horas de atracón televisivo con tu serie favorita (congelación) o hacer a veces lo imposible solo por complacer a alguien (resignación y sumisión). El objetivo no consiste en erradicar esas partes de nuestro ser, sino sentarlas (metafóricamente) en un asiento de pasajero, para que tome el volante tu yo regulado. Lo que te interesa es que la armadura te sirva de apoyo, no que te ahogue. A veces, nuestras estrategias de supervivencia tan inteligentes lo que necesitan es una buena revisión y puesta al día.

Uno de los objetivos principales del método *Somatic Experiencing®* es ayudar a la gente a llevar a término las repuestas o experiencias traumáticas incompletas, para que salgan de esos estados de bloqueo. Es esencial explicar que, aunque cada estado del sistema nervioso tiene un aspecto, un sonido y unas sensaciones únicas y características en cada persona (tranquilidad, podrás identificar cuáles son en tu caso muy pronto con el Mapa de perfiles personales polivagales), hay ciertos rasgos comunes que es habitual apreciar en cada una de las cinco personalidades atascadas.

1. Lucha

Es el estado de la furia, la agresión y la obsesión por el control.

Características conductuales

A menudo se trata de personas que se perciben como explosivas, resentidas, irritables, narcisistas o acosadoras, que parecen creerse por encima del resto y tienen cierta dosis de manía por la preservar su estado y sus privilegios. Pueden ser individuos controladores, con tendencia a humillar a los demás, combativos, manipuladores, exigentes, siempre a la defensiva, que menosprecian o critican al resto del mundo, de temperamento irascible y muy fáciles de enfadar.

¿Qué sería típico oír?

«Yo tengo razón y tú no, y te voy a explicar por qué…».
«Lo que pasa es que a mí me gusta tener el control».
«¡Eso no es justo!».
«No me enfado porque quiera, es culpa tuya».

¿Cómo se manifiesta en las relaciones personales?

Con un estilo de comunicación que con frecuencia implica hablar imponiéndose al interlocutor, con incapacidad para escuchar, que ningunea o actúa de forma manipulativa, que rechaza las interpelaciones, se muestra reactivo, controlador de otras personas y agresivo. Pocas veces admite su propia responsabilidad o se disculpa. Provoca que las demás personas sientan que deben ir con pies de plomo, sin alzar la voz ni armar escándalo en ningún caso.

¿Cómo se manifiesta en el organismo físico?

Las señales más características de una respuesta de lucha del sistema nervioso simpático son la hipervigilancia, una postura tensa, el impulso de avanzar, defenderse o atacar, la rigidez en la columna vertebral y la tensión muscular, todas ellas debidas al incremento de la presencia de hormonas que favorecen el estrés, como son la adrenalina y el cortisol. Pero todavía hay más rasgos, como la inspección con más ahínco del entorno por medio de la vista (dilatación de las pupilas) y del oído (se activan los músculos del oído bajo) para defenderse de posibles amenazas. Se amplifica también la expresión emocional (con lágrimas o expresiones vocalizadas). Aumenta el ritmo cardíaco, se acelera la respiración, sube la tensión arterial y se estimulan las glándulas sudoríparas. Relajación de la vejiga. Se produce una inhibición o ralentización del metabolismo en el aparato reproductor, el sistema inmunitario, el aparato digestivo y la actividad de la insulina. Se generan náuseas o la sensación de mariposas en el estómago porque la irrigación sanguínea cambia su centro de atención y pasa del estómago a los músculos y las extremidades, preparándose para entrar en acción. Sensación de leve mareo como resultado de la hiperventilación por acelerar la respiración.

¿Es un trastorno o una respuesta?

Diagnóstico más habitual (o erróneo): trastorno de la personalidad narcisista, trastorno desafiante oposicional, trastorno de la conducta o trastorno explosivo intermitente.

Mi experiencia atrapada en el estado de lucha

Esto fue lo que me ocurrió tras sufrir la violación. En los dos años entre la agresión y el juicio, abusé mucho de la bebida para sobrellevar la situación. Yo había mutado, de ser una persona de naturaleza dulce y pacífica había pasado a ser alguien llena de amargura y un odio tremendo. Tan solo sentía furia pura y no tenía ni idea de qué hacer con ella, hasta que la ebriedad triunfaba y me abría la puerta para intentar liberarme de aquello en arranques de agresividad. Cuando hoy echo la vista atrás, soy capaz de entenderlo, aunque podría haberlo expresado de modos mucho más saludables. Desde luego, entiendo que aquella rabia tenía su motivo y era aceptable, por varias razones.

Como ya he comentado, durante la violación me había visto superada físicamente al intentar repeler la agresión y eso había generado una respuesta de lucha en mi sistema nervioso. Como el ciclo no se había completado, había dejado tras de sí un entorno tóxico y negativo, donde predominaba la ira apoyada en la adrenalina, que afectaba a mi vida diaria. Además, que las personas de mi círculo más cercano se empeñasen en responsabilizarme a mí, la víctima, me dejó una huella muy honda de desconfianza. Interioricé que era necesario blindarse, incluso frente a las personas que yo más amaba. Por último, el proceso judicial se había vuelto una tortura inacabable, por varios motivos. Uno de ellos era que, a lo largo de aquellos dos años, el juicio se fue posponiendo (o prorrogando) hasta en nueve ocasiones.

La continuación de un proceso judicial es habitual en casos donde las pruebas son abrumadoras, porque la defensa se dedica a alargar estratégicamente el proceso con el fin de desgastar a la víctima, con la esperanza de que se rinda y prefiera un acuerdo pactado o desista de las acusaciones. O sea, que en nueve ocasiones, repartidas en dos años, tuve que reunirme con mi equipo de abogados para ensayar cómo actuar ante el tribunal. Y en cada ocasión había que repasar mis declaraciones, grabadas y registradas, antes de practicar cómo me comportaría cuando me llamasen a declarar en la sala. Tuve que revivir nueve veces cada detalle de aquella noche odiosa, con todos los pormenores. Y cada una de las nueve veces, me enfundé la armadura para ir bien preparada y zanjar el asunto... pero lo único que pasaba era que el día antes de la vista judicial, me llamaban para decirme que habría que esperar a la próxima cita. Que todavía quedaba mucho por esperar para salir de aquella pesadilla. Como mínimo, diría que aquello me retraumatizó. Pero yo me repetía una y otra vez que, en cuanto el violador estuviese entre barrotes, yo me sentiría mejor.

Y al final, resulta que no fue así. Ahora ya sabes que esa misma respuesta de lucha terminaría por conducirme a mí misma al calabozo, cuando no había pasado ni un mes desde la sentencia.

2. Huida

Es el estado del miedo, la ansiedad, el pánico y la hipervigilancia.

Características conductuales

En este estado la prioridad es sobrecompensar todo cuanto se pueda para resolver el subidón de hormonas que te movilizan para ayudarte a escapar, por eso te esfuerzas por superarte, por analizar hasta el último detalle, por exprimirte y dar lo mejor de ti. Aprietas a fondo el acelerador porque no puedes hacer otra cosa, es lo único que conseguirá distraerte del problema. Te dedicas al escapismo a través de una ocupación permanente, que puede ser en tu trabajo, en las aficiones más recientes o en tus obsesiones; abusas de sustancias o caes en comportamientos compulsivos que te recompensan con alivios pasajeros, como los juegos de azar y las apuestas, las compras o el sexo. De un modo subconsciente, sientes la atracción del estrés y te impones unos estándares extremadamente exigentes de perfeccionismo. Lo que quieres es escapar a la carrera y evitar a la gente, los lugares y las situaciones que te generen malestar. No eres capaz de tranquilizarte en ningún instante y precisamente por eso, te cuesta horrores estar presente, prestar atención o bajar el ritmo.

¿Qué sería típico oír?

«No quiero tener nada que ver con esto».
«Mejor hablemos de otra cosa».
«Lo único que me apetece es salir de aquí».
«No me pasa nada, es que soy del tipo A de personalidad».*

¿Cómo se manifiesta en las relaciones personales?

Con un estilo de comunicación que a menudo evita las relaciones sociales, que rechaza o rehúye las conversaciones difíciles, que corta el contacto con otras personas o se esconde tras un muro. Es incapaz de soportar y manejar el conflicto, le cuesta mantener los compromisos y le afecta la sensación de estar atrapado.

¿Cómo se manifiesta en el organismo físico?

Las manifestaciones más características de una respuesta de huida del sistema nervioso simpático pasan por darle la espalda a la situación, con el impulso de alejarse o huir, con rigidez en la columna vertebral y tensión muscular por la presencia anormalmente elevada de hormonas

---

* El «tipo A de personalidad» es uno de los cuatro patrones de personalidad (junto a B, C y D) que se emplean para describir cómo las personas nos relacionamos y cómo reaccionamos ante los factores externos. Asimismo, se considera una categoría útil para describir un tipo particular de respuesta al estrés. *(N. del T.)*

promotoras del estrés, como la adrenalina y el cortisol. Pero hay otros rasgos, como una atención más vigilante al entorno por medio de la vista (con las pupilas dilatadas) y el oído (se activan los músculos del oído bajo) para prepararse de cara a huir de potenciales amenazas. Se amplifica también la expresión emocional (con lágrimas o expresiones vocalizadas). Aumenta el ritmo cardiaco, se acelera la respiración y se estimulan las glándulas sudoríparas. Relajación de la vejiga. Se inhibe o ralentiza el metabolismo del aparato reproductor, el sistema inmunitario, el aparato digestivo y la actividad de la insulina. Aparecen náuseas o la sensación de mariposas en el estómago porque el riego sanguíneo abandona esa zona para centrarse en abastecer los músculos y las extremidades, que se preparan para entrar en acción. Sensación de leve mareo como resultado de la hiperventilación por acelerar la respiración.

¿Es un trastorno o una respuesta?

Diagnóstico más habitual (o erróneo): trastorno de ansiedad, trastorno de la personalidad obsesivo-compulsivo, trastorno bipolar, trastorno de hiperactividad por déficit de atención o trastorno de pánico.

Mi experiencia atrapada en el estado de huida

Durante los años más arduos de mi proceso de recuperación, y todavía hoy en los escasos momentos en que no estoy anclada en el estado ventral, la huida es mi estado de referencia. Caigo en él cuando intento escapar de los sinsabores de la vida a base de cumplir todas mis metas, distraerme y olvidarme de todo con el último tema que me obsesione, con un proyecto o con cualquier idea que me ronde. Y además, siento la imperiosa necesidad de ser terriblemente perfeccionista. Además, en este estado es donde yo solía ser más propensa a apoyarme en diversas drogas como ayuda para escapar. El origen y la raíz de que predomine esta respuesta en mi caso es fácil de identificar si me remonto por el árbol genealógico de las mujeres de mi familia materna, porque al parecer todas heredamos una herida causada por el abandono.

Desde mi tatarabuela, todas hemos tenido que vestir la armadura de la huida, que traía consigo una serie de creencias subconscientes que nos limitaban. La más importante de todas ellas sería que para sobrevivir «hay que aprender a apañárselas a solas, sin ayuda de nadie más», como sigue diciendo mi abuela. Esto se traduce en asignar un valor extremadamente alto a la independencia como mujeres, ya que todas nosotros acabaríamos por creer que no podíamos fiarnos ni depender de nadie más que de una misma. Porque el resto del mundo acabaría por decepcionarnos o traicionarnos. Si nos atenemos a las circunstancias, esta personalidad tenía bastante sentido, porque mi tatarabuela se había quedado viuda muy joven, pero es que además mi bisabuela había perdido a su marido en la Batalla de las Ardenas en 1944, justo cuando mi abuela acababa de cumplir los cuatro años. No tardó en volver a casarse, pero su nuevo marido la maltrató y, de todos modos, ella ya había asimilado que tenía que buscarse la vida por su cuenta. Empezó a trabajar en diversos empleos al mismo tiempo, y eso que por entonces lo que la sociedad solía esperar era que la esposa se quedase en casa con las criaturas. Al final terminó por convertirse en una inversora inmobiliaria con un éxito tremendo. Se aferró a su propia independencia con ambas manos y se convirtió en una figura ambiciosa, un faro para quienes la rodeaban. Pero eso era de puertas afuera, porque en casa se mantenía alejada de sus hijos. Empezó a fumar constantemente y aquel nuevo vicio le destrozaría la salud hasta el punto de llevarla a la tumba.

Mi abuela no solo heredó la armadura, sino que la reforzó con sus propias experiencias de abandono y desencanto. Entre ellas, la pérdida de su padre, seguida de los malos tratos de su padrastro y posteriormente de sentirse prisionera en su propio matrimonio, sumida en el desencanto y sufriendo década de infidelidades. También ella tuvo que romper moldes para sobrevivir. No se conformó con ser la mujer típica de su época, ni mucho menos. Estudió Derecho (y se graduó con honores, con uno de los mejores expedientes de su año) e hizo fortuna con una carrera profesional muy lucrativa en el ámbito inmobiliario. Incluso llegó a ser una defensora de los derechos de las mujeres sin pelos en la lengua, tras unirse a las pioneras del movimiento feminista, en los años de Gloria Steinem. Sin embargo, detrás de esa espléndida fachada, sufría una agotadora inquietud, que la abocaba a la automedicación y le provocó una grave depresión, llegando a fabular con el suicidio. Terminó por volverse una figura inaccesible y desapegada en su papel de madre, que se refugiaba en su cuarto todo el día y solamente salía de noche para darse a la bebida. Tras darse cuenta de que estaba encerrada en aquel matrimonio, se puso a buscar respuestas y tratar de darle sentido a la vida fuera de aquella relación.

Con semejantes antecedentes, no me sorprende que mi madre cuajase una trayectoria similar. Desde una edad muy temprana, todo el mundo la consideró «superdotada» y la pusieron en clases avanzadas, además de apuntarla a programas de educación acelerados. Cuando creció, despuntó en los deportes y lo que aprendió fue que los triunfos y los grandes resultados le concitarían los halagos y la atención que de otra forma no recibía ni de su madre, a menudo ausente, ni de su padre, demasiado ocupado porque era capitán de la Marina y además dirigía un despacho de abogados. Al comenzar en la escuela secundaria, era una de las mejoras *pitchers* de sóftbol de todo el estado de California. Era el ojito derecho de sus dos hermanos. Pero entonces conoció a mi padre.

A los 17 años se quedó embarazada de mi hermano, abandonó los estudios y se fue a vivir con su novio. Dos años más tarde, cuando ya estaba embarazada de mí, descubrió que mi padre la había estado engañando con otra mujer, con la que al final se marcharía, dejando atrás a mi madre. Embarazada y madre soltera, sin un hogar donde refugiarse, se pasó una buena temporada con mi hermano saltando de sofá en sofá en casa de amigos o durmiendo en el coche, viviendo de las ayudas para la alimentación que daba el gobierno. Aquello fue la traición más cruel que se podía imaginar. Lo había sacrificado todo por aquel hombre y él la había dejado tirada. Era una madre muy joven (una adolescente todavía, ¡una chiquilla!), estaba sola y sufría un dolor insoportable. Y es que, encima, nunca le habían enseñado herramientas para asumir y superar aquella clase de sufrimiento. Así que no quedó otro remedio que heredar la armadura de su madre. Se la puso y acabó por rendirse y buscar refugio en diversas sustancias para escapar de aquella realidad tan tenebrosa.

¿Qué vino después? Ya te lo imaginas: nací yo y le retiraron la custodia para alojarme con una familia de acogida porque en los análisis clínicos se le detectaron metanfetaminas.

Con todo, después de mi nacimiento, no tardó demasiado en corregir sus errores y reencauzar su vida. Había algo que tenía incrustado en su genealogía y era la determinación de no volver a depender jamás de nadie, de ninguna persona. Trabajó como una auténtica mula, lo dio todo en su profesión y logró hacer trizas las barreras de género, pero por el camino convirtió el trabajo en el único eje de su vida. Todo lo demás (sus hijos, su matrimonio e incluso su salud) pasó a un segundo plano, eran aspectos secundarios. Cuando la vida le parecía insoportable, su vía de escape era el trabajo: no la traicionaba ni la dejaba atrás, la entretenía y le servía para confirmar su valía como persona. Incluso la reconfortó tras el fallecimiento de mi hermano y la ayudó a enterrar aquel dolor rápidamente. Eso sí, la vida profesional no era lo único que la mantenía al margen de sus sentimientos y en fuga permanente de los dolores del pasado. Con el paso de los años, aquella sensación de entumecimiento había pasado de centrarse en las drogas para pasar a pivotar sobre el alcohol y la comida. La armadura que portaba se volvió tan destructiva que tuvo que someterse a diversas terapias de salud para solucionar los perjuicios que le habían provocado todas aquellas adicciones. En un momento dado, le diagnosticaron un cáncer; fue la alarma definitiva que la empujó a transformar su vida. Se dio cuenta de que aquella armadura tan gruesa y brillante la estaba envenenando, así que poco a poco empezó a desprenderse de capas y capas de dolores y suplicios del pasado, pendientes de digerir y asumir. A partir de ahí, fue sanando y recuperándose de una forma más que notable.

Una vez, mi tía (su hermana) me hizo un comentario que me parece certero y afilado: «Las mujeres de esta familia parecemos muy luchadoras y duras por fuera, pero en el fondo, a veces no somos más que niñas que lo único que buscan es cariño y aceptación». Ese miedo a ser abandonadas, rechazadas o desilusionadas nos ha construido ese disfraz, esa máscara para enfrentarse al mundo a base de la respuesta de huida.

3. Desconexión

Es el estado en que caemos cuando la situación nos supera y sentimos impotencia, vergüenza y desesperanza.

Características conductuales

Se trata del freno de emergencia del sistema nervioso, que aplica cuando las circunstancias se tornan insoportables. Generalmente, la desconexión se manifiesta en forma de fatiga, aislamiento, falta de emociones, depresión, carencias en el cuidado personal o falta de motivación, cierta pereza o desgana, disociación, insensibilización, lagunas mentales o dificultades para razonar, confusión, problemas de memoria, procrastinación, atracones (de televisión, de Internet, de comida o de alguna droga) y tendencia a extender los patrones de sueño. Se suele terminar en estado de desconexión por dos motivos principales. Uno son las circunstancias de la vida, que puede ser una experiencia o una infancia que tal vez hayan estado marcadas por los abusos, los malos tratos, la carencia de atención o la falta de regulación emocional por parte de las figuras cuidadoras, con lo cual se ha originado una armadura compuesta de supresión de sentimientos y desconexión del entorno. El segundo motivo sería la consecuencia de permanecer durante demasiado tiempo en un estado de huida, que arrasa y quema al sistema nervioso hasta obligarlo a desconectarse para ahorrar energías.

¿Qué sería típico oír?

«Me da igual».
«Eh... / Ah...» (ausencia de respuestas, implicación escasa o nula).
«La vida es así, no hay más».
«Me lo tengo bien merecido».

¿Cómo se manifiesta en las relaciones personales?

Con un estilo de comunicación que con frecuencia ofrece poca o ninguna expresividad para las emociones, poco participativo y con muchas lagunas. Cuesta trabajo prestar atención y seguir el hilo de las conversaciones, a veces no se responde, se actúa como si nada importase, con sensación de distanciamiento y una menor presencia del contacto físico y visual directo.

¿Cómo se manifiesta en el organismo físico?

Los rasgos más característicos de una respuesta de desconexión del sistema parasimpático son una postura encorvada y encogida de la columna vertebral para hacerse más pequeño y tratar de pasar desapercibido, además de una relajación muscular muy marcada. Otros rasgos serían una menor atención vigilante al entorno y poca sensibilidad y concienciación sobre las amenazas. En vez de ello, el individuo tiende a clavar la mirada en el suelo o mirar al infinito. La información sensorial se interrumpe (las señales percibidas se detienen en el tálamo) porque el organismo segrega endorfinas para acallar el dolor y dinorfinas que permiten disociarse del yo interior y del mundo exterior. Disminuyen el ritmo cardíaco, se ralentiza la respiración y tiende a bajar la temperatura corporal. La piel presenta cierta frialdad y palidez, sobre todo en las extremidades, ya que el riego sanguíneo se centra en el tronco para mantener bien abastecidos los órganos vitales de cara a soportar esa especie de hibernación. Se limitan al mínimo los movimientos y el cuerpo entra en un estado que prima la inmovilidad y la conservación, al tiempo que aumenta la actividad de la insulina y el almacenamiento de energía. Se inhibe o ralentiza el metabolismo del aparato reproductor y del sistema inmunitario.

¿Es un trastorno o una respuesta?

Diagnóstico más habitual (o erróneo): trastorno depresivo grave, trastorno de déficit de atención, trastorno de identidad disociativo o esquizofrenia.

Mi experiencia atrapada en el estado de desconexión

En el ajetreo incesante de la vida moderna, a menudo nos rendimos y sucumbimos a la presión por hacerlo todo, por ser todo, por estar en todas partes. Y esto es especialmente cierto entre las mujeres. Yo me he sumergido a fondo en esa presión a través de la reflexión del «yo separado y solo» y de la tendencia cultural a glorificar esa independencia a toda costa. Como ya he explicado antes, este concepto se ha transmitido de generación en generación entre las mujeres de mi familia y ha ejercido una influencia poderosísima en mi vida y mis ideas.

Sin embargo, al final me he dado cuenta de un detalle, que considero importantísimo divulgar, y es que la noción de supermujer no solo es poco realista, sino también perjudicial. A las mujeres se nos dice constantemente que podemos conseguirlo todo: una carrera profesional deslumbrante, una relación o un matrimonio maravilloso, una vida familiar perfecta, independencia financiera y mucho más. Pero en realidad, cuando nos esforzamos al máximo en un área, es inevitable que los demás aspectos de la vida se resientan. Precisamente este mensaje fue lo más destacado del discurso inaugural de Shonda Rhimes (creadora de *Anatomía de Grey* y otras series de TV de gran éxito) en Dartmouth en 2014, centrado en ese mito. Lo dijo bien claro: "Cuando me preguntan: «"Shonda, ¿cómo eres capaz de hacer tantas cosas?", tengo una respuesta muy sencilla: "no soy capaz. Cada vez que triunfo en un aspecto de mi vida, eso implica casi con total seguridad un fracaso en otro aspecto distinto"».[2]

Personalmente, caí en la cuenta de esto (y fue una golpe muy duro) durante cierto período de mi vida profesional en el que acabé quemada, víctima del desgaste. Acababa de estrenarme como madre, tenía que compaginar varias actividades profesionales a la vez y notaba la presión financiera de tener que sostener a la familia porque mi marido había perdido su empleo debido a la pandemia. Cuanto más prosperaban mis negocios, más agobiante me parecía todo.

La carrera profesional me exigía muchísimo y mermaba al tiempo y la energía que podía dedicarles a mis hijos, a mi matrimonio y a mí misma. Me sentía agotada, sin un gramo de fuerza más. Atrapada entre ese agotamiento y la desconexión, pasé una temporada encerrada, aislada de mí misma y del resto de la gente. Me machacaron el insomnio y la fatiga, me impidieron disfrutar de actividades que hacían que mereciese la pena vivir y que siempre me habían levantado el ánimo, como el ejercicio físico y la corregulación. En poco tiempo me convertí en un cascarón vacío, como si estuviese hueca, me costaba horrores afrontar y superar cada jornada laboral.

Fue un punto de inflexión en mi vida profesional y me empujó a repensar esa parcela para apuntalar mejor la base en la que se sostendría la vida que yo quería: una vida en la que pudiese estar presente, conmigo misma y con mi familia, sin sentirme ahogada por las responsabilidades profesionales.

La autopreservación se convirtió en la máxima prioridad y también en el tema dominante dentro de mi ámbito profesional el año siguiente. Mis empleados y todo el equipo sabían que esa era la meta principal. Así que confeccioné unos horarios de trabajo muy estrictos para todo el mundo (se acabó la disponibilidad total, 24 horas al día, siete días a la semana), definí límites más claros, hice recortes en la lista de clientes, opté por dejar de publicar en las redes sociales los fines de semana, empecé a conceptualizar un formato nuevo para mi programa de terapia para conciliar mejor el trabajo con la vida personal, me puse a delegar y externalizar más trabajo (por ejemplo, contraté a un ayudante de dirección y a un responsable de finanzas) y hasta incorporé a las reuniones de equipo semanales una tarea para todos los participantes: contar algo que habían hecho esa misma semana para cuidar de sí mismos y de su autopreservación. En los años posteriores seguí introduciendo cambios y no ha sido una trayectoria libre de decisiones difíciles, sacrificios y renuncia a ciertas expectativas y ambiciones que yo siempre había tenido. Pero puedo afirmar que hoy, por fin, estoy en una posición en la que miro con ilusión al futuro para disfrutar de una semana laboral de tres días, que me permita volcarme en mí misma y en mi familia de la forma que siempre había soñado.

Por tanto, si te inspiras en ídolos que consiguen compaginar y hacerlo todo, ten en cuenta que todo es un proceso, un trabajo a medias, y que no siempre sale bien al final. Pero sí, es posible organizarte la vida de manera que merezca la pena de verdad levantarse cada día. Una vida que no sea insoportable, que no te agobie y te agote constantemente, ni esté siempre regida por lo que dicten las expectativas de otras personas, sino por las tuyas propias.

4. Resignación y sumisión

El estado de resignación es aquel en el que procuramos la seguridad a base de complacer a la persona que percibimos como una amenaza. Es un estado en el que se funden y combinan la repuesta de huida del sistema nervioso simpático y la respuesta de congelación dorsal. O sea, que nos moviliza el miedo (el reflejo de huida) y al mismo tiempo nos desconectamos del entorno y de nuestras necesidades, deseos y hasta del propio yo (estado dorsal).

Características conductuales

Nos dejamos guiar por el temor y promovemos activamente la amistad o el apaciguamiento de otras personas, atendiendo sus necesidades, para evitar los peligros. La idea es esquivar los conflictos a través de una sumisión total, cediendo en todas nuestras preferencias para favorecer que se cumplan las de otras personas. Para eso cumplimos sus gustos, extremamos las disculpas, ofrecemos mil explicaciones y justificaciones o, sencillamente, intentamos comportarnos del modo perfecto. Este contexto es el caldo de cultivo ideal para que broten las tendencias de codependencia, que te convierten en una figura cuidadora crónica, la salvadora de todas la crisis, que arregla cualquier crisis. Lo que pasa es que, al mismo tiempo, eso implica diluir y borrar tu identidad porque otorgas prioridad a la de otros, a quienes consideras más importantes que tú. También te olvidas de imponer y hacer respetar tus límites, evitas cualquier confrontación para mantener la paz a cualquier precio y dices que sí a todo, sea lo que sea, con la esperanza de que así te acepten. Claro, eso te hace más vulnerable a la explotación por parte de otras personas. Cuando eventualmente surge alguna desavenencia, lo más habitual es refrenar la opinión propia, por miedo a las posibles consecuencias. Cedes ante los demás constantemente para que tomen decisiones en tu nombre. Muestras una hipersensibilidad muy acusada por las señales somáticas de quienes te rodean y observas sin cesar su estado emocional para detectar signos de amenaza.

¿Qué sería típico oír?

«Yo lo que quiero es que todo el mundo esté contento».

«Lo siento mucho, ha sido culpa mía» (aunque en realidad no haya sido así).

«Me cuesta muchísimo decirte que no».

«Si no cumplo con lo que los demás esperan de mí, no le caeré bien a nadie».

¿Cómo se manifiesta en las relaciones personales?

Con un estilo de comunicación que habitualmente es demasiado afable, excesivamente complaciente y sumiso. Te limitas a acompañar al resto del rebaño porque te resulta difícil dilucidar o articular cuáles son tus auténticas necesidades. No trazas o no respetas tus propias barreras y te disculpas incluso cuando alguna cosa no ha sido culpa tuya. Te consume la desesperación por agradar a los demás. Sientes que no te mereces el cariño de nadie o que tienes algún defecto y que, en una relación personal, acabará por descubrirse. A menudo, este estado también está caracterizado por un miedo agudo al abandono, al rechazo o al enfrentamiento contra otras personas.

¿Cómo se manifiesta en el organismo físico?

Los rasgos más definitorios de la respuesta basada en la resignación son la desconexión respecto del propio cuerpo y una posible disociación. Predomina el reflejo de huida, mezclado con una repuesta de desconexión subyacente, que se traduce en que la persona siente el impulso de acercarse a los demás para cuidarlos y complacerlos. Hay tensión muscular debido a la presencia de una alta cantidad de hormonas promotoras del estrés, como la adrenalina y el cortisol. Otros rasgos serían un estado de alerta agudizado para vigilar el entorno y los estados emocionales y nerviosos de las personas alrededor, a través de la vista y el oído, para predecir amenazas potenciales. Y también expresiones forzadas y dramáticas de bienvenida, como sonrisas y risas exageradas. Aumenta el ritmo cardíaco, se acelera la respiración y se estimulan las glándulas sudoríparas. Relajación de la vejiga. Se inhibe o ralentiza el metabolismo del aparato reproductor, el sistema inmunitario, el aparato digestivo y la actividad de la insulina. Aparecen náuseas o la sensación de mariposas en el estómago porque el riego sanguíneo abandona esa zona para centrarse en abastecer los músculos y las extremidades, que se preparan para entrar en acción. Sensación de leve mareo como resultado de la hiperventilación por acelerar la respiración.

¿Es un trastorno o una respuesta?

Diagnóstico más habitual (o erróneo): trastorno de la personalidad con dependencia, codependencia, trastorno de ansiedad social o trastorno de personalidad evitativo.

Mi experiencia atrapada en el estado de resignación y sumisión

Mi respuesta predominante como reflejo de supervivencia es la huida, así que no supone ninguna sorpresa que mi segunda respuesta más habitual sea la resignación, o sea, la mezcla de huida y congelación. Fue precisamente esa la coraza que me enfundé para sobrevivir a mi propio malestar y también para sobrevivir a otras personas. La resignación es un patrón de protección que se suele desarrollar en la infancia cuando resulta que se convive con un cuidador negligente, abusivo o impredecible. Y se suele erigir sobre los pilares del miedo atroz al abandono, al rechazo o a sufrir daño.

Esa herida ligada al abandono tiene fecha de origen, concretamente en los meses que pasé en el útero de mi madre y mis primeros añitos, cuando no recibí la conexión y el apego seguro que necesitaba por parte de mis cuidadores para sentirme segura y regulada. Esa primera etapa de mi vida me puso en rumbo de colisión para chocar con una vida posterior centrada en complacer a otros, olvidarme de mí misma y rendirme a la codependencia. Me convirtió en una monógama en serie, que saltaba de un novio a otro, todos con un mismo rasgo: siempre tenían algún defecto que yo me esforzaría por reparar. Por suerte, la secuencia se interrumpió en cuanto conocía a mi marido en 2012. Pero también me empujó a atraer hacia mi círculo personal y profesional, de forma inconsciente, a personas cuya respuesta predominante fuese la lucha, para que yo así me sintiese cómoda en mi rol de sumisión (fue lo que sucedió hasta que me labré un espacio donde podía dar rienda suelta a mi agresividad de forma saludable y fijar límites). Me abocó a esquivar las confrontaciones y los conflictos siempre que fue posible, aunque tuviese que dejarme mangonear por otros para ello. La resignación me sirvió de muleta sólida y fiable en las relaciones sociales.

En último término, lo único que me dio fuerzas para librarme de las cadenas de la resignación que me atenazaban de manera crónica fue aceptar que yo tenía poder propio, tomar las riendas y redescubrir mi propio yo.

5. Congelación funcional

La congelación funcional es un estado donde priman el piloto automático y el entumecimiento funcional. Se trata de un estado en el que se mezclan la respuesta dominante de desconexión dorsal y la respuesta no dominante simpática de huida. O sea, que en la rutina diaria nos activamos, pero permanecemos desconectados y disociados de la experiencia somática: emociones, sentimientos e impresiones. Difiere de la repuesta de desconexión dorsal en que el individuo no está inmovilizado, encerrado en sí mismo, deprimido y aislado (como una tortuga que se esconde en su caparazón). Y se distingue de la respuesta mixta de congelación en que el individuo no se queda bloqueado e inmovilizado por el *shock* como una liebre frente a las luces de un automóvil. En vez de eso, se convierte en una especie de Hombre de hojalata (como en *El mago de Oz*, ¿te acuerdas?). Una persona estrictamente funcional, pero sin emociones e incapaz de sentir o expresar qué le sienta bien o mal.

Características conductuales

La persona permanece desconectada de su propio cuerpo y a menudo, también disociada. Suprime las emociones y por tanto, se muestra insensible, aturdida e inaccesible para quienes la rodean. Como una especie de zombi, transita entre emociones ajenas sin que le impacten las buenas o malas experiencias de la vida diaria. Su orientación primaria es hacia el exterior. Fruto de esa desconexión con el yo, tiende a dejarse llevar por cuanto la rodea, como un pez que se rinde a la corriente. Y como ha acallado sus sentimientos, con frecuencia le falta la emoción y el ánimo para pasar a la ofensiva o protegerse (ni siquiera se le suele despertar la rabia, por ejemplo) y genera un ambiente proclive a los abusos y otros obstáculos. Es habitual que se limite a aceptar lo que la vida le proponga, adaptándose como un camaleón para sobrevivir a los retos que afronte.

¿Qué sería típico oír? (muy similar al estado de desconexión)

«Así es la vida, no hay más».
«Ni me va ni me viene, no tengo opinión».
«Me da igual, no me importa».
«Da igual, mejor pasar página».

¿Cómo se manifiesta en las relaciones personales?

Con un estilo de comunicación que con frecuencia ofrece poca o ninguna expresividad para las emociones. El individuo mantiene la neutralidad sea cual sea el escenario. Se presenta como voluble y acepta plegarse a cualquier situación o a las preferencias de cualquier otra persona, porque está desconectado de sí mismo y sus propios deseos. Puede dar la impresión de que siente desinterés, de que es una figura distante o que, sencillamente, no le importa nada. Le cuesta muchísimo conectar con sentimientos de dolor o de agresividad. En resumen, está presente pero solo físicamente. Su alma está ausente.

EL CASO DE JENNIFER

Me pasé 25 años en una relación marcada y arruinada por un sinfín de infidelidades, incluido el nacimiento de un hijo de otro padre. Me costó muchísimo soportarlo, pero aguanté años y años porque juzgaba que la prioridad era seguir aquel rumbo porque era lo mejor para mis dos hijos. Sin embargo, con el paso de los años, acabé totalmente perdida en aquel caos. Ahora sé que la raíz de ese bloqueo se hundía en años y años de una congelación funcional que me dejó vulnerable a ese maltrato, que primero fue solo emocional, pero acabó por volverse también físico.

Recuerdo muy bien en qué momento cambió todo. Un día salí a dar una vuelta con una amiga, a ver un concierto, y allí perdí el teléfono. Cuando regresé a casa, me encontré a mi marido enfurecido, dando vueltas, nervioso como un tigre enrabietado. En cuanto aparqué en el garaje, le dio un puñetazo al coche. Cuando me bajé del automóvil, estaba temblando. A continuación tuve que soportar la experiencia física más terrible de toda mi vida.

A la mañana siguiente, magullada y dolorida, lo primero que se me vino a la cabeza fue esta idea: «Me lo merecía». Cuando escuché aquellas palabras en mi cabeza, me quedé helada. Fue como un chispazo. En ese preciso instante, me di cuenta de qué equivocada estaba. Claro que no, yo no me merecía aquello, desde luego.

Todavía me costó un año entero desengancharme de aquella dinámica, pero allí comencé a separarme de mi marido. Lo malo es que esa no fue la última zancadilla que me puso la vida. Poco después de separarnos, me diagnosticaron un cáncer. Y así volví a recaer en el bloqueo, a sentirme incapaz de avanzar. Fue la época más dura de mi vida, no me cabe la menor duda. Para ponerle la guinda al pastel, cada llamada telefónica y cada mensaje de mi marido me hacían retroceder. Me pasé meses y meses sumida en aquel pozo, sin esperanzas.

Pero encontré a Brittany cuando más la necesitaba. Llevaba un tiempo escuchando un pódcast sobre citas con unas cuantas amigas, para distraerme, y resulta que en un programa invitaron a Brittany Piper. Su historia me pareció muy, muy conmovedora. Pero lo que me llegó más hondo acerca de sus traumas no fue el momento del impacto en sí, sino el desastre que vivió a continuación. Aquella experiencia me sonaba, era algo muy parecido a lo que yo misma estaba viviendo. No era por el trauma ligado a una vivencia específica, sino por las repercusiones constantes y los reflejos de pura supervivencia que ni siquiera sabes identificar conscientemente.

Me puse a seguirla por *Instagram* y a leer sus textos divulgativos sobre los traumas, porque me sentía muy identificada. Ella publicaba información sobre las terapias somáticas, el sistema nervioso y su conexión con los traumas. Yo no sabía nada de aquellos temas. Cuando mencionó el programa de terapia que empieza por el propio cuerpo, investigué al respecto y llegué a rellenar los datos para participar, pero al final me acobardé y no continué. Ahora, cuando repaso mi trayectoria, sé reconocer de qué maneras me condicionaba la vida aquella congelación funcional. Esa sensación de «Tengo que *hacer tal cosa... pero es que no puedo, ¡no puedo!*», era tremenda, como una muralla.

Total, que seguí a Brittany por las redes sociales y me propuse, al menos, ser mi propia *coach*. Mis estudios y mi profesión están relacionados con el aprendizaje y el desarrollo, de hecho, soy *coach* y asesora como parte de mi trabajo. Así que consideré que valía la pena poner a prueba aquellas técnicas conmigo. Pero pronto comprobé que la cosa no funciona igual en esas condiciones. La verdad es que no conseguía avanzar ni un paso. Todo seguía igual, yo continuaba atascada. Entonces fue cuando me convencí de que tal vez sí que me ayudaría acudir a la consulta de Brittany.

En mi primera sesión, me preguntó qué esperaba conseguir con el programa y de la cooperación entre las dos. Le confesé que lo que quería era que desapareciesen aquellas mariposas en el estómago, que me sentía atascada en todos los aspectos de mi vida. Y me respondió así: «Bueno, yo no te puedo prometer que esos sentimientos o esos impulsos vayan a desaparecer por completo, pero sí que podemos trabajar para mejorar tus capacidades para experimentarlos y tolerarlos. Para convivir con ellos, si es posible». Y eso mismo fue lo que sucedió. Todavía no entendía muy bien cómo funcionaba el método *Somatic Experiencing®*, pero Brittany me proporcionó las herramientas y me enseñó las actitudes necesarias para descubrir las peculiaridades de mi sistema nervioso y entender cómo condicionaba a diario mis reacciones, conductas, emociones y pensamientos.

En aquellos momentos yo creía firmemente que se podía resolver cualquier situación a base de reflexionar y reflexionar, de forma lógica y racional. Vamos, la clásica suposición que asume que el cuerpo físico no es racional y no sabe, no entiende nada. Había empezado a picotear en la terapia somática por mi propia cuenta, probando con distintas técnicas para anclarme en el presente y ampliar mis recursos, por ejemplo.

Al final logré dar con una o dos que me parecieron las más eficaces. Cuando me centré en mi cuerpo físico, con las herramientas que me fue dando Brittany, sí que me sentí más capaz de soportar las dificultades y las molestias. También aprendí que la terapia somática es un proceso, y cómo no, conlleva momentos de subidón y pasos atrás, es inevitable. Tu vida sigue adelante y existe el riesgo de que te bloquees otra vez. Fue justo lo que me pasó hace unos meses, cuando un asunto no salió como yo esperaba y la situación me arrojó de nuevo a la congelación funcional. Cuando ocurre eso, ahora sé que me puedo tratar con mucha más piedad y comprensión. Además, siempre puedo recurrir a mi vieja caja de herramientas para procesar los traumas por mis propios medios y así recuperar mi yo más funcional rápidamente. Y del mismo modo, puedo aplicar todas esas herramientas con mis hijos. Cuando me divorcié, estaban en plena adolescencia y les supuso un trago muy duro, no sabían cómo tomárselo ni qué le había ocurrido a la familia. Aunque entonces desconocíamos que teníamos a nuestro alcance estos recursos, hoy sí que puedo poner en práctica técnicas somáticas con ellos, que ya son jóvenes adultos, para ayudarles a abordar las dificultades.

En todo este recorrido, lo más importante es que he tenido que reaprender a quererme (a quererme a mí misma). Durante muchísimo tiempo, centré toda la atención en el cerebro y me olvidé por completo del cuerpo, cuando precisamente ese organismo había sufrido crisis terribles, no solo físicas sino también emocionales. Así que me propuse volver a demostrarle mi amor, cuidándolo y dejando de considerarlo un enemigo o una bestia que hay que domar y mantener bajo control. En mi juventud, practiqué deporte y me lo tomé bastante en serio, hasta competir en atletismo de fondo en la universidad. Me había pasado un montón de años vigilando cada comida y cada entrenamiento.

Por un lado, tenía un cuerpo que me permitía correr a velocidades de vértigo, pero también lo torturaba y lo condenaba a cierto abandono a base de restringirle constantemente las calorías y abusar del alcohol para atenuar la congelación que yo padecía.

Gracias al tratamiento junto a Brittany, me di cuenta de que la separación entre cuerpo y mente es un concepto artificial. Empezamos poco a poco y tuve que esforzarme para sentir y demostrar cariño por mi parte física. Me costó entender que dar espacio a los sentimientos no constituye una batalla.

No se trata de luchar, sino de permitir. Desde entonces, noto que mi vida ha mejorado en mil aspectos. He acabado por reconocer que yo no tenía ningún problema ni defecto irresoluble, que no había que repararme. Es más: a medida que le he ido dedicando más atención y cariño a mi cuerpo, me ha respondido con avances increíbles.

¿Cómo se manifiesta en el organismo físico?

Los rasgos más característicos de un estado de respuesta de congelación funcional mixto son, en primer lugar, la desconexión respecto del propio cuerpo y una posible disociación. Eso sí, tengamos en cuenta que todavía están disponibles las hormonas estimulantes de la respuesta simpática. Nos enfrentamos a una respuesta dominante de desconexión, combinada con una respuesta no dominante de lucha o huida. ¿Y cómo se presenta? Pues con la columna vertebral en posición neutra o recogida, junto con períodos en que la musculatura se tensa y en otros en los que se relaja. Más rasgos: escasa intensidad en la atención y vigilancia al entorno para detectar amenazas. En lugar de ello, suele ser común clavar los ojos en el suelo o mirar al infinito. El organismo desconecta la información sensorial (las señales percibidas se detienen en el tálamo) y segrega endorfinas para acallar el dolor. También segrega dinorfinas, que te ayudan a disociarte de tu mundo interior y aislarte del mundo exterior. El ritmo cardíaco es bajo, se ralentiza la respiración, la tensión arterial y la temperatura corporal también caen. Se aprecia palidez y frío en la piel y especialmente en las extremidades, ya que el riego sanguíneo se centra en el tronco para prestar apoyo a los órganos vitales durante esa especie de hibernación. Se inhibe o ralentiza el metabolismo del aparato reproductor y del sistema inmunitario.

¿Es un trastorno o una respuesta?

Diagnóstico más habitual (o erróneo): trastorno de la personalidad esquizoide o trastorno del espectro autista.

Mi experiencia atrapada en el estado de congelación funcional

Cuando empecé mi carrera profesional como ponente y oradora, me pasé muchísimo tiempo en escenarios donde me sentía completamente desconectada de mi cuerpo. Me criticaba por ello, me parecía que me comportaba como un robot. Recuerdo que aquellos primeros años me sentía muy confusa, no entendía por qué no me afectaba prácticamente ningún sentimiento ni emoción cuando hablaba sobre los episodios más duros de mi vida. Naturalmente, sabiendo lo que hoy sé, todo cobra mucho más sentido. Pues aquello fue el sistema que aplicaron mi biología y mi fisiología, de un modo muy inteligente, para protegerme de lo que percibían como estímulos demasiado fuertes.

Como yo estaba totalmente convencida y decidida a «curarme» y abrazar mis propias palabras y experiencias, empecé a trabajar con un *coach* especializado en el discurso e incluso me apunté a un club de oratoria (*Toastmasters International*) para pulir aquella parcela. Claro, lo que sucedió fue que mis intervenciones al tomar la palabra no cambiaron demasiado hasta que empecé con la terapia somática. Ahí sí que gané en expresividad, logré comunicarme mejor a través de la palabra e incluso acepté que brotasen las lágrimas cuando la situación las convocaba.

Eso sí, aquella no fue la única ocasión en la que me quedé atrapada en una congelación funcional muy prolongada. Pienso que me pasó algo parecido durante la etapa del juicio tras la violación. Fueron dos años en los que permanecí como adormilada, tan solo me animaba la bebida. Entonces estallaba la ira que yo me esforzaba por apaciguar. Pero en aquella época, quienes me rodeaban insistían una y otra vez en que yo era «muy fuerte» y que estaba sobrellevando el problema «muy bien». La manera en que logré sobrevivir a ese período fue ir superando uno tras otro los distintos trámites judiciales a base de silenciar mis sentimientos. Incluso recuerdo que, en pleno juicio, me llamaron a declarar y yo no sentí absolutamente nada cuando crucé la mirada con mi agresor, sentado en el otro lado de la sala. En aquel punto me había curtido tanto que ya era insensible. Al terminar el proceso judicial, concedí una entrevista a un grupo de periodistas locales que cubría el caso. Me acuerdo de que por la noche me senté a ver la tele junto a mis padres y justo entonces, los presentadores de las noticias se pusieron a comentar el juicio. Una señaló este detalle: «Hace un momento le dije a Dave [su compañero] que llevo 20 años cubriendo juicios similares y creo que jamás había visto a una víctima de violación tan serena, tan firme, capaz de mirar a la cara al violador y decirle "Tú eres el culpable y lo vas a pagar"».

A mí me parece que, en la actualidad, en el mundo tan moderno y tan desconectado de la naturaleza en el que vivimos, hay mucha gente que actúa así. Siguen adelante, pero sin que sus magulladuras sanen. Funcionamos y solventamos la rutina con el piloto automático puesto, con una apariencia de tranquilidad. Pero hemos cortado radicalmente la conexión con nuestra auténtica naturaleza, con esas emociones tan reales y productivas que intentan manifestarse para mantenernos anclados en la presencia, en la expresividad y en la recuperación.

UN REFUGIO FUERA DEL HOGAR

Ha llegado el momento de que empieces a considerar que tu personalidad atascada es un refugio, una segunda casa fuera de tu auténtico hogar. Porque ese último se encuentra en el estado ventral, en lo más alto de la escalera polivagal. Ahí es donde sientes conexión y seguridad, contigo personalmente y con el resto del mundo. Evidentemente, el objetivo final es liberarte de ese bloqueo, pero es natural que sientas atracción por la armadura en el futuro, porque constituye tu estado de protección dominante. Es normal, lógico y aceptable, no lo olvides. La regulación no significa que permanezcas en todo momento en la cúspide de la escalera, sino que seas capaz de subir y bajar con cierta facilidad, de un modo flexible y sin sufrir enganchones ni atascos.

MAPA DE LOS PERFILES PERSONALES POLIVAGALES

Basándose en el marco de la teoría polivagal, Stephen Porges y Deb Dana concibieron el *Mapa de perfiles personales*, que comienza por la capacidad para detectar fenómenos y ponerles nombres. O sea, captar una determinada emoción, un pensamiento, una conducta o una señal somática y saber identificar en qué estado te encuentras tomando esa información como referencia. Es un primer paso crucial para aprender el idioma que habla tu sistema nervioso y para ir abandonando de una manera intencionada y precisa el estado de desregulación. Antes de afrontar el proceso principal para sanar heridas, que veremos en el siguiente apartado de este capítulo, te propongo que rellenes tu propio *Mapa de perfiles personales* en la página 324 en el Apéndice A.

¿Dónde se originó tu armadura? Las lesiones primordiales

Aferré con las manos tensas el volante mientras me corrían las lágrimas. Me temblaban los hombros y tenía el pecho agitado, casi incapaz de respirar entre sollozos. Sucedió de camino al aeropuerto, tras despedirme de mi marido y mi hijo de dos años para irme a un viaje rápido de Dallas a San Francisco, donde tenía que intervenir en una conferencia en la Universidad de Sonoma State. Apenas iba a pasar una noche fuera de casa. Pero daba igual: me rompí y me hundí. Este tipo de crisis de pánico eran algo novedoso en mi caso. Empezaron a ocurrir poco después de que naciese Noah y se producían cada vez que tenía que separarme de él por algún viaje. El asunto me tenía perpleja, porque antes me había pasado la mayor parte de mi carrera profesional saltando de país en país, con separaciones respecto a mis seres queridos que se prolongaban durante meses... y nunca me había afectado así.

Eran unas reacciones emocionales tan intensas que tuve que hablar muy en serio sobre el tema con mi marido y con el agente que llevaba mi agenda de citas y conferencias. Me llegué a plantear si debía dejar aquella parte de la profesión, para ahorrarme los desplazamientos. Y eso no eran minucias: las conferencias y similares eran un ingrediente vital para mí, desde siempre. Me apasiona intervenir en directo y jamás había contemplado la posibilidad de cerrar ese capítulo. Me llegué a acostumbrar de tal modo a los ataques de pánico que incluso planificaba los viajes con cierta estrategia y teniéndolos en cuenta. Los daba por supuestos. Así que no me maquillaba hasta llegar al destino, porque si no, las lágrimas me dejaban la cara hecha un espanto. Me ponía siempre una chaqueta o una sudadera con capucha, para esconder el rostro enrojecido y lloroso en el aeropuerto. Descubrí que lo mejor era tomar siempre el vuelo más temprano de la mañana, así podía gimotear oculta en la penumbra, sin que nadie me viese.

Sin embargo, lo que no sospechaba aquel día, camino del avión, era que aquel viaje sí me reportaría algo que no había encontrado en ninguno de los anteriores: claridad mental. Estacioné en el aparcamiento de la Terminal A, donde encontré un huequecito discreto entre la marea de coches. Tenía tiempo de sobra hasta que despegase el avión, así que recliné el asiento y me hice un ovillo para llorar a gusto. Lo siguiente que capté fueron los acordes nostálgicos de una canción de Lee Ann Womack titulada «I Hope You Dance» que empezó a sonar en la radio. En una fracción de segundo, me catapultaron de regreso al año 2000. En mi mente se dibujó una silueta borrosa: yo misma, con 11 añitos, como si reprodujese una cinta de vídeo antigua grabada en mi infancia. Me observé como si reviviese los recuerdos de la vida de otra persona. Vi a aquella chiquilla sentada en la cama, con un regalo de su madre en las manos: era un libro de poemas y textos que pretendían inspirar emociones. Y se titulaba *I Hope You Dance* («Espero que bailes»). Era un recuerdo sentimental que su madre le había entregado; quería que ella lo heredase para animarla a «seguir bailando, seguir viviendo, seguir adelante aunque la vida sea difícil». La cámara hizo *zoom* en aquel primer plano y pude apreciar su rostro con más nitidez. Se la notaba triste, sumida en la soledad, con un anhelo en el pecho. Quería que su madre estuviese junto a ella.

Entonces me llevé la mano al corazón, que palpitaba como loco, casi lo mismo que había experimentado en la sesión de trabajo somático centrada en las vivencias en el útero, de la que ya te hablé en el capítulo 4. Las piezas del rompecabezas que revoloteaban por mi cerebro fueron encajando suavemente hasta encontrar su lugar. En apenas un puñado de segundos, todo cobró sentido. La preocupación y la ansiedad que asomaban a la superficie cada vez que tenía que alejarme de Noah eran una huella traumática del pasado, que había desencadenado la experiencia vivida durante mi infancia, cuando mi madre tenía que irse a trabajar (y residir) a otro estado de lunes a miércoles, todas las semanas. En mi mente consciente jamás le había dedicado mucha reflexión ni atención al asunto, jamás se me había ocurrido que aquél podía ser el motivo de un malestar subyacente, de un dolor pendiente de digerir. Y resulta que así era, y en esa tesitura estaba yo. Se trataba de una parte de mí más joven, que revisitaba emocionalmente aquellos momentos cada vez que yo tenía que irme y dejar a mi pequeñín en casa. Aunque yo sea perfectamente consciente que esto no es cierto, esa Brittany más joven, en su fuero interno inconsciente, había asumido que la ausencia de su madre equivalía a que la abandonase. Lo interpretaba como que ella, Brittany, no merecía cariño y estaba sola en el mundo. Otra capa más de dolor que explorar, tratar y sanar.

El vuelo a San Francisco duró unas cuantas horas y desde luego, estuvo lleno de emociones, pero también fue terapéutico. Me acuerdo como si fuera ayer de que llamé a mi madre desde el coche de alquiler, con el manos libres puesto mientras cruzaba el puente *Golden Gate*. Le comenté con toda franqueza la epifanía que acababa de experimentar esa misma mañana. Me eché a llorar y, entre suspiros y quejidos, le confesé: «Entonces no me daba cuenta, pero ahora pienso que lo que pasaba era que te echaba mucho, mucho de menos».

A continuación se desarrolló un diálogo entre ambas partes, presidido por el cariño y la sinceridad. Ante mi dolor y mi angustia, reaccionó con comprensión y ternura. Me pidió perdón por aquellas ausencias y me explicó con más detalle por qué había tomado una decisión tan dura en aquella época. Para mí, ese contexto supuso la oportunidad de ofrecerle mi perdón y mostrarle compasión, incluso hasta de valorar lo que había hecho aquella versión de mi madre. Pero la cosa no termina ahí.

Después de aquel viaje, desaparecieron los ataques de pánico y se alivió la angustia que me provocaba tener que dejar a mis hijos. Por fin había conseguido despojarme de aquella armadura, que me aprisionaba para defenderme y que llegó a obligarme a sopesar si abandonar una trayectoria profesional que me encantaba.

Pues bien, gran parte de la gente que transita o ha llegado al final de la senda de la recuperación tiene una historia parecida. Cuando empezamos a retirar piezas de la armadura que nos ha blindado y aislado de sufrimientos terribles, descubrimos que las heridas primordiales no siempre son fáciles de ver. A menudo permanecen invisibles aunque asumamos que deberían ser obvias, notorias y flagrantes. Yo me había dedicado durante un montón de años a tratarme centrándome en los traumas más fáciles de identificar, como la pérdida de mi hermano o la violación. Y como consecuencia, había pasado por alto algunas experiencias dolorosas que me acompañaban de manera crónica, escondidas en la fisiología y la mente.

En el apartado que viene ahora aprenderás a explorar esos momentos e indagar por tus propios medios. Así tendrás en tus manos la posibilidad de recurrir a lo que yo llamo «El Cuestionamiento de las tres Cs»: curiosidad, contexto y compasión. Cuando examinamos con curiosidad la armadura que llevamos (o sea, nuestros patrones de protección), conocemos mejor en qué contexto se formó. A su vez, ese contexto nos brinda la oportunidad de sentir una autocompasión mejor medida y más fundada, en lugar de ceñirnos a ejercer críticas y juzgarnos sin piedad.

En mi caso, en lugar de machacarme por las (escasas) ocasiones en que me asalta la ansiedad cuando viajo o ponerme a elucubrar «¿Por qué soy así?» en plan hipercrítico, cuando a la Brittany joven le da por manifestarse, ahora soy capaz de encararla de una manera más compasiva. Le he creado un espacio de cariño y comprensión a esa versión más joven de mí misma, porque sé que lo único que quiere es protegerme.

Un aviso antes de empezar a trabajar sobre tus lesiones primordiales

Vamos a comenzar a trabajar con las lesiones primordiales, así que ahora te sugiero que te trates de un modo especialmente cuidadoso. Nada de brusquedades. Básate en todos los recursos que tengas a mano y haz la experiencia tan progresiva como puedas. Céntrate en un solo patrón de protección a la vez, date tiempo y espacio de sobra entre sesión y sesión. Una semana como mínimo. Esa labor de investigación tan íntima para analizar los patrones que menos ganas tienes de enfrentar puede hacer que broten sensaciones, emociones y recuerdos difíciles asimilar. Más o menos estos son los avisos y las recomendaciones más típicos que suelo aconsejar al empezar con este proceso:

1. Ten todos tus recursos y herramientas a mano. Antes de centrarte en explorar una lesión primordial, recopila recursos. Haz las pausas que sean precisas para equiparte y apóyate con firmeza en esos recursos al final. El recurso en cuestión puede ser un objeto muy querido, una persona o una mascota que te acompañen y te

ayuden a corregularte, que te permitan reflejar lo que sientes hacia el exterior para orientarte según la naturaleza y tus sentidos, etc.

» Infórmate a fondo sobre los recursos en la página 202 de la Parte II, para tener toda la información bien presente antes de comenzar.

2. Aunque sea difícil y quizás todavía imposible, ¿podrías intentar lo siguiente?:
   » Date las gracias por blindarte tal y como fue necesario para sobrevivir.
   » Valora cuánto tiempo necesitaste para darte cuenta de que la batalla había terminado.
   » Recuerda que te protegiste de las únicas maneras que conocías y tenías a tu alcance en ese momento.
3. Tómate tanto tiempo como haga falta. Si en algún momento el proceso se vuelve insoportable, déjalo y retómalo cuando te sientas con fuerzas.

Tus patrones de protección

Debes contemplar tu armadura como el conjunto de patrones de protección o estrategias para lidiar con las situaciones que te sirvieron para conseguir la seguridad en un momento dado pero que, en la actualidad, pueden ser un estorbo e incluso resultar perjudiciales para ti. Debes considerarlos como síntomas de traumas que todavía no han sanado. Entre los patrones de protección más comunes figuran plegarse a los deseos de otras personas, aislarse, automedicarse, rechazar el amor de otras personas, cometer excesos con la comida (o castigarse comiendo menos de lo imprescindible), procrastinar y dejarlo todo para mañana, sufrir arrebatos de rabia, rendirse y renunciar voluntariamente a tu carrera profesional, ceder a la codependencia, apegarte a parejas que no te tratan bien o abusan de ti, y muchos otros. Te lo creas o no, adquiriste todas esas conductas en cierto punto con el objetivo de ayudarte a sobrevivir a unas circunstancias difíciles de soportar. Y ahora, ¿cómo se puede cambiar ese panorama?

Porque no bastará con cambiar la conducta para resolver o sanar estos patrones. Es necesario hallar cuál es la raíz de los síntomas. Por ejemplo, imagina que te estás pasando con el alcohol para soportar mejor la situación, así que decides dejar de beber por completo. Pero por desgracia, tres meses más tarde cometes excesos con los analgésicos que tomas. Esto se denomina sustitución de síntomas, gestión de síntomas o modificación de la conducta. En esencia, saltas de un patrón de protección mal ajustado para adoptar otro distinto porque no has asimilado, digerido ni curado la causa raíz, o sea, la lesión primordial. Cuando permanecen latentes, esas lesiones generan patrones de conducta, reflexiones, emociones y convicciones que contribuyen a encerrarte y atraparte en los estados de protección del pasado. Estas son las reacciones implícitas y los comportamientos por los que te vigilas y te criticas, pero que eres incapaz de abandonar.

Lesiones primordiales: una cebolla de mil capas

En cuestiones de terapia, la cebolla es una metáfora bastante habitual. Y en este caso, nos sirve para entender cómo es la estructura de las lesiones primordiales. En el corazón de la cebolla late un trauma o una experiencia pasada, que forma las siguientes láminas para defenderse del exterior:

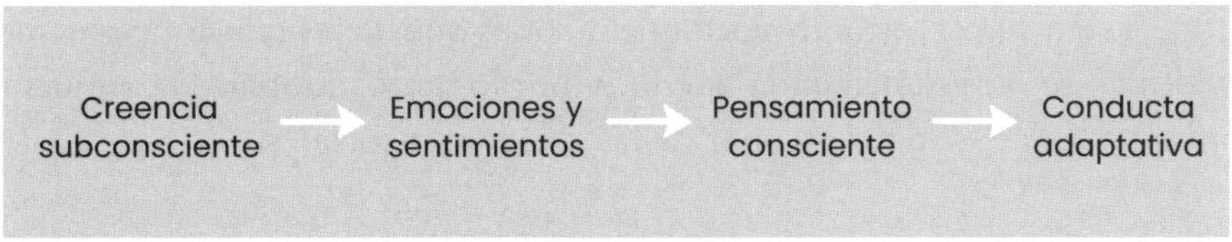

También se podría definir así:

- **Lesión primordial:** el trauma que arrastras, que puede estar compuesto por varios sucesos o experiencias.
- **Creencia limitante o restrictiva (subconsciente):** tu lesión primordial te instila una creencia subconsciente acerca de ti personalmente, de otras personas o del mundo.
- **Emociones:** la creencia limitante (subconsciente) genera una emoción que sientes en tu cuerpo.

- **Pensamiento (consciente):** la emoción origina un pensamiento consciente (o una narrativa) en tu mente.
- **Conducta adaptativa:** el pensamiento consciente (o narrativa) provoca una conducta impulsiva.

Aquí cabe resaltar dos detalles: en primer lugar, la capa más exterior de la cebolla es tu conducta adaptativa, lo que el resto del mundo ve en la superficie. En segundo lugar, tus pensamientos subconscientes a veces difieren y se separan de las creencias subconscientes. Dicho con otras palabras, no siempre crees en lo que piensas y no siempre piensas en lo que crees. Veamos un ejemplo: en el plano subconsciente, puedes tener la firme convicción de que siempre acabarás por fracasar, pero tu mente consciente te insiste en que eres capaz de cualquier cosa... así que, de cara al exterior, aparentas una gran confianza en tus posibilidades. Pero al final, siempre te autosaboteas (o sea, te proteges) porque las creencias asumidas en el subconsciente (y condicionadas por el impulso primario del sistema nervioso) siempre se imponen.

Vamos a examinar un ejemplo rapidito de la cebolla con todas sus capas, para que quede más claro todo. Si en tu infancia nadie atendió a la lesión primordial que te afecta, habrá creado una creencia limitante subconsciente según la cual no te mereces el cariño de nadie. A su vez, esa convicción es la semilla de una emoción, una especie de vergüenza tóxica. Y a su vez, esta provoca que razones que de las relaciones personales no se saca nunca nada bueno. Y por lo tanto, adoptas la conducta adaptativa de evitar y escapar de las relaciones sociales.

Tus cinco principales patrones de protección

¿Cuáles son las cinco conductas más destacadas que aplicas para adaptarte al mundo pero que, en tu opinión, ya no resultan útiles? Considéralas estrategias para adaptarte a distintas situaciones. Una pista: quizás hayas detectado algunas de estas conductas en el ejercicio de reflexión titulado «Ponerles nombre a las reacciones» que hicimos al final del capítulo 4. Anota los patrones de protección por orden, empezando por el más habitual en tu caso (n.º 1) hasta el menos común (n.º 5).

1. ____

2. ____

3. ____

4. ____

5. ____

Ahora, teniendo muy en cuenta que todo debe ser progresivo, vamos a empezar por el comportamiento de adaptación menos habitual y lo iremos incorporando a la fórmula de las lesiones primordiales. Deberías comenzar por el comportamiento de adaptación que provoca menos alteraciones en tu vida. Ahora fíjate en ese patrón de protección y piensa en una ocasión reciente (no ligada a un trauma) en que realmente te diste cuenta de que lo ponías en práctica. Veamos un ejemplo: vamos a suponer que te aíslas. Mientras reflexionas sobre ese recuerdo, vamos a encuadrar la acción en forma de afirmación, añadiendo siempre la palabra «porque». Le añadiremos una y otra vez esa palabra a cada afirmación hasta que lleguemos a un callejón sin salida. ¿Y qué es un callejón sin salida? Pues un punto en el que ya no se te ocurre una respuesta para continuar, o bien cuando empiezas a saltar de las creencias o los razonamientos a los hechos o experiencias.

Aquí tienes un escenario típico de aislamiento:

- Me aíslo *porque...* no quiero que la gente me vea.
- No quiero que la gente me vea *porque...* no quiero que nadie me juzgue.
- No quiero que nadie me juzgue *porque...* siento emociones y eso me vergüenza.
- Me avergüenza experimentar emociones *porque...* demostrar las emociones propias es una debilidad.
- Demostrar emociones es una debilidad *porque...* eso es lo que me enseñaron y ejemplificaron en mi infancia.
- Eso es lo que me enseñaron y ejemplificaron en mi infancia *porque...*

Vamos a detener la práctica aquí, porque ya estamos hablando de hechos o experiencias y no citando una idea o creencia generalizada.

Cuando lleguemos a un callejón sin salida, nos plantearemos esta cuestión: ¿qué edad tenía yo aproximadamente cuando sucedió eso que recuerdo? Dirige esa pregunta hacia la última creencia o idea que hayas encadenado. Cuando te la plantees, puedes empezar por hacer memoria y recordar cómo era tu vida en esa época y en qué circunstancias te encontrabas. Así iremos revelando cuál es la lesión primordial.

Sigamos con el ejemplo:

> ¿Qué edad tenía cuando sucedió esto que recuerdo (aprender que demostrar emociones *es una debilidad)?*
>
> Recuerdo que tendría unos seis años cuando noté que lo mejor que podía hacer era callarme las emociones que sintiese, porque mis padres estaban en pleno divorcio y me decían que cerrase la boca constantemente, porque no tenían tiempo para mis problemas. Por tanto, cuando sentía alguna emoción fuerte, me escondía en mi cuarto para asumirla a solas o la silenciaba por completo. Y ahora, cuando ya en edad adulta se me despierta alguna emoción, la aíslo y repito ese mismo procedimiento. Además, tuve una pareja que se mostraba especialmente distante cada vez que en mí afloraba alguna emoción. Aquello reforzó esa conducta y me convenció todavía más de que las emociones no son fáciles de aceptar.

Bien, ahora que has identificado cuál es tu lesión primordial, el siguiente paso consiste en consolidar todas las capas de la cebolla (o sea, las frases que has ido encadenando).

Hasta el momento, hemos identificado la conducta, la lesión primordial o trauma original (puede ser uno o pueden ser varios) y la creencia limitante subconsciente. Esta última es la afirmación o frase más profunda, la que precede al callejón sin salida. En este caso fue «Demostrar emociones es una debilidad». Ahora lo que nos falta es señalar cuál es la emoción y cuál es el pensamiento consciente.

Ahora vamos a centrarnos en el pensamiento consciente. Fíjate bien en las capas o frases restantes que hemos enumerado antes y pregúntate qué historia te parece más real o más relevante. O sea, ¿cuál de todas esas ideas destaca entre las demás? Supongamos que, en este ejemplo, la que destaca es «No quiero que nadie me vea». Por último, hay que buscar cuál es la emoción. Para esto basta con examinar cómo te sientes cuando te pones a analizar ese patrón de protección y ese recuerdo. ¿Qué se te viene a la mente? En este escenario, podríamos asumir que se trata de vergüenza o bochorno. El último paso sería conectar todas las capas:

- **Conducta adaptativa:** *aislamiento.*
- **Pensamiento:** *no quiero que nadie me vea (ni a mí ni a mis emociones).*
- **Emociones:** *vergüenza.*
- **Creencia limitante o restrictiva:** *las emociones son una debilidad (o no es aceptable mostrarlas en público).*
- **Lesión primordial:** *cuando tenía seis años, tenía que guardarme las emociones y ocultarlas porque mis padres se estaban divorciando y me decían que cerrase la boca constantemente, porque no tenían tiempo para mis problemas. Por tanto, cuando sentía alguna emoción fuerte, me escondía en mi cuarto para digerirla o la silenciaba por completo. Y ahora, cuando ya en la edad adulta se me despierta alguna emoción, me aíslo y repito ese mismo procedimiento. Además, también tuve una pareja que se alejaba de mí o se mostraba distante cuando yo manifestaba emociones, lo que reforzó esa conducta y me convenció todavía más de que las emociones no son fáciles de aceptar.*

Para resumir la lesión primordial, podríamos quedar en algo como esto:

> Me aíslo porque no quiero que nadie me vea (ni a mí ni a mis emociones). No quiero mostrarlas en público porque pienso que las emociones suponen una debilidad (o no es aceptable darles rienda suelta en público). Aprendí y adquirí esta conducta a la edad de seis años, cuando mis padres estaban en proceso de divorcio y rechazaban que demostrase mis propias emociones. Posteriormente, tuve una pareja que hacía lo mismo. Cuando me aíslo, lo que siento es vergüenza y desaprobación, bochorno.

¿Qué expone en tu caso el resumen de tu lesión primordial? Ponlo todo por escrito y reflexiona. ¿Tienes ahora una perspectiva distinta sobre ese patrón de protección? ¿Te ayuda a dilucidar y entender que ese patrón tiene lógica y que, de hecho, tiene sentido para ti? Los métodos que hayas puesto en práctica para ayudarte a sobrevivir y superar cualquier situación también tendrán su lógica. Y en adelante, la próxima vez que experimentes ese patrón de protección, te animo a que apliques el cuestionamiento de las Tres Cs:

1. **Curiosidad:** en primer lugar, cuando te enfrentes a la conducta específica, hazlo con curiosidad. Empieza por preguntarte qué narrativas y qué sentimientos estás percibiendo cuando ese impulso o esa reacción afloran. A continuación, investiga qué factores reales hay presentes en ese momento que confirmen esos pensamientos, emociones y creencias.
   » Como hemos mencionado anteriormente, un impulso desencadenante (que podemos considerar como una regresión emocional a una edad anterior) nos indicará que estamos en peligro, pero en realidad, a menudo lo que ocurre es que estuvimos en un peligro similar en un momento anterior de nuestra vida. En este ejemplo concreto, si en un momento dado empiezas a sentir emociones que pueden llegar a ser muy fuertes mientras estás con tus hijos y te asalta el impulso de rendirte y aislarte y refugiarte encerrándote en tu dormitorio, tómate un respiro (no es fácil, tal vez requiera práctica) y pregúntate: ¿qué pruebas tengo en este momento de que mis sentimientos *son considerados por otras personas como una debilidad* o *que les parecen inaceptables?* Si te pica la curiosidad e investigas sobre esas narrativas y creencias limitantes, lo más probable es que descubras que no suelen ser ciertas en las circunstancias concretas del presente.
2. **Contexto:** la labor de investigación te lleva al contexto, o sea, al porqué que origina tu impulso reflejo, tras reconocer que no se trata más que de la manifestación de un antiguo patrón de protección, activado subconscientemente para salir en tu auxilio.
3. **Compasión:** conocer el contexto te brinda la oportunidad de dedicarte unos instantes de compasión en lugar de caer en juicios severos.

Cuando aprovechamos los momentos en que podemos aceptar y validar esos impulsos, podemos comenzar a separar esas herramientas de protección de nuestro yo más joven de las partes de nuestro yo que sí están reguladas y que viven en el presente. Aquí tenemos la oportunidad de entender que la armadura no siempre hay que llevarla puesta. Y que en momentos incómodos, tenemos la capacidad y la resiliencia necesarias para vivir una experiencia diferente. Por ejemplo, en este escenario específico, para experimentar y comprobar que tus hijos sí aceptan que muestres tus emociones. Ese nuevo dato empírico nos aporta lo que podríamos denominar una «experiencia desconfirmante», siempre y cuando no reforcemos los patrones de supervivencia que arrastramos, sino que nos esmeremos por vivir nuevas experiencias que desmientan la necesidad constante e imperiosa de blindarnos con la armadura de siempre.

Este es el primer paso para crear una dinámica distinta para relacionarte con los traumas. Trabajar sobre las lesiones primordiales permite deslindar pasado y presente, separarlos y tomar consciencia de que sí es posible experimentar seguridad, conexión y resiliencia hoy, aquí y ahora. El siguiente paso del viaje será pasar de la percepción consciente de nuestros patrones al procesamiento subconsciente y somático de los mismos. De ese modo, le iremos permitiendo al sistema nervioso que vaya procesando y cerrando en el presente, poco a poco, esos asuntos pendientes que en el pasado le resultaban demasiado duros para asumirlos.

Práctica: detectar y poner nombres

Durante la próxima semana, debes practicar este ejercicio una vez al día:

1. Presta atención y detecta en qué piensas, qué sentimientos notas y cómo se siente tu cuerpo físico.
2. Identifica en qué peldaño de la escalera polivagal estás. ¿En qué estado te encuentras?
3. Ejercita la curiosidad. ¿Qué quiere tu sistema nervioso que sepas en estos momentos? ¿Qué historia trata de contarte?

CAPÍTULO 8

La agresividad saludable y la fuerza vital: aprende a asumir y ejercer tu poder

El trauma nos desconecta de nuestro yo porque nos resultaría demasiado doloroso sentirnos tan humildes e impotentes.

—Peter Levine

Me clavaba los deditos y me arañaba el pecho mientras yo lo soportaba entre muecas de dolor. Shia (se pronuncia «Shai-a») tenía tan solo seis meses, la misma edad a la que Noah también había empezado a usar su fuerza, a practicar con su agresividad saludable. O como lo llama Peter Levine, su energía, su vitalidad. Aproximadamente a esa edad, el cuerpecillo de los bebés ya cobra cierta fuerza física, una fuerza que está en su fisiología y que también se refleja en sentido de identidad. Se notaba en la manera en que Shia empujaba y se deslizaba como podía arrastrándose por el suelo, en cómo intentaba incorporarse apoyándose contra distintos objetos, en su forma de sacudir y golpear los juguetes con saña, aplicando toda su fuerza. En la manera en que me apartaba la cara cuando se hartaba de mis besitos, en los instantes en que alzaba la voz y soltaba aquellos alaridos breves y esporádicos... y claro, en sus golpes, arañazos y pataditas mientras yo le daba el pecho. Era un bebé fuerte, no había duda, lo dejaban bien patente los arañazos, cortes y moratones que yo lucía.

En 1912, Sigmund Freud etiquetó la agresión con un sentido fisiológico: la definió como «una conducta hostil o destructiva». Destructiva para quienes nos rodean, pero también para nuestro yo. Así pues, no sorprende que haya gente que pueda considerar las agresiones de Shia como algo inherentemente hostil y destructivo y, por tanto, la califiquen como «un bebé difícil», porque nos afecta el condicionamiento de la perspectiva que dicta qué conducta es «buena» o «apropiada» entre seres humanos. Pero la impronta de la naturaleza no solo indica que este es un comportamiento perfectamente normal, sino que es vital y necesario para su desarrollo. Si nos fijamos en lo que ocurre en la naturaleza, resulta que los etólogos han descubierto que, en los animales, la agresividad aporta ventajas biológicas para la supervivencia, a la hora de asegurar y defender el territorio, conseguir comida y agua, protegerse y proteger a las crías (o a la manada). Y también proporciona beneficios en cuestiones de reproducción; de hecho, es habitual que los machos se peleen por las hembras y que se imponga el más fuerte. Somos animales, humanos pero animales, así que nos apoyamos en una agresividad saludable y en nuestra fuerza vital de un modo similar: para definir y defender límites (nuestra versión del «territorio»), para defendernos a nosotros mismos o a otras personas (nuestra manada), para expresar y pronunciar nuestros intereses, para hacernos oír (lo que atrae conexiones más profundas y saludables) y para impulsarnos, para progresar en la vida.

Esa energía, ese impulso, es lo que nos ayuda a avanzar, a seguir adelante y conseguir lo que necesitamos en la vida. De hecho, si nos detenemos a analizar la palabra «agresión», resulta que viene del latín y es el resultado de unir dos palabras, «ad» y «gradi», cuyo significado literal es «poner pie en» y que cabría traducir libremente como «dar un paso hacia algo, ponerse en movimiento». En francés lo llaman «élan vital», o sea, «energía vital» o «fuerza vital». Y en las tradiciones yóguicas se emplea el concepto «prana», un término sánscrito que se traduce como la «fuerza o energía vital» que late en la respiración, en el cuerpo y en el mundo que nos rodea.

Sin esa energía, que está ligada fisiológicamente a una agresividad y una fuerza saludable, el ser humano se queda atascado, sin impulso para participar en el mundo y disfrutar de una vida con sentido, tal y como desea. Disminuye la vitalidad.

Y ese es precisamente el atolladero en el que muchas personas se encuentran actualmente: con la armadura puesta, desconectadas de su yo interior y, por tanto, desconectadas de su propia fuerza vital. En vez de sentirla y dominarla, permanecemos encerrados en jaulas que hemos creado nosotros mismos, donde prima la supresión de impulsos e instintos y rigen las normas de la más estricta supervivencia. El objetivo del proceso de tratamiento mediante las terapias somáticas es regresar al cuerpo físico, recuperar el contacto con esas partes de nuestra persona que tanto hemos echado de menos. Porque nuestro organismo físico atesora una enorme sabiduría, no solo ligada a la sanación, sino también para vivir, sin más. En este capítulo ahondaré sobre el tema de la fuerza vital y la agresividad saludable: explicaré cómo se extingue a una edad temprana, cómo nos la arrebatan y cómo es posible recuperarla y hacernos con el poder.

Cuando la fuerza vital se ha apagado a una edad muy temprana

Desde la más tierna infancia, es el cerebro quien decide cómo debemos plantarnos y actuar en el mundo y cómo no. La mayoría de los comportamientos, los impulsos y las creencias subconscientes habituales se forman durante los primeros años de vida, incluso antes de que seamos capaces de pensar conscientemente o aprendamos a hablar. Es en los primeros capítulos de la vida cuanto se construye nuestra percepción del propio yo, la percepción que tenemos de otras personas y la imagen del mundo. Y a través de esas experiencias somáticas e implícitas (no explícitas) también se moldea una trayectoria general que condicionará si estamos preconfigurados para priorizar la supervivencia o para expresar la vitalidad.

Vale, entonces, ¿cómo se asfixia nuestra fuerza vital (esa energía, esa agresividad saludable, esa vitalidad) durante la etapa más temprana de la vida? El catálogo de escenarios potenciales es infinito, así que nos centraremos en los más corrientes:

- **Trauma intergeneracional.** Es posible que llevemos a cuestas impulsos y creencias subconscientes heredados que nos afectan a nivel celular y nos predisponen a debilitar nuestra fuerza o agresividad saludable. Las experiencias que vivimos en la infancia pueden consolidar esa tendencia. Esto se aprecia, por ejemplo, en hogares donde la relación con la furia está marcada por la elusión y la eliminación total. En la práctica, serían entornos donde la criatura crece rodeada de cuidadores que evitan aplicar la agresividad saludable, no ponen límites ni cierran los ciclos de ruptura y reparación (como una discusión o un desacuerdo). Como consecuencia, el niño o la niña interioriza que la agresividad saludable no es normal o es inaceptable. También se ve en niños que proceden de familias que han sufrido traumas sociales y sistémicos prolongados generación tras generación, porque sus antepasados formaban parte de un grupo marginalizado por la esclavitud, la guerra, un genocidio, la colonización, la inmigración u otro fenómeno.

- **Trauma en el útero.** Los traumas sufridos durante los meses que se pasan en el útero pueden fomentar el bloqueo, la desconexión y la disociación en la biología del bebé, alterando el desarrollo de la agresividad saludable. Ejemplos de trauma en el útero son la exposición de la madre a un trauma o a situaciones de estrés extremo, el consumo de drogas o la presencia de toxinas en el útero, la privación de oxígeno durante la gestación o el parto, un nacimiento prematuro o la aplicación de procedimientos médicos específicos durante el embarazo, el parto o el propio alumbramiento.
- **Trauma del desarrollo.** Puede darse cuando algo arruina o pone en peligro las condiciones que es preciso reunir para desarrollar una resiliencia y una capacidad de regulación sanas. Algunos ejemplos serían la exposición a peligros constantes, a abusos o maltratos, o bien la presencia de adicciones en el entorno, padecer dejadez o abandono en los cuidados, sentir que se es un hijo no querido, la separación de la figura materna para un bebé recién nacido o durante los primeros meses de vida (lo que interrumpe el nexo de apego), repetidas faltas de sintonía por parte del cuidador, aplicación de procedimientos médicos durante el primer año de vida, madres que sufren de forma crónica ansiedad, distracciones, depresiones o que permanecen desconectadas de sí mismas, exposición a cuidadores incapaces de autorregularse, la muerte de un progenitor o de un hermano gemelo, el nacimiento de hermanos sin apenas margen o un proceso de divorcio a edad muy temprana.

A continuación citaré varios ejemplos sutiles y cotidianos de cómo se acalla y anula nuestra fuerza vital o agresividad saludable desde los primeros instantes de vida:

- Se nos condiciona y educa para suprimir la agresividad saludable. Vamos a fingir por un instante que esos arañazos, esas pataditas y esos golpes con que Shia me obsequia cada vez que le doy el pecho resultasen insoportables, que fuesen demasiado para mi sistema nervioso. Que su agresividad me empujase hasta desregularme en cada una de esas ocasiones. Si fuese así, yo podría responder chillándole (lo que podría sorprenderla o asustarla) o apartándola de mí para alejarme de allí, por pura frustración (y eso también la asustaría). Tras vivir esa experiencia de forma repetida, en su cerebro y su sistema nervioso tan jóvenes y en plena formación se empezarían a interiorizar y consolidar la creencia subconsciente de que expresar la fuerza, la vitalidad y la agresividad saludable conducen a la inseguridad, que manifestar esas cualidades suscita rechazo y que para mantenerse apegada, incluida y aceptada en la tribu tendría que aprender a suprimir ese impulso.
  Si este patrón se prorrogase durante sus años formativos y mi propia desregulación se hiciese patente cada vez que ella expresase alguna forma de agresividad saludable, Shia se iría desconectando progresivamente de su propio yo. Esa respuesta implícita la acompañaría en las etapas ya posteriores de su vida adulta, atenuando y debilitando hasta anular su carga simpática y su fuerza vital agresiva, lo que acabaría provocando una catarata de problemas para las relaciones sociales, para su salud física y también su salud mental.
  Por fortuna, yo sí que sé cómo sintonizar con la agresividad saludable de Shia. Me esfuerzo por conducirla hacia un estado mixto donde predomina el espíritu del juego (el cual, como hemos aprendido, combina la experiencia estimulante del reflejo simpático de lucha o huida y la experiencia segura y conectada del estado ventral) donde ella puede expresar esa fuerza y experimentar sus resultados, dándole rienda suelta y fortaleciéndose a mi lado. ¿Y cómo lo hago?

Pues cuando intenta echarme las manitas a la cara, se las sujeto. Y cuando flexiona las piernecitas para darme una patada, se las agarro y se las estiro. Pero en todo momento le confirmo que es muy fuerte y la elogio por ello, todo entre sonrisas y carcajadas, que la hacen sentirse segura.

ESPACIO PERIPERSONAL

Durante los primeros meses de vida, los bebés movilizan con frecuencia sus extremidades. Al principio es por puro acto reflejo, pero luego es por voluntad propia, en parte debida a que quieren expresar su fuerza y su vitalidad. Esos movimientos los ponen en contacto con sus propios cuerpos y con los objetos y personas que tienen alrededor. Pueden parecer poca cosa, pero esos ejercicios en ese momento son un ingrediente esencial para que exploren y conozcan mejor el mundo que los rodea, pero también para que se conozcan mejor a sí mismos. Para interactuar con el entorno de manera eficaz es imprescindible fijar un concepto de nuestro propio organismo. Eso implica conocer la posición, la velocidad y el alcance de cada extremidad, así como de la relación espacial con el entorno que nos rodea. El espacio peripersonal es el área que circunda a nuestro cuerpo, hasta donde alcanzaríamos con las extremidades. Vamos, es como tu burbuja personal, y es otro factor crucial de todo esto. Reconocer cuáles son las fronteras y la extensión del espacio peripersonal es fundamental para mantener interacciones físicas y sociales, así como para otras experiencias cotidianas.

- Debido a la vergüenza tóxica, la sociedad nos educa y condiciona para suprimir la agresividad saludable. Levine a menudo señala la diferencia existente entre la vergüenza saludable y la vergüenza tóxica. En los primeros años de vida, hay dos tipos de vergüenza: una que es saludable y beneficiosa, y otra que es tóxica y perjudicial. Por ejemplo, cuando quienes nos cuidan nos proporcionan una guía, unas instrucciones y unos límites firmes con cariño y una buena conexión, lo que sentimos es vergüenza saludable. Imagínate que tengo que hacerle un reproche a mi hijo Noah, que tiene tres años, y le digo, muy seria: «Noah, no se juega con cuchillos afilados, porque te puedes hacer daño. Y mamá no quiere que te lastimes. Así que mejor voy a guardar estos cuchillos. No quiero que vuelvas a jugar con ellos, ¿vale?». Enfoco la situación y el mensaje con claridad y conexión. Desde su perspectiva, Noah percibe que la situación es segura y que estamos conectados, lo que le permite acceder a su cerebro en proceso de aprendizaje.

Por el contrario, este podría ser un ejemplo de vergüenza tóxica: «¡Noah! ¿Se puede saber qué estás haciendo? ¿No se te ocurre otra cosa? ¡A tu cuarto, ahora mismo! ¡Y que no te vuelva a ver tocar los cuchillos!». Este enfoque no se comunica desde un plano de seguridad y conexión, así que activa su amígdala (el centro cerebral del miedo) y provoca que el cerebro de Noah, que está en pleno desarrollo, se desconecte. No aprende nada, pero es que además, queda traumatizado por el suceso y encima condenado a procesarlo a solas. El doctor Gabor Maté avisa: «Los niños no se traumatizan por el dolor. Se traumatizan porque se quedan a solas con ese dolor».[1] A largo plazo, un estilo de crianza y paternidad marcado constantemente por la desvalorización, la humillación o la denigración y el rechazo, provocaría que Noah tuviese graves dificultades para desarrollar su psique. Como consecuencia, interiorizaría que el problema es él. Que es malo por naturaleza o que le pasa algo, que hay algo negativo incluso en su fisiología. Esto provoca que se genere un entorno crónico de trastorno y supervivencia.

En etapas más tardías de su vida, Noah afrontaría las relaciones personales con pies de plomo, porque estaría convencido de que es más seguro acallar a su auténtico yo y silenciar su fuerza vital que arriesgarse a sufrir de nuevo vergüenzas y humillaciones. Actuaría con una perspectiva basada en la supresión y la desconexión, retraído de sí mismo y atascado en un ciclo crónico de bloqueo o congelación funcional. Subconscientemente, asociaría la activación fisiológica a una amenaza (calor, ritmo cardíaco acelerado, tensión y movilización muscular, alerta). Cada vez que sintiese una carga simpática en su organismo, tanto saludable como negativa (agresividad, juego, excitación, ofensa, dinamismo, productividad, temor, frustración), la acallaría automáticamente. Se sentiría confuso, sin saber por qué lo deja todo para última hora, por qué tiende a aislarse y por qué se siente tan desconectado y encerrado. De lo que Noah no se percataría es de que el antídoto y la medicina para neutralizar la vergüenza tóxica es la agresividad saludable... precisamente lo que él rechaza. En lugar de sentirse desconectado, encerrado en sí mismo y oculto al mundo, debe aprender poco a poco a reconectar con su fuerza vital, para aceptar, abrazar y expresar su fuerza innata. La vergüenza sostiene el principio del que está convencido, «Soy malo». La agresividad saludable defiende otro lema; «Soy fuerte».

Cuando nos arrebatan la fuerza vital a edades más tardías

Hay momentos en la vida, aunque sean pasajeros, que pueden dejar tras de sí estragos terribles y duraderos. Un cráter tan abrupto y colosal que la vida ya no parezca lo mismo a partir de ahí. Justamente en esas experiencias es cuando los factores adversos «demasiado intenso, demasiado rápido, demasiado pronto», pueden anular nuestra vitalidad, nuestra fuerza vital, hasta abocarnos a un estado de *shock,* disociación o congelación. Desde esta perspectiva de desconexión, salir de ese cráter exige un esfuerzo tremendo, que se antoja imposible. Y si es imposible, ¿para qué lo vas a intentar?

Vale, entonces, ¿cómo se asfixia nuestra fuerza vital (esa energía, esa agresividad saludable, esa vitalidad) durante la época adulta de la vida? El catálogo de escenarios potenciales es infinito, así que nos centraremos en los más corrientes:

- **Trauma por *shock*.** Se trata de momentos que pueden superar la capacidad de nuestra fisiología para soportar situaciones límite. O sea, cualquier suceso que nos resulte demasiado intenso, demasiado rápido o que llegue demasiado pronto, de forma inesperada. Veamos algunos ejemplos: situaciones que pongan en peligro la capacidad para respirar (cercanas al ahogamiento o la asfixia), un ataque grave de asma o fiebre alta en la niñez, un trauma médico o quirúrgico, una agresión sexual o abuso, actos de violencia, una guerra, catástrofes naturales, alucinaciones u otras experiencias intensas ligadas al consumo de drogas, accidentes de circulación, lesiones físicas, la pérdida repentina de un ser querido, experiencias cercanas a la muerte, exposición al combate, sufrir un ataque sin posibilidad de escapar y otras experiencias similares.

- **Ruptura de límites.** Los límites nos permiten fijar fronteras respecto a otras personas. Esas líneas indican dónde termina tu cuerpo o tu yo y dónde comienzan las demás personas. Al igual que ocurre con tu sistema nervioso, las fronteras que dibujas son únicas y personales. Cuando alguien las atraviesa, ejerces tu agresividad saludable y expresas tu fuerza vital para reafirmarlas. Cualquier infracción de tus límites o fronteras se denomina «ruptura de límites». La mayoría de sucesos traumáticos implican una ruptura de límites de algún tipo: sexuales, físicos, emocionales, energéticos o espirituales, colectivas (que se experimentan como parte de un grupo) o de la información (como puede ser a través de los medios de comunicación). Las rupturas de límites pueden causar efectos que perduren en nuestra concepción del yo y en la fuerza vital, en la conexión con otras personas, en la imagen que tenemos del mundo alrededor y en la capacidad para emitir juicios correctos a la hora de establecer fronteras en el futuro.

  Por ejemplo, como resultado de una ruptura de límites, esos límites pueden debilitarse (y en consecuencia, cualquiera podría franquearlos), volverse rígidos (y entonces no dejaríamos que nadie los atravesase) o hacerse porosos y, en este caso, nos volcamos sobre cualquier persona o situación a nuestro alrededor, sin ser muy conscientes del impacto.
- **Problemas de salud.** Un diagnóstico médico inesperado puede originar un estado de *shock* y de congelación funcional en el sistema nervioso, que nos bloquee y apague la fuerza vital. Cuando esto sucede de forma súbita e inesperada, a menudo nos sentimos impotentes y vulnerables, lo que agudiza el trauma todavía más. El estrés, la incertidumbre y el malestar físico que van ligados a lidiar con ese problema de salud pueden, a su vez, provocar que aumenten los niveles de hormonas del estrés, alterar las rutas neurales y exacerbar la priorización de la supervivencia. Y como resultado, nos apartan aún más de la vitalidad.

¿Qué problemas de salud podrían originar estas complicaciones? Enfermedades crónicas, trastornos neurológicos, síndromes autoinmunes, problemas cardiovasculares, cáncer y muchos otros.

RUPTURAS DE LÍMITES Y SÍNTOMAS SENSORIALES

Cualquier canal sensorial puede volverse más sensible o quedarse bloqueado si no hemos reparado los estragos de una ruptura de límites anterior a través del cuerpo físico. Una posible consecuencia sería padecer una hipersensibilidad exagerada a la luz o al contacto físico con otras personas. O que nos sobresalten con demasiada facilidad los ruidos fuertes. También es posible que suceda exactamente lo opuesto y que los sentidos se queden como apagados, fenómeno que podría manifestarse de muchas maneras. Tal vez en forma de sordera a ciertos sonidos o de resistencia a mirar en una dirección determinada, por poner dos ejemplos. Otro ejemplo: muchas de las víctimas del tsunami de Indonesia se quedaron ciegas temporalmente (fue solo pasajero) porque lo que tuvieron que ver y soportar fue un trauma extraordinariamente intenso, un estímulo terrible (demasiado extremo, demasiado rápido, inesperado). Por suerte, un equipo de practicantes del método *Somatic Experiencing®* acudió a la zona y prestó auxilio y apoyo, así que casi todas las personas que sufrieron esta secuela recuperaron la vista sin problemas. Cuando empieces a aplicar las herramientas somáticas que se exponen en el Capítulo 10, los ejercicios centrados en las fronteras peripersonales te ayudarán a examinar tu «burbuja personal» y detectar qué partes del organismo físico o qué zonas del espacio que te rodea presentan rupturas o son más fuertes.

La epidemia de los trastornos crónicos

En la telaraña tan enmarañada que son las enfermedades o trastornos crónicos, el trauma a menudo está presente como catalizador y como consecuencia, con lo que perpetúa un ciclo interminable de sufrimiento. En su expresión más básica, un trauma puede desencadenar respuestas automáticas fisiológicas por todo el cuerpo, que agravan los problemas de salud preexistentes o que abren la puerta a que aparezcan otros nuevos. Cuando el organismo se queda atrapado en un remolino cuyo eje es el trauma, su prioridad absoluta pasa a ser la supervivencia. Y eso debilita al sistema inmunitario, aumenta la tensión general y la inflamación, haciéndote más vulnerable a la enfermedad. Con el tiempo, esos patrones afectan a los órganos internos, los músculos y los tejidos fasciales, provocándoles un desgaste que acaba por trastocar el estado de regulación por un estado patológico y facilitar que entremos en la enfermedad y la desregulación.

A la inversa, la carga que supone una enfermedad crónica puede originar un trauma y arrebatarle a la persona su sensación de control, su propia identidad y la fuerza vital. Se le impone una pelea sin fin, que acentúa los sentimientos de impotencia, aislamiento y desesperanza, así que prolonga el ciclo de trauma y enfermedad. Para sacudirse esa condena y escapar del círculo vicioso se requieren intervenciones que se apoyen en el cuerpo físico y que presten atención tanto a las manifestaciones físicas de la dolencia como a las cicatrices emocionales del trauma que hay por debajo. Puesto que ahora ya sabemos que para tratar un trauma hay que adoptar una perspectiva que empiece por el cuerpo físico, no te sorprenderá que te cuente que la inmensa mayoría de mis clientes del programa de terapia y sanación *Body-First Healing* padecen alguna forma de síndrome o trastorno de salud crónico. Y esto es perfectamente lógico dentro del espacio de terapia del sistema nervioso y los métodos somáticos. Para explicar el motivo, vamos a ver cómo sería la secuencia de una enfermedad crónica y por qué:

1. Una serie de experiencias negativas en la infancia afectan al sistema nervioso en desarrollo y lo condicionan para que sea más propenso a pasar al modo de supervivencia.
2. Los patrones de protección y las conductas adaptativas se consolidan, así que empujan al sistema nervioso a estados de activación, alarma y tensión que repercuten en el cuerpo.
3. Cuando las dificultades derivadas de problemas de salud empiezan a edades tempranas, existe el riesgo de que aumente la activación del sistema nervioso y se acentúe la actividad de la amígdala en el cerebro, con lo cual empeora la tensión y el desgaste en la musculatura y los órganos vitales. Los problemas se multiplican y aumenta el dolor.

4. El estrés cotidiano y los grandes cambios en la trayectoria vital que suceden en la edad adulta sobrepasan las capacidades de un sistema nervioso que ya era frágil. Por tanto, empeora la tensión y los síntomas físicos se cronifican.
5. El cerebro adopta un papel cada vez más centrado en la protección, ya que sus redes de atención están dominadas por el miedo y ahora tratan de detectar cualquier síntoma para protegerse de amenazas. A su vez, esta dinámica genera más estrés, más tensión y más dolor.
6. A medida que los síntomas físicos se vuelven insoportables, se vuelve imposible seguir con las rutinas diarias que antes aportaban alivio y provocaban la secreción de hormonas del placer y el bienestar (actividad física, conexión con otras personas, estructura).

Demasiado a menudo me encuentro con clientes que pelean contra dolencias crónicas y que acaban enredados en una batalla contra ellos mismos. Cada vez que el dolor o la enfermedad regresan, se juzgan con severidad, desencadenando espirales de vergüenza, una avalancha de frustración y una necesidad imperiosa y urgente de solucionar el asunto. Son rutas ya conocidas, patrones de supresión y de autohumillación que los han mantenido alejados de su fuerza y su vitalidad, quizás porque esos patrones fueron necesarios como estrategia de supervivencia en su juventud o infancia. Pero denigrarse y obsesionarse por resolver el problema que nos afecta solo nos conduce a agravar la enfermedad, porque precisamente el enemigo contra el que luchamos (el propio cuerpo) es el que tiene la fuerza vital que nos resultaría más positiva y benéfica. Por desgracia, aunque nos resistamos, el problema persiste.

Afortunadamente, sí es posible encontrar un camino que nos saque de la enfermedad crónica. La autoconciencia y la terapia somática nos enseñan una senda para recuperar la vitalidad. Partiendo de una base de autoconciencia, la técnica del cuestionamiento de las Tres Cs nos ayuda a modificar esos patrones y reestructurar las rutas neurales, para favorecer la curiosidad, la contextualización y la compasión. Cuando se analizan los síntomas con el cuestionamiento de las Tres Cs, se inicia el proceso para abandonar la sensación negativa que tenemos sobre cada sentimiento (como miedo o crítica) y se puede empezar a apaciguar el sistema de alarma que nos acentuaba los síntomas e intensificaba las respuestas.

Con un enfoque somático es posible abordar el malestar emocional que crea una capa más de desregulación alrededor del síntoma. Por ejemplo, una vez vino a verme una paciente que llevaba años sufriendo migrañas crónicas y claro, por ese motivo, había creado redes de atención que vigilaban permanentemente para detectar cualquier cambio o señal, por minúsculo que fuese, que anunciase el regreso del dolor. Ese miedo centrado en las migrañas crónicas había dado origen a estrategias de gestión cuya finalidad era permanecer en casa, para evitar las luces intensas, porque al parecer activaban o agravaban los síntomas. En este caso, la terapia empezó por diferenciar entre «¿Cómo sientes el dolor?» y «¿Cómo sientes el miedo al dolor?». Al comenzar a trabajar por el miedo, conseguimos descargar o rebajar al menos parte de la activación, lo que a su vez redujo la intensidad de los síntomas.

Si consigues derivar la atención, centrarte menos en atenuar el dolor y más en analizar cómo te relacionas con él, además de reforzar la capacidad de compaginar factores que te hagan sentir mejor y sirvan de apoyo, entonces puede comenzar el proceso de sanación. Merece la pena señalar que muchas veces los trastornos crónicos se inician a edades muy tempranas, con motivo de un trauma. Y por tanto, requieren tiempo para curarse. Es un proceso prolongado y extenuante, que genera cierta desesperación y una sensación de urgencia por «arreglar» el problema, que se suele experimentar de forma subconsciente a todos los niveles, hasta los más profundos de los órganos vitales. A lo mejor de repente sueltas que «No puedo seguir así» o «Antes tenía una vida distinta, tengo que recuperarla» o que «El cuerpo me ha traicionado». Frente a eso, yo animo a mis clientes a que piensen en la eliminación de los síntomas como en un resultado potencial. Primero hay que centrarse en el paso inicial y previo, cuyo fin es conseguir mejorar su calidad de vida. A partir de ahí, de un modo lento y progresivo, iríamos sacando a la luz el apartado más profundo. Pero sin imponernos la necesidad de arreglarlo todo, de alcanzar soluciones mágicas ni cambiar nada a lo grande.

El proceso de recuperación

Gran parte de la charla que predomina en el seno del sistema nervioso presta una enorme atención a calmarnos, expresar nuestras emociones, vivir el momento presente y anclarnos en la regulación. Pero es que la regulación del sistema nervioso no solo consiste en fijarnos en una posición de seguridad y sacudirse los traumas del pasado, sino que también implica recrear las conexiones con nuestra fuerza innata y la agresividad saludable. O sea, con tu fuerza vital. Esa es la meta final de las terapias somáticas: devolverte al seno de tu organismo físico, que es el punto de entrada y el nexo con la vitalidad y la capacidad de autocuración.

Hace poco, hablé con mi abuela sobre los patrones de enfermedad que torturaban a las mujeres de nuestra familia y que se remontaban a cinco generaciones atrás: insuficiencia cardíaca congestiva, cáncer de mama, embolias, fibrilación auricular, úlceras por estrés y diabetes, entre otras lindezas. Ahora entiendo que esas dolencias eran el resultado del desgaste somático causado por traumas latentes, que se heredaban de generación en generación, con las creencias fosilizadas en nuestro subconsciente que debíamos soportar y por la dureza de las experiencias y los sentimientos que tuvieron que silenciar y tragarse, siempre peleando a solas por sobreponerse, sin ayuda. Ese patrón, que implica sostener el organismo en tensión para soportarlo y tragárselo todo, generaba entornos interiores tóxicos que nos hicieron más propensas a las enfermedades y que, además, dificultaban la curación.

Durante esa misma conversación, mi abuela me contó cómo fue la época en que ella empezó a sufrir problemas de salud realmente graves, como una serie de miniapoplejías. «Me volvía loca buscando respuestas y remedios para curarme, siempre mirando fuera de mí», me confesó. En esencia, lo que hacía era escapar de ella misma. Recorrió el planeta entero, vivió en *ashrams** e incluso alquiló una casita en la playa para pasarse allí un año a solas. Pero en el año 1999 sufrió un derrame cere-

* Un ashram es un lugar de retiro espiritual en la tradición hindú, concebido como una comunidad o monasterio para la meditación, el yoga y el estudio, guiado por un maestro. *(N. del T.)*

bral muy agudo, que la dejó con una parálisis parcial y la enclaustró en casa, con apenas 59 años. Entonces, en sus propias palabras, «se vio obligada a detener aquella búsqueda por fuera y, al fin, ponerse a buscar respuestas en su interior». Fue la manera de que regresase a su hogar. Hoy sigue padeciendo una discapacidad física que le impide salir de casa, pero afirma sin dudas que aquel derrame fue lo mejor que le pudo suceder. A pesar de las dificultades físicas, para ella la vida ha cobrado un significado nuevo y ahora se siente fuerte y llena de vitalidad.

Trabaja a favor de tu fuerza vital, no en su contra

Con frecuencia, me acuerdo del nacimiento de Noah con cierta tristeza. Nació en 2020, en una pequeña clínica especializada de Fort Worth (EE. UU.) . Ocurrió en plena pandemia, después de pasar gran parte del embarazo en cuarentena, en compañía de mi marido. Nos dedicábamos a dar paseos cuando la situación lo permitía, a seguir una dieta saludable, hacíamos ejercicio físico en casa y nos tomamos muy en serio las clases virtuales preparatorias para un parto natural. Yo estaba convencida de que estaba preparada para soportar un parto sin anestesia, pero resultó que mi cuerpo no estaba igual de convencido y se resistió a la experiencia. Por completo: se opuso durante las 36 horas que duró el parto.

Hoy echo la vista atrás y sé perfectamente por qué el nacimiento de Noah salió como salió. Yo me había acostumbrado a estar disociada de ciertas partes de mi cuerpo que habían sufrido traumas, particularmente mi suelo pélvico. Cuando llegó el momento de las contracciones, que me llegaban como unas olas de un dolor monstruoso que era imposible aliviar, mi impulso reflejo me obligó a tensarme y luchar contra ellas. Así impedí que los músculos del suelo pélvico se relajasen para abrir paso al bebé. Fue una auténtica guerra contra mi cuerpo y su capacidad innata de alumbrar al crío. Me resistí a mi fuerza vital primaria porque me daba pavor. Y cuanto más terror sentía por mi propio cuerpo, más se intensificaba la activación del sistema nervioso, o sea, más hormonas del estrés corrían por mi organismo. Y eso se traducía en más tensión, que generaba más dolor... y más posibilidades de que el ciclo se repitiese una y otra vez. A lo largo de todo el parto, me aferré a mi marido y las comadronas en busca de apoyo, no confiaba en que fuese capaz de lograrlo sola. Fue una experiencia atroz, asfixiante, un verdadero trauma, para la cual yo no estaba preparada y que me dejó exhausta y completamente impotente.

Tres años más tarde me quedé embarazada de Shia y tomé una determinación: no podía repetir la experiencia, tenía que ser distinto. Pero también decidí que iba a permanecer abierta a lo que tuviese que ocurrir por pura naturaleza. Fui a ver a una especialista en suelo pélvico para terapia y empecé a estudiar sobre el alumbramiento en el plano fisiológico. Aprendí a colaborar con las hormonas tan específicas que el organismo segrega durante el parto, en lugar de luchar contra ellas. Más o menos por esa misma época, descubrí que hay una modalidad de parto que se denomina «parto empoderado» o «empoderador». El objetivo de este método es reconfigurar las rutas neurales subyacentes que son el sustento de los temores que anidan en tu subconsciente. Con ese mecanismo se genera y fomenta una confianza profunda en el cuerpo físico y su sabiduría ancestral. ¿El resultado? Que te dejas llevar y dejas de entrometerte en tu propio camino.

Shia vino al mundo en 2024 y su nacimiento fue todo lo contrario de lo que había padecido y soportado con Noah. En lugar de afrontarlo con miedo y de resistirme a mi propio cuerpo, escuché las distintas sensaciones que se manifestaban, tanto las de fuerza como las de dolor físico. En esa ocasión sí que sintonicé a fondo con la experiencia. El proceso duró siete horas, en las que me hundí y desaparecí fundida en mi propio ser, en mi cuerpo, disuelta y flotando sobre el nexo entre madre y bebé. La fuerza vital estallaba en olas y las surcamos juntos sin sustos, aspirando su intensidad y su sabiduría. Me brotaron lágrimas de amor y de gratitud. Me pasé la mayor parte de aquellas horas encerrada en mi propia burbuja. Luego, las comadronas y mi marido me comentaron que fue como si me hubiese transportado a otro mundo, como si estuviese envuelta en un aura de serenidad y energía. Cuando repaso el puñado de fotografías que mi marido fue sacando con el móvil, me fascina la sonrisa tan eufórica y afable que tengo en ellas. Precisamente entonces, en los que quizás fueron los momentos más duros. Estaba retomando la conexión con mi propio cuerpo de la manera más profunda, dejándome llevar por aquella aventura y le daba las gracias por todo. Conseguí vivir un «parto empoderado» natural y sin anestesia gracias a que me conecté directamente con mi vitalidad.

Los siguientes pasos de este itinerario de sanación que empieza por el propio cuerpo te guiarán por el mismo camino que yo seguí, para regresar a tu propio yo, donde aprenderás cómo experimentar y sintonizarte con tu organismo físico, cómo expresar sus capacidades, cómo hacer que expulse los factores que haya atascados y cómo restablecer la conexión con tu poderosa fuerza vital.

Ejercicio: «Mapa de recursos para la regulación polivagal»

Basándose en el marco de la teoría polivagal, Stephen Porges y Deb Dana desarrollaron el «Mapa de recursos de regulación». Como ahora sabes, de forma natural vamos subiendo y bajando por la escalera polivagal cada día, durante toda la jornada. Este mapa señala qué es preciso hacer para autorregularse o corregularse y te ayuda a vigilar cuáles pasos das. Te animo a que pongas por escrito tu propio mapa, con la ayuda que encontrarás en la página 327 del Apéndice A.

PARTE II

Itinerarios del método *Somatic Experiencing*®

CAPÍTULO 9

Fundamentos del método *Somatic Experiencing*®

Una cosa es lo que sabemos y otra cosa es lo que sentimos. Y a menudo esas cosas no coinciden exactamente. Por ejemplo:

Yo sé que debo trazar un límite que debería respetarse, pero siento miedo de hacerlo.

O bien:

En el marco de una relación, yo sé que merezco que me traten mejor, pero siento que es peor el riesgo de afrontar la soledad.

Como hemos aprendido, los impulsos primarios y subconscientes del cuerpo casi siempre se imponen a los pensamientos conscientes que desarrollamos en la mente.

Cuando hemos sufrido algún trauma que nos atrapa en patrones de protección, la vida se torna un poco más complicada todavía, ya que nos dejamos guiar por sentimientos de miedo, ira o impotencia. Todos ellos patrones que parecen incongruentes con lo que en el fondo deseamos vivir. Esa es la diferencia sobre la que trabaja el método *Somatic Experiencing*®. Centra su atención primero en el cuerpo físico, para permitir que experimente momentos de malestar pequeños, limitados y tolerables. Poco a poco, el nivel de tolerancia irá ampliándose para aprender a convivir con lo que es diferente.

Pongamos un ejemplo: imagínate que recibes un mensaje de texto en el móvil, de parte de un familiar que suele pedirte ayuda y, cómo no, te pide otro favor. En lugar de responder que sí, que harás lo que puedas aunque ya tienes la agenda más que repleta de tareas, podrías tomarte un segundo para reflexionar.

Para reflexionar y escuchar a tu cuerpo, ver qué sensaciones brotan junto a ese temor que quizás sientas hacia decir que «no». A lo mejor se te agita la respiración mientras lees el mensaje. O te sudan las manos, se te tensan los músculos de los brazos, se te caen los hombros o parece que se te vacía de repente el estómago. Piensa que dedicas esos instantes a escuchar al cuerpo sin más, a observar sus sensaciones. ¿Qué pasará a continuación? No tienes que entenderlas ni que intentar cambiarlas. Tan solo dedicar el tiempo necesario para experimentarlas, conceder un espacio para que el cuerpo se exprese de forma natural y expulse después las hormonas del estrés que había segregado. Porque igual que sabe cómo digerir y metabolizar alimentos, también sabe metabolizar y procesar emociones y sensaciones.

En este punto hay que subrayar que el cuerpo necesita una media de 90 segundos para procesar un sentimiento. Volvamos al ejemplo anterior y supongamos que tras leer el SMS dedicas un instante a percibir las sensaciones que te brotan: los brazos te piden que los estires, te apetece ensanchar el pecho para inspirar profundamente hasta inflar bien el vientre y luego soltar el aire en una honda expiración. Sentirás una especie de alivio, seguido quizás de la relajación del pecho. Luego se te alzan los hombros y se endereza la columna vertebral. Y entonces te das cuenta de que el vacío que te oprimía el estómago ha desaparecido. Ahora te sientes como si ocupases más espacio. Te sientes una persona poderosa y asertiva, incluso dirías que ahora tienes la vista más clara y precisa. Vaya, que te sientes diferente. Con menos temores y más ánimo para decir que «no» cuando haga falta.

Este es el tipo de pequeñas experiencias somáticas que, repetidas una y otra vez, acaban por ir cambiando los patrones de protección anticuados que te mantenían atrapado o atrapada en el modo de supervivencia. A largo plazo, irás creando una nueva memoria muscular.

Esto no es más que un breve anticipo de qué aspecto y sensaciones tiene el método *Somatic Experiencing®*. Cuando conseguimos desatarnos de las ideas que teníamos preconcebidas y permitimos que se desarrolle la experiencia natural en el cuerpo físico intencionadamente para que nos sirva de guía, abrimos la puerta para que se inicie un sutil proceso de transformación y curación. En este contexto es posible descubrir y analizar nuevos sentimientos, nuevas opciones y resultados. El objetivo del método *Somatic Experiencing®* es servirnos de apoyo para experimentar, expresar e integrar las necesidades del organismo físico y de nuestra fisiología. Y hacemos todo eso para...

- Desarrollar una nueva respuesta emocional y somática a una experiencia que históricamente afrontábamos aplicando patrones de protección (como apoyarnos en el impulso para luchar y en nuestra fuerza, en lugar de lo más habitual para nuestro caso, que sería congelarnos y aislarnos).
- Conseguir completar somáticamente y cerrar una experiencia del pasado que nos mantenía con la armadura puesta y atrapados en patrones de protección anticuados (explicaré este aspecto detalladamente en este capítulo).
- Ampliar nuestra capacidad para sintonizar con nuestros cuerpos físicos y convivir con todas las experiencias, tanto agradables como desagradables.

En última instancia, la terapia de curación con el método *Somatic Experiencing®* te ayuda a restablecer la conexión con tu yo individual: con los ritmos y deseos naturales de tu organismo, con tu resiliencia innata y con los recursos que ya posees en tu fuero interno y que te convertirán en tu mejor terapeuta. El método presta asistencia para que redescubras y vuelvas a conectar con quién eras antes de que el trauma impusiese sus condiciones y te dictase cómo ser y comportarte.

Los bloques básicos del método *Somatic Experiencing®*

En los siguientes capítulos te iré guiando poco a poco para conocer el proceso somático, que te ayudará a ir eliminando paulatinamente la armadura protectora que te pusiste en el pasado. Pero antes de poner manos a la obra, es importante que conozcas cuáles son los bloques básicos del método *Somatic Experiencing®* (concebido por el doctor Peter Levine) y sus conceptos elementales, que te explicaré con la ayuda de una de las experiencias somáticas que he vivido personalmente. Ten en cuenta que lo más aconsejable es que explores la posibilidad de profundizar en estos temas con un practicante profesional certificado del método *Somatic Experiencing*®. No lo olvides, pero aun así, este capítulo te servirá como una introducción potente al tema. He incluido un breve glosario al final de este capítulo para recoger los términos que irás aprendiendo. Te será muy útil.

Un adelanto del método *Somatic Experiencing*®: sal de tu mente, sumérgete en tu cuerpo

A estas alturas seguramente ya tengas claro que mi tendencia personal a resignarme, conformarme y complacer a los demás es un patrón de protección que adquirí en una etapa temprana de la vida.

Todas las evaluaciones a las que me he sometido, incluida la Evaluación del Sistema Nervioso y la Personalidad atascada que yo misma diseñé en el *Healing Hub*, todas han arrojado un resultado similar: la resignación siempre figura en el primer puesto de la lista. La verdad es que tiene sentido, si tenemos en cuenta mi trauma de apego y el consiguiente miedo al abandono.

Como me crie en un entorno hostil donde tuve que aprender a andar con pies de plomo, en un hogar donde en cualquier instante podía estallar un ataque de ira como una erupción volcánica, me convertí en experta en leer emociones ajenas. Sabría interpretar hasta la pista más sutil de desregulación y furia. Cuando irrumpían las turbulencias, lo mejor era salir pitando y esconderme o tratar de pacificar la situación para calmar los ánimos. Todavía siendo muy pequeña, ya era una maestra en el arte de calmarme y también de tranquilizar a mis padres. Muy a menudo, acababa entrometida en medio de sus discusiones explosivas, cumpliendo el papel de conciliadora.

Precisamente durante aquella exposición crónica al caos, a una edad tan temprana, cuando interioricé la creencia instintiva de que lo mejor para vivir en un entorno de seguridad era mantener la paz y silenciar mi propia fuerza, mis deseos y necesidades. Como estrategia, la verdad es que era excelente, porque conseguía que yo evitase los conflictos y el rechazo. Sin embargo, con el paso del tiempo, ese deseo inaplazable de estar en conexión con otras personas, por más sacrificios que costase, me generó una tremenda desconexión conmigo misma.

Ese reflejo siempre me devuelve a esta cita de Brené Brown: «Encajar en sociedad consiste en evaluar cada situación y convertirte en quien necesitas ser para que te acepten. Pero pertenecer a la sociedad es distinto, no implica que modifiquemos quiénes somos».[1] Esta estrategia de camaleón era una respuesta adaptativa que, a largo plazo, se volvió negativa. Y se volvió negativa porque me volvió más tolerante y vulnerable a otras personas que tenían carácter explotador, manipulador y que, en definitiva, no eran seguras.

Además, lo que yo siempre había valorado como mi rasgo estrella (que confiaba en la bondad de los demás) a veces se trastocó y se transformó en la trampa más traicionera. Aunque yo podía sentir y apreciar que mi futuro agresor, quien me pedía que lo llevase hasta su casa, era una persona poco segura, decidí dejarle subir al coche. Aunque yo podía sentir y apreciar que buena parte de mis relaciones personales eran desiguales, marcadas por el egoísmo y me dejaban agotada, aun así cedía y me entregaba a aquellas personas. Aunque yo podía sentir y apreciar que las personas que me rodeaban en el ámbito laboral podían tener motivos ocultos para actuar como lo hacían, siempre les concedía el beneficio de la duda. Mi marido se burlaba de mí cariñosamente y me decía que era como un muñeco tentetieso. Me animaba para que me plantase con más firmeza, que defendiese mi postura y mis intereses. Que dejase de anteponer los intereses de los demás a los míos propios. Pero decirlo era una cosa y hacerlo, otra distinta. Mucho más difícil. Tal vez lo que pasaba es que yo realmente creía en que la gente es buena por naturaleza o quizás lo único que quería era demostrar que mi propia vida era una excepción y que la gente podía infundir seguridad y confianza, que te podías fiar de otras personas.

Tras meses y meses de trabajo, el método *Somatic Experiencing*® me ayudó a romper con este patrón. Unos años antes, me había visto obligada a dibujar un límite muy serio con un empleado, una persona con quien había tenido que bregar mucho para conseguir trasmitirle mis instrucciones de forma constructiva, porque tenía una personalidad muy rebelde y combativa. Había señales desde hacía mucho tiempo, pero hasta que la relación profesional se cortó completa y definitivamente, yo no me di cuenta de que había estado trabajando con una persona «narcisista del victimismo». Un tipo de narcisista que actúa constantemente interpretando el papel de víctima y se niega a aceptar la responsabilidad sobre sus actos cuando fallan todas las demás formas de manipulación, venganza, dominación o control.

En las escasas ocasiones en que reuní ánimos suficientes para hacerle frente a este compañero, respondía a mis solicitudes (que eran muy benévolas y corteses) con tácticas de manipulación. O sea, que se mostraba como una persona angustiada y se ponía a la defensiva, hasta que encontraba algún recoveco para retorcer la verdad y echarnos la culpa a mí o al resto por cualquier problema que hubiese que abordar, por insignificante que fuese. Al final siempre terminaba siendo yo la que, desilusionada, le pedía disculpas.

Poco a poco, tras años de práctica, aquella persona había aprendido a aprovecharse con una eficacia pasmosa de mi naturaleza empática y complaciente. Sabía que yo tendía a evitar los conflictos y que solía acobardarme ante esa perspectiva. Sabía que era muy benevolente para perdonar fallos y que toleraba hasta un nivel bastante alto las faltas de respeto. Y lo sabía porque había detectado que yo creía en que la bondad de la gente, así que prestaba más atención a no herir sus sentimientos que a dejar patentes mis necesidades. En resumen, tras cada conversación yo me iba restando importancia o descartando por completo las quejas que pretendía manifestar inicialmente. Me cargaba sobre los hombros la responsabilidad del problema y ofrecía disculpas para mantener la paz. Todo a mi propia costa. El apaciguamiento era mi medida de protección. *Nota: Siempre que te enfrentes a alguien para tratar de solucionar un desacuerdo y termines siendo tú quien ofrezca disculpas o asumiendo la responsabilidad, sal de ahí y echa a correr.*

Pero un buen día me enteré de que ese compañero había hecho algo tan cruel, tan atroz, tan falso, tan falto de integridad y de humanidad que ni siquiera yo podía quedarme callada. Aunque el asunto era tan flagrante que todo el mundo me aconsejó recurrir a un despido inmediato sin más, yo opté por enviarle un aviso por escrito y concederle la oportunidad de explicar sus actos y corregir sus errores. Sin embargo, en ese mismo instante, también me juré que si respondía con sus típicos intentos de manipular y deformar la situación, cortaría la relación en seco.

O sea, que calculé los riesgos y me preparé para lo peor, pero todavía esperaba arreglar las cosas. Por desgracia, la conversación tomó los mismos derroteros de siempre: intentos de maquillar la realidad (aunque teníamos pruebas irrefutables que demostraban lo que había hecho), indefensión, lágrimas y hacerse la víctima. Aunque me resultó muy difícil y tuve que contrarrestar el instinto de mi cuerpo, que insistía en tolerar el abuso y dejarlo pasar, en aquella ocasión sí tenía claro que, aunque fuese solo por una vez, tenía que elegir lo que me convenía a mí.

Recuerdo perfectamente la experiencia somática que sucedió en mi organismo antes de que empezase la reunión virtual por *Zoom*.

Las sensaciones de miedo del inconsciente se hicieron palpables. Mi plexo solar (el área situada directamente encima del abdomen) se me tensó, era algo electrizante. Sentía la necesidad de abrir los brazos, elevar los hombros y el cuello y respirar bien hondo, como para prepararme a absorber un impacto (en este caso, porque existía el riesgo de una confrontación inmediata). No tardaron en aparecer las náuseas, así como un calor que se irradiaba desde mis manos y axilas. Lo que expresaba era terror, con la adrenalina corriendo en torrentes desde la coronilla hasta los talones.

Estaba a punto de verme superada por la situación, así que eché mano del portalápices que tenía en el escritorio. Lo volqué y agarré lo que contenía. Eran cuatro guijarros que me centelleaban en la palma de la mano. Eran mis recursos, las piedrecillas que había recogido del lago Avalanche Lake. Se me puso en marcha la mente, que se alejó para ir a visitar uno de mis lugares favoritos del mundo: un lago glaciar en las zonas más altas del Parque Nacional Glacier de Montana (EE. UU). Para llegar a Avalanche Lake solo hay un camino y exige superar una senda muy empinada, a través de un espeso bosque de cedros y abetos. La recompensa está al final de ese tramo y es un paisaje espléndido, con el lago centelleando en toda su gloria. Yo había ido muchas veces a aquel parque natural y había visitado el lago en varias ocasiones a la luz del amanecer. En cada excursión me llevaba un canto de las aguas transparentes y heladas, como recuerdo del momento. Y podía sentir la frialdad de las piedras mientras las hacía rodar por la palma de la mano. De repente, inspiré profundamente. El pedal de freno parasimpático de mi sistema nervioso actuaba por instinto y acudía en mi auxilio. Intentaba aplacar mis nervios y ralentizar el corazón, que latía desbocado. Volví a concentrarme en mi mundo interior, vigilando qué sensaciones podía identificar en mi cuerpo, práctica que denominamos interocepción. En esta ocasión, tan solo percibí una señal interoceptiva: noté tensión en el plexo solar. En una escala del 1 al 10, donde 10 representaría la intensidad máxima, esto equivalía a un 5, más o menos. Algo que sabría soportar. Incliné la cabeza y bajé los párpados. Me quedé allí inmóvil, atenta a observar la sensación, sin apresurarme para que desapareciese, sin hacer ningún intento por remediarla, ni siquiera por entenderla. Para eso ya tendría tiempo más tarde. En aquel instante solo quería sintonizar con la sensación y permitir que fuese vista, oída y sostenida.

Cuando centré la atención en el plexo solar, aquella opresión volvió a avivarse y se desplazó hacia arriba, hasta dominar mi diafragma. De repente, me costaba mucho más respirar. La excitación muscular aumentaba y llegó al nivel 7 de intensidad. Por puro instinto, apreté las piedras y noté sus bordes afilados arañándome. Seguí la sensación con la mirada mientras continuaba apretándolas y adelanté el rostro, inclinándome mientras depositaba la otra mano apoyándola en la rodilla. Así mi cuerpo recibiría un apoyo que le venía fenomenal. Otra inspiración súbita, más profunda y prolongada todavía. Se me apareció en la mente la imagen de una máquina de gimnasio con un peso tremendo enganchado en la polea. Sin abrir los ojos, me imaginé que algo tiraba del peso y lo elevaba, como si el peso de aquella contracción muscular se fuese apartando de mi plexo solar, ascendiendo en vertical.

Se me abrieron los ojos de repente. Me incorporé en la posición sentada, enderecé la columna y solté un suspiro muy sonoro. De inmediato, una descarga de energía recorrió todo mi cuerpo y salió expulsada de él. Fue como un relámpago de fuerza primaria. Antes de que pudiese reaccionar, las extremidades me pusieron en pie y empecé a dar vueltas por la oficina, como un animal enjaulado, agitando las manos. Luego seguí expulsando energía, esta vez vocalizándola como un gruñido grave y gutural, «roarrrrrrr». Sentía que el corazón me latía enloquecido y cerré los puños, crispada. Estaba tomando el control de mis fuerzas, dando curso a mi fuerza vital, a la agresividad. Cuando se me fue suavizando la respiración, me senté de nuevo y me llevé una mano al pecho. La apoyé en el plexo solar, que ahora en lugar de contraerse se ensanchaba. Me sentía con la mente abierta, segura de mí misma, agradecida y apoyada. Mi mente se centró en estas ideas: soy una persona con fuerza y poder, mis límites son importantes, estoy abierta a vivir esta experiencia y será capaz de lidiar con lo que *venga a continuación.* Esa era la respuesta de lucha productiva que yo necesitaba para fijar una frontera y defenderla. Pero en aquella relación concreta había suprimido los límites por puro miedo: miedo a las consecuencias, miedo al conflicto, miedo a la desconexión. Necesitaba aquella agresividad saludable y el impulso que había acallado durante años y años en tantas y tantas relaciones personales. Precisamente por esa costumbre, había permitido que el temor a ser abandonada y rechazada se impusiese sobre el deseo de defender mi postura y mis intereses. Me había hundido en una resignación crónica.

Pero al fin logré sintonizar con mi cuerpo y afrontar la experiencia que me esperaba, en lugar de buscar alguna solución rápida para evitar las molestias aparejadas o para salir del atolladero (podría haber esquivado la conversación o quitarme de en medio). Y eso me dio la oportunidad de crear nuevos sentimientos, sensaciones y experiencias. Así que le di permiso a mi agresividad saludable para quedarse allí. No me retiré ni me eché atrás, sino que me mantuve firme, con coraje. Al final conseguí marcar el límite tan serio que hacía falta y de cuya ausencia mi compañero se había estado beneficiando durante años y años. Fue el último día que pasó como empleado de mi empresa.

El lenguaje del cuerpo físico: la interocepción y el modelo SIBAM

El filósofo francés René Descartes nos legó una cita célebre: «Pienso, luego existo». Las terapias convencionales y tradicionales han tomado una ruta que hubiese cambiado drásticamente si hubiésemos sabido darle una vuelta a esa misma frase: «Siento, luego existo».

La terapia verbal convencional se basa en el pensamiento cognitivo y, como resultado, carece de capacidad para liberar los traumas que subyacen atrapados dentro del cuerpo y del sistema nervioso. Por su parte, el método *Somatic Experiencing*® te anima a mantener un diálogo con tu cuerpo, para lo que debes prestar atención y registrar qué sensaciones manifiesta. Este proceso, como te acabo de contar, se denomina interocepción.

¿Y cómo se empieza a entender el lenguaje del cuerpo y de la fisiología? Quienes practican profesionalmente el método *Somatic Experiencing*® aplican el marco de trabajo SIBAM, diseñado por Levine con el fin de ayudar a sus clientes a avanzar hasta lograr experimentar un sentimiento en toda su expresión. El acrónimo SIBAM deriva del inglés *Sensation, Image, Behavior, Affect, Meaning*, o sea «Sensación, Imagen, Comportamiento, Afecto, Significado». Cuando se aceptan uno por uno todos los elementos del modelo SIBAM, es posible procesar mejor las emociones, las sensaciones y las experiencias, de una manera más suave y que sirva para reafirmarnos. Al principio resulta difícil y extraño, como sucede al aprender un idioma nuevo. Pero con el tiempo, a fuerza de práctica y repetición, ganarás soltura y fluidez para seguir el diálogo que debes mantener con tu sistema nervioso. Para ayudarte con eso, he incluido un vocabulario en forma de lista de sensaciones, así como una rueda de las emociones, que figuran en las páginas siguientes:

Vocabulario de las sensaciones

Este vocabulario te ayudará a ampliar y profundizar el lenguaje que hablan tu cuerpo y tu sistema nervioso.

Abierto	Congelado	Fresco	Oprimido
Abotargado	Constreñido	Gélido	Palpitante
Acalambrado	Convulso	Glacial	Paralizado
Acalorado	Cosquilleante	Gorgoteante	Pesado
Afilado	Crudo	Helado	Presión
Agarrotado	Débil	Hormigueante	Pulsante
Agitado	Denso	Hueco	Radiante
Agudizado	Desagradable	Húmedo	Resplandeciente
Alborotado	Dilatado	Inerte	Retumbante
Amplio	Dolorido	Inestable	Revoloteante
Ardiente	Efervescente	Inflamado	Revuelto
Asfixiado	Elástico	Ingrávido	Robusto
Áspero	Electrizante	Inmovilizado	Ruborizado
Aturdido	En tensión	Inquieto	Sensible
Bloqueado	Enloquecido	Intranquilo	Sereno
Burbujeante	Entumecido	Lacerante	Sofocante
Cálido	Espacioso	Ligero	Suave
Cambiante	Espasmódico	Limitado	Sudoroso
Cargado de energía	Estirado	Líquido	Suelto
Cerrado	Estremecido	Magullado	Tembloroso
Cómodo	Expansivo	Maleable	Tenso
Con escalofríos	Firme	Mareante	Vibrante
Con náuseas	Fluido	Obstruido	

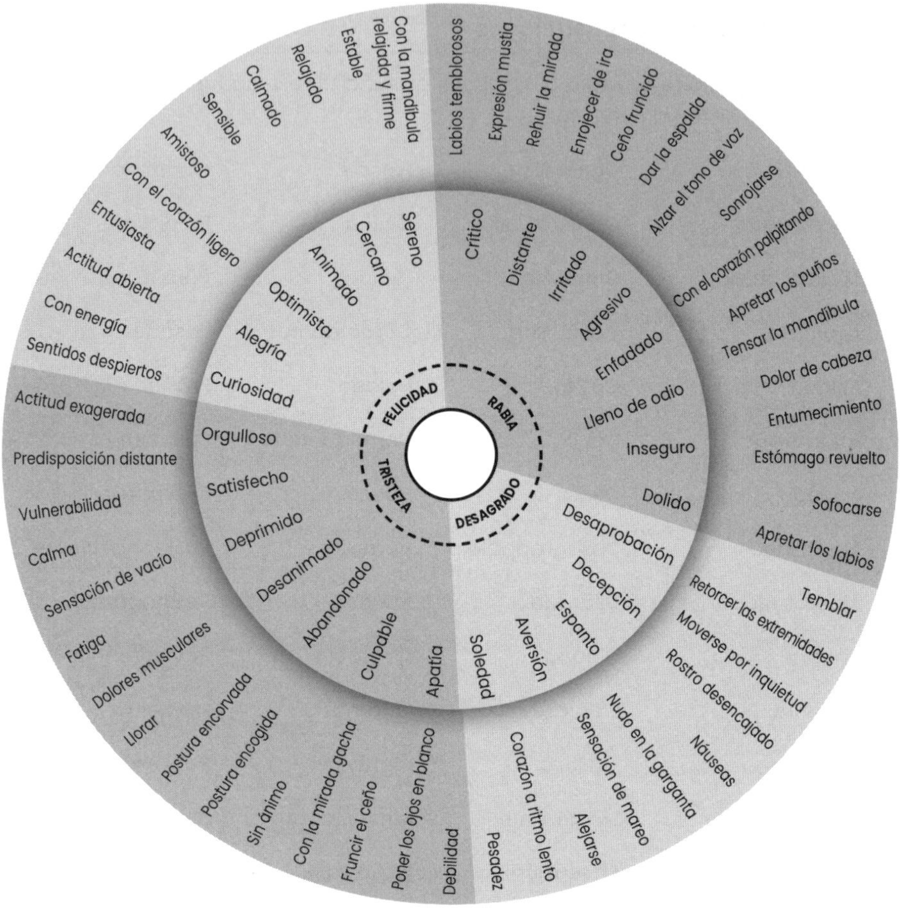

Adaptada a partir de la Rueda de sensaciones y emociones de Lindsay Braman.

Ahora vamos a fijarnos en cada elemento o canal del modelo SIBAM y de cómo te ayudarán a aprender cómo se sienten los sentimientos. Voy a aprovechar una historia personal para ilustrar este punto del capítulo, una que ya conoces.

Sensación

Esfuérzate en percibir las sensaciones corporales físicas que están asociadas a tu experiencia. Podrían ir desde cambios en la temperatura hasta tensiones musculares. En lugar de preguntarte «¿Cómo me siento?», pregúntate «¿Qué sensaciones percibo *en mi organismo en este momento?*».

Para captar las señales de otros canales, puedes plantearte cuestiones como: «¿Podría asociar *un color (o una imagen) a esa sensación?*».

- **En tu historial personal:** *me siento electrizado/a, limitado/a, con náuseas, con tensión en el plexo solar, noto un calor en las manos y las axilas, noto que mi cuerpo se expande, percibo serenidad y una sensación de apertura.*

Imagen

Las imágenes o los recuerdos pueden ser útiles para procesar una experiencia. Puede tratarse de visualizaciones, sueños, símbolos, recuerdos, experiencias o lugares. Por ejemplo, cuando notes que falta poco para que te broten las lágrimas, podrías imaginarte un grifo o una catarata, o podrías visualizar el color amarillo en momentos de alegría y gozo. Para captar las señales de otros canales, puedes plantearte cuestiones como «Cuando recreo esa imagen en mi imaginación, *¿qué (sensación) se produce en mi cuerpo?*».

- **En tu historial personal:** *he visualizado en mi imaginación el lago Avalanche Lake y una máquina de musculación.*

Conducta

Presta atención para captar qué impulsos reflejos o conductas comunica tu cuerpo. Pueden ser gestos, sonidos, expresiones faciales o posturas. Cuando consigas percibir y ralentizar esos impulsos reflejos hasta convertirlos en micromovimientos, te ayudarán a completar y concluir respuestas frustradas o interrumpidas. Por ejemplo: enderezar de forma lenta y paulatina la columna vertebral hasta dibujar una postura de seguridad y confianza te ayudará si en un momento dado sientes la necesidad de esconderte y adoptar una postura encogida. Para captar las señales de otros canales, puedes plantearte cuestiones como: «¿Esta conducta tiene un significado?» o bien «¿Este comportamiento representa *una emoción determinada?*».

- **En tu historial personal:** *he experimentado rigidez en la columna vertebral y tendencia a que se encoja. Apoyé una mano sobre la* *rodilla para sostenerme, tomé las piedras que guardaba con la otra mano, cerré los ojos. Apreté las piedrecitas en el puño, empecé a respirar con inhalaciones cortas, me puse en pie y caminé en círculos. Agité las manos, cerré los puños, gruñí y emití sonidos vocálicos. Luego coloqué una mano sobre el pecho.*

Afecto (emoción)

Identifica qué emoción estás experimentando. Para explorar este aspecto te puedes ayudar de herramientas como una rueda de emociones, como la que encontrarás en la página 238. Para captar las señales de otros canales, puedes plantearte cuestiones como: «¿Cómo se expresa el miedo en mi cuerpo físico (sensación)?», o bien: «¿Hay un color (o una imagen) que esté asociado a esa sensación?».

- **En tu historial personal:** *siento miedo, fuerza, agresividad, seguridad en mí, el aprecio de otras personas y también siento apoyo.*

Significado

Reflexiona sobre qué significado se esconde tras cada experiencia. Te ayudará a entender e integrar lo que te ocurre. Y quizás incluso a crear un nuevo significado alrededor de una creencia que antes te limitaba (como yo misma hice en el ejemplo que acabo de ponerte). Para captar las señales de otros canales, puedes plantearte cuestiones como «Cuando pienso en eso, *qué es lo que ocurre en mi cuerpo físico (sensación)?*».

- **En tu historial personal:** *el primer significado que surgió fue el rechazo y la inminencia de una confrontación. Sin embargo, más tarde fueron apareciendo significados nuevos: soy fuerte, los límites que yo pongo son importantes, estoy receptiva a esta experiencia y seré capaz de soportar y gestionar lo que venga.*

Cuando en nuestro interior reside un trauma pendiente de resolver, a menudo sucede que ya no podemos acceder a ciertas partes del modelo SIBAM. Por ejemplo, mucha gente puede experimentar múltiples emociones (Afecto) pero no son capaces de percibir qué siente su propio cuerpo físico (Sensación). Otras personas tienden a centrarse en el Significado y las Conductas, pero no logran conectar con sus emociones (Afecto).

La finalidad del método *Somatic Experiencing*® es incorporar y encajar todas esas piezas para que no te limites a entender tus experiencias, sino que también puedas sentirlas.

... CONSTRUYAMOS TU PERCEPCIÓN INTEROCEPTIVA ...

Existen métodos fáciles de practicar para reforzar la percepción y la conciencia interoceptiva. Debes comenzar a llevar un registro y anotar qué sensaciones brotan cuando tu cuerpo te envía señales que avisan de que...

- Sientes cansancio.
- Tienes hambre.
- Tienes la necesidad de ir al lavabo.
- Deseas decir que «sí».
- Deseas decir que «no».
- Sientes seguridad.
- Deseas trazar un límite.

Si enfocas la percepción interoceptiva sobre las señales relativamente neutras de tu rutina diaria, irás fortaleciendo poco a poco la capacidad para soportar fenómenos más duros o incómodos.

Reforzar tus capacidades

El método *Somatic Experiencing*® tiene por objetivo dotarte de una mayor capacidad (o resiliencia) para tolerar las sensaciones de habitar tu propio cuerpo, sin que te resulten excesivas ni te obliguen a encerrarte. O sea, convivir con sensaciones positivas y también con otras que no sientan tan bien. Para expandir esa capacidad debes dedicar tiempo específicamente a ralentizar todo y centrar la atención en tu interior cuando adviertas que surge alguna señal interoceptiva (sensaciones, sentimientos y emociones) en el momento presente. En primer lugar tienes que ir cogiendo confianza para sentirte a gusto con la experiencia en tu cuerpo, antes de expresar o quizás expulsar aquello que se te quedó atascado en el pasado.

¿Y por qué es tan importante esa capacidad? Si careces de capacidad para soportar el malestar, se desbordará y te dejará indefenso, superado y desvalido. Eso no ocurre porque la emoción o el malestar en concreto sea excesivo, sino porque tu capacidad para soportarlo es insuficiente. Por eso el método *Somatic Experiencing®* se propone ayudarte a ir ampliando poco a poco la capacidad para experimentar las sensaciones de tu cuerpo sin que te venzan, para posteriormente trabajar en un nivel más profundo con tus traumas. Si me lo permites, lo ilustraré con una analogía.

Imagina que esa capacidad de la que te hablo es como un hoyo que acabas de excavar en la playa. Y el malestar es el agua que ahora viertes dentro del hoyo. Cuando el organismo físico y el sistema nervioso tienen una capacidad limitada para soportar el malestar, el hoyo es pequeñito y poco profundo. O sea, que es más fácil que se llene y rebose enseguida, porque no es suficientemente amplio (o resiliente) para absorber el agua (o el malestar). Esa limitación de la capacidad es precisamente lo que te desanima de hacer frente a una posible situación de malestar (el agua). Por tanto, optas siempre por suprimir esa situación, por evitar o escapar a toda prisa de cualquier cosa que te haga sentir mal. En contraste, cuando el organismo físico y el sistema nervioso sí disponen de una capacidad robusta y holgada para soportar el malestar, el hoyo es ancho y profundo. Es resiliente y es más difícil que se desborde cuando se acumula estrés o malestar en tu día a día. Es capaz de acumular, retener y absorber el malestar sin que sobresalga y cause estragos a su alrededor.

Igual que el organismo tiene la capacidad natural innata para asimilar el malestar si le damos la oportunidad, si le concedemos el tiempo preciso, el hoyo hará lo mismo. Poco a poco, absorberá el agua de forma natural. Y si tú practicas y te ejercitas, notarás que tu capacidad/resiliencia se incrementa. Si permites que el agua vaya entrando poco a poco y llenando el agujero, además de infiltrarse en la arena, con el paso del tiempo irá erosionando las paredes y hará más amplio y hondo el mismo agujero.

En este mismo capítulo te conté cómo me mentalicé para centrarme en mi cuerpo y vivir sus experiencias cuando se manifestaban el miedo y la ira. En lugar de acallarlas, corregir la situación o expulsarlas, me tomé las cosas con muchísima calma y me permití experimentar las ondas naturales de esas dos excitaciones. Calor, tensión muscular, rechinar de dientes y opresión, que fueron cambiando hasta convertirse en expansión, relajación y una nueva sensación de fuerza de voluntad y ánimo.

Cuando abres la puerta y dejas que la sabiduría del cuerpo sea tu guía, casi siempre termina por conducirte al restablecimiento. Ampliar tu capacidad (o sea, tu resiliencia) constituye el primer paso en el camino a la sanación mediante la terapia somática.

Titulación (enfoque gradual)

Los traumas se producen y desarrollan rápidamente, pero la sanación es un proceso lento. Según las sabias palabras del doctor Levine, debemos guiarnos por un principio básico: «menos es más, más lento es mejor». Y ese proceso suave y progresivo se denomina «titulación».

Se trata de un término que Levine tomó prestado de la química, y que consiste en mezclar dos disoluciones o compuestos diferentes muy lentamente, para que se combinen e integren sin provocar ninguna reacción química intensa y drástica. De hecho, se han diseñado mecanismos de titulación que dispensan los preparados de gota en gota. Todo lo contrario a los típicos experimentos del laboratorio de química en el instituto, con esos espectaculares volcanes de espuma a base de bicarbonato.

Este enfoque implica ralentizar el viaje terapéutico para contrarrestar la naturaleza desbordante del trauma, que a menudo deriva de sucesos demasiado fuertes, demasiado rápidos o repentinos. Levine conocía muy bien los rasgos de un sistema nervioso desregulado y por eso consideró fundamental diseñar un método que pusiese a prueba sus capacidades y las hiciese más flexibles, pero sin forzarlo más todavía. Cuando estamos atrapados en el remolino que provoca un trauma sufrido en el pasado, la titulación nos ayuda a bajar el ritmo del sistema nervioso para conseguir situarnos a su altura en el presente.

¿Y eso cómo repercute sobre la terapia somática? Vamos a ver dos maneras en que aplicamos este concepto:

- **Titulación o ralentización del ritmo de una sesión.** Sugerimos y animamos a nuestros clientes a que hagan una pausa y centren la

atención en su interior para captar las experiencias interoceptivas (sensaciones, sentimientos y emociones).
- **Titulación o limitación del contenido que exploramos en las sesiones.** Dicho de otra forma, que no nos zambullimos directamente en los traumas más profundos y agudos (que conforman el epicentro del remolino o vórtice traumático). En vez de eso, empezamos a trabajar por las zonas periféricas, por los bordes exteriores de esos momentos que te afectaron tanto. Paciencia, ahora mismo te daré un ejemplo.

Cuando se combinan estas dos ideas, el asunto cobra un aspecto más o menos así: empezamos por trabajar con fragmentos pequeños de experiencias que suponen un desafío relativamente sencillo, con pausas frecuentes para observar las sensaciones que se desarrollan en el cuerpo físico asociadas a la narrativa. Al dar rienda suelta para que esas sensaciones de desplieguen y desarrollen sin prisas, de forma natural, es posible experimentar momentos graduales de completitud somática, en los cuales el cuerpo, ahora en el presente, puede responder de una manera que en el pasado le resultaba imposible.

Por ejemplo: negarnos a cumplir algo que rechacemos, defendernos, escapar de una situación desagradable, expresar nuestras emociones, hacer frente a la amenaza que se aproxima, entre otros. En otras palabras; cuando permitimos que la carga de supervivencia (adrenalina y cortisol) que se había acumulado de forma lenta y constante finalmente sea accesible, que podamos experimentar sus efectos y eliminarla del sistema, para desbloquearnos y desprendernos de la armadura de autoprotección que nos oprime desde el pasado.

Cuando empecé con la terapia *Somatic Experiencing®* tras sufrir la violación, mi terapeuta me ayudó a entender que había experimentado una respuesta de lucha frustrada durante aquel suceso. Como resultado, había almacenado una activación simpática en mi organismo y era necesario que me librase de aquella carga. Pero no nos lanzamos en picado hacia ese objetivo. Ella decidió empezar con una aproximación gradual, titulizada, que primero me expuso a momentos de ira más fáciles de manejar y superar. Me preguntaba cosas como «¿Recuerdas algún episodio reciente en el que te hayas cabreado de verdad?». Al ir repasando esos momentos de ira menos graves, como cuando alguien no me prestaba atención o cuando recibía un correo electrónico faltón y maleducado, fui consolidando y reforzando mi capacidad para soportar y expulsar la activación (agresividad saludable/reflejo de lucha) sin que me superase la situación. Los meses fueron pasando y yo fui soltando vapor de aquella especie de olla a presión que era mi organismo (y el reflejo del impulso de lucha acumulado). Y así fui descubriendo que en mi vida diaria se iban extinguiendo hasta casi desaparecer la irritabilidad, la frustración y los estallidos de enfado.

Vamos con las notas finales sobre la titulación: a modo de recordatorio, tu sistema nervioso da prioridad a lo que considera familiar, aunque no sea positivo para ti. Aquí sigue aplicando la fórmula «lo de siempre es lo más seguro». Y por tanto, para que el proceso terapéutico favorezca una sanación e integración que sea lenta y sutil, debes prestarle apoyo por medio de la titulación, haciéndolo gradual. A menudo me encuentro con clientes que quieren actuar de inmediato y atacar de primeras el cambio y la transformación, para sanar a nivel profundo. Pero el método *Somatic Experiencing®* empieza por las aguas más someras, por donde no cubren, para luego avanzar poco a poco hacia aguas más profundas y revueltas.

Por último, la titulación también es fundamental en la expresión. Por ejemplo, forzar una liberación catártica de emociones o sentimientos antes de que ese sistema nervioso específico esté preparado podría causarle más daños o volver a traumatizarlo.

Recuerda cómo eran los efectos cuando un fenómeno es demasiado rápido, llega demasiado pronto o es demasiado intenso. Lo más interesante es seguir el ritmo de tu propio sistema nervioso, que es único, y darle espacio para que se libere y descargue de manera natural, de un modo que le resulte tolerable. Ahora bien, eso no significa que no vaya a tener lugar esa misma liberación catártica de forma natural, con estallidos de ira, gritos, lloros inconsolables o temblores, por poner un ejemplo. Todo eso dependerá de si tu sistema nervioso tiene o no la capacidad para contener el malestar y soportar la experiencia.

Vamos a servirnos de la rabia como ejemplo rápido. Llevo años trabajando y a mi consulta han acudido muchas personas que habían sufrido abusos físicos o emocionales en fases anteriores de su vida. Muy a menudo, la respuesta reflejo de lucha que tuvieron que silenciar en otro tiempo porque darle rienda suelta hubiese resultado mucho más peligroso (en plena infancia, resistirse o luchar es un gran riesgo) se quedó también suprimida y bloqueada en la edad adulta. Al trabajar con esos individuos, yo iba titulando gradualmente la exposición a la rabia y la agresividad saludable, como mecanismo para evitar sobrecargar su sistema o condenarlos a recrear un trauma intenso para el que no estarían preparados. Pero sí iba introduciendo momentos tolerables y limitados que estimulaban su respuesta defensiva de lucha, para reforzar su capacidad de gestionar la ira de un modo asequible y controlable. Por ejemplo, en lugar de instarlos de inmediato a que le diesen puñetazos a una almohada entre alaridos, les invitaba a empezar por pellizcar esa misma almohada para aliviar la frustración y percibir cómo percibían esa acción en su cuerpo físico. Ese enfoque titulado y gradual permite que la persona conviva con la rabia en su organismo, que la metabolice y así expanda su capacidad para gestionarla, en lugar de recurrir en primera instancia a una herramienta catártica para volcar esa rabia, aplastarla o expulsarla sin miramientos. Ese enfoque gradual, basado en la titulación, es una piedra angular del método *Somatic Experiencing*® y es crucial para prevenir la retraumatización.

Recursos

Como aprendiste al inicio de este libro, un recurso es lo que probablemente ya te imaginas: cualquier elemento interno o externo que te ayude a generar una sensación de mejora o aceptabilidad. Lo denominamos tu «vórtice de sanación/contravórtice». Los recursos te anclan en un momento que te resulte agradable, sólido, seguro, cómodo, que te sirva de apoyo, que te ancle en el presente o que, al menos, sea neutral. Cuando echas mano activamente de tus recursos, se dice que recurres a ellos.

Puede ser algo tan sencillo como concentrarte en el apoyo que te ofrece la silla en la que descansa tu espalda. O puede ser un recuerdo, como el ruido de tus hijos jugando, o tal vez un detalle que observaste en un instante concreto, como el reflejo dorado de la luz solar sobre los árboles desde la ventana.

En el relato personal que te conté a principios de este capítulo, uno de mis recursos eran las piedrecitas que había recogido del lago Avalanche. Aquí tienes un catálogo de técnicas de recurso básicas que te animo a probar:

1. **Seguimiento interno:** ¿Hay alguna parte de tu cuerpo que te resulte especialmente agradable?
2. ***Grounding* (conexión a tierra):** ¿Eres capaz de sentir el peso de tu cuerpo sobre la silla o sobre los pies si te plantas firme sobre el suelo?
3. **Visualización:** ¿Serías capaz de dibujar o imaginar una imagen, un recuerdo o una visualización que te sirva de apoyo?
4. **Orientación:** muy lentamente, empieza a explorar con los sentidos el espacio que te rodea. Capta los estímulos visuales, auditivos, táctiles, gustativos y olfativos.
5. **Movimiento:** los movimientos de gran amplitud, bruscos o enérgicos podrían sobrecargar a tu organismo, así que es mejor optar por micromovimientos, como concentrarte en seguir un ritmo constante con la respiración, corregir suavemente la postura para sentarte en posición erguida o reclinarte, o quizás estirarte suavemente, empezando por los dedos, para pasar luego a las manos y los brazos.
6. **Autotoque o autocontacto:** ¿Hay algún punto de tu cuerpo que te reclame apoyo o contacto físico? Y si le ofreces apoyo físico (contacto) al cuerpo, ¿sirve de ayuda, es positivo?
7. **Corregulación:** ¿Hay alguna persona que te sirva de apoyo o con quien puedas conectar para apoyarte? Y si no la hay, ¿te la podrías imaginar? Incluso podría tratarse de una mascota.

Existe una regla general para la terapia somática y es la siguiente: tu capacidad para recurrir a estos recursos condiciona hasta qué punto puedes sanar. Para regresar al pasado y resolver los traumas pendientes aún latentes, primero necesitas crear una base de apoyo y fortaleza, en tu interior y también en el exterior. Es el primer paso, esencial para guiar y sostener a tu sistema nervioso de cara a que regrese a un estado ventral, a la seguridad y la conexión. En el idioma de la teoría polivagal, los recursos son las chispas o las señales neuroceptivas de seguridad que el sistema nervioso necesita para promover la regulación.

Cada sesión de *Somatic Experiencing*® comienza identificando un recurso y dedicándole tiempo, para posibilitar que el sistema nervioso se envuelva en la sensación de seguridad antes de pasar al malestar o la activación. Es como si durante unos minutos acondicionásemos el recinto, pero también serviría apoyarse en la corregulación y charlar sobre una anécdota divertida reciente. Las posibilidades son infinitas. A lo largo de la sesión, el terapeuta especialista te guía para oscilar o pendular, yendo y viniendo entre ese recurso y la experiencia de activación o malestar que se quiere explorar. Así se consigue un apoyo de un tipo muy sólido, que nos ancla y devuelve a la isla de seguridad cuando las emociones se vuelven más intensas y nos superan hasta amenazar con arrastrarnos a aguas revueltas.

Pendulación

Un sistema nervioso saludable y bien regulado es capaz de pasar de momentos de estrés (o contracción) a momentos de calma (o expansión). También se considera que esos dos estados opuestos representan el vórtice o remolino del trauma y el vórtice de sanación/contravórtice. Uno de los objetivos principales del método *Somatic Experiencing*® es ayudarte a restablecer la capacidad de saltar de un estado al otro, un biorritmo natural que Peter Levine llama «pendulación».

Dentro de un sistema nervioso regulado, la pendulación se produce de momento en momento; oscilamos alternando constantemente en un vaivén entre contracción y expansión a lo largo de cada jornada. Desde el punto de vista de la teoría polivagal, cuando el sistema nervioso es resiliente y flexible, es capaz de ascender y descender por la escalera polivagal sin grandes problemas, para adaptarse a lo que nos depare la vida.

Yo suelo comparar esta oscilación pendular con el reloj de pared del abuelo. Un sistema nervioso sano es como el péndulo de ese reloj, que oscila de lado a lado, entre activación y desactivación, del miedo a la alegría, del desamparo a la fortaleza... y sin atascarse en ninguno de esos extremos. Pero un sistema nervioso desregulado es muy distinto. Es como si el reloj se hubiese averiado. El péndulo se queda enganchado en uno de los extremos, en el vórtice del trauma, donde la persona queda atrapada y envuelta en su armadura, en estado de contracción. Puede que reviva constantemente la tempestad de emociones que vivió en el pasado o puede que se aísle por completo en un estado de congelación y supresión para evitar sufrir más.

El método *Somatic Experiencing*® se sirve de la pendulación para pasar de ida y vuelta de un estado de aplicación de recursos a un estado activado. Al aceptar e incorporar los momentos de uso de recursos, reforzamos la confianza en la capacidad del sistema nervioso para afrontar y superar retos. Así aprende que es posible experimentar estrés y luego regresar al estado de calma o regulación. Y eso le sirve de prueba para animarlo a atreverse a encarar situaciones nuevas sin obligarse siempre a huir de un malestar potencial. Con el tiempo y la práctica, el sistema nervioso se va pareciendo cada vez más al péndulo de un reloj de pared antiguo, robusto y fiable, que oscila automáticamente por sus propios medios, con fuerza, recursos y resolución.

Así irá ensanchando su capacidad para soportar cargas de estrés cada vez mayores.

Conclusión somática y descarga

Como ya sabes, el método *Somatic Experiencing*® aborda las respuestas reflejas de supervivencia que quedaron incompletas en el pasado y que siguen latentes en nuestro seno, generando síntomas en el presente. El primer paso para la terapia es consolidar la capacidad del sistema nervioso para desarrollar este trabajo. A continuación, en mitad de un momento de activación, puede que tu terapeuta te haga esta pregunta: «¿No habrá quizás algo que tu cuerpo te pida hacer ahora, algo que hace años no pudo?».

Este es el proceso de conclusión o terminación somática. O sea, permitir que el organismo y el sistema nervioso desarrolle hasta completar y poner punto final a respuestas de defensa o protección que se vieron frustradas en ocasiones pasadas. Precisamente en ese instante en el que «concluyes una experiencia que había quedado incompleta» es cuando tienes en tus manos la posibilidad de renegociar el trauma, porque generas una respuesta activa allí donde antes tan solo había una sensación de aplastamiento e indefensión Esas respuestas suaves, expresadas mediante sensaciones, podrían manifestarse como una incorporación o inclinación hacia delante sobre la silla, un giro para encararte en otra dirección, estiramientos de las extremidades para alejar el problema de ti, un recogimiento general y encorvamiento de la espalda para ocultarte, un enderezamiento de la columna vertebral, la adopción de una postura defensiva (para ti personalmente o para defender a otras personas) o la restauración de impulsos orgánicos. Cuando se brinda una oportunidad en el presente para que esas respuestas reflejas de movilización del organismo lleguen a su conclusión, la activación iniciará una descarga natural a través de temblores, lágrimas, agitación generalizada, sudoración o calor corporal.

Levine contó que vivió «una epifanía» al crear el método *Somatic Experiencing*® mientras trabajaba con una paciente llamada Nancy en el año 1969. En su libro titulado *Curar el trauma*, rememoró la historia de Nancy. La resumiré aquí:

> Nancy tenía 24 años cuando acudió a Levine para someterse a terapia y presentaba una larga lista de problemas físicos y mentales, con los que luchaba desde la tierna edad de cuatro años: fibromialgia, síndrome de colon irritable, fatiga crónica, migrañas, ansiedad, ataques de pánico y agorafobia (miedo a salir de casa y exponerse a espacios abiertos). Antes de solicitar ayuda a Levine, había agotado casi todas opciones médicas sin encontrar alivio alguno para sus síntomas. En la primera sesión, Levine colaboró con Nancy para ayudarla a relajarse y sumergirse en su propio cuerpo, a modo de recurso. Durante ese proceso, desvelaron accidentalmente la raíz de sus síntomas: le habían extirpado las amígdalas a una edad muy temprana y, antes de la intervención, las enfermeras y los doctores la habían sujetado por la fuerza para anestesiarla con éter, provocándole un profundo *shock* de puro terror.

La teoría de Levine era que, tras el desafortunado suceso, el sistema nervioso de Nancy permaneció en ese mismo *shock* durante años y años. Deseaba salir del atolladero, pero se sentía atrapada. Durante la sesión, Nancy consiguió imaginarse a sí misma corriendo para huir de la amenaza, que había visualizado como un tigre listo para abalanzarse sobre ella. Tras más de 30 minutos de visualización, el cuerpo de

Nancy fue capaz de dominarse y controlar el impulso de «correr». En primera instancia, la imagen mental se manifestó en intensas ondas de agitación y temblores en las extremidades. Luego los movimientos se fueron suavizando. Por fin, había logrado contactar con el reflejo defensivo innato de su organismo y lo había encauzado para culminar en el presente lo que le había resultado imposible años atrás. Fue una experiencia muy penetrante, que le abrió la posibilidad de renegociar su trauma y le brindó la oportunidad de dejar atrás la sensación de indefensión para transicionar hacia una posición de emancipación y autonomía, consciente de su poder. Los síntomas que padecía, incluidas las afecciones puramente físicas que la habían torturado durante años, desaparecieron tras un puñado de sesiones. Más adelante, ella misma comentó que durante el proceso de la conclusión somática se había sentido «como si me aupase una corriente cálida que me hacía cosquillas».

En palabras del propio Levine, «resolver un trauma es un tesoro, que nos devuelve al ritmo natural de fluctuaciones, como las mareas, entre armonía, amor y compasión».

Un resumen general: los cinco pasos del método *Somatic Experiencing*®

Llegado este punto, espero haberte explicado con claridad (y que hayas entendido) los fundamentos básicos del método *Somatic Experiencing*®. Para aplicar esos fundamentos en un marco práctico, hay que dar ciertos pasos.

Una vez más, debo mencionar que, a la hora de abordar un trauma, es importante contar con la ayuda de un especialista profesional certificado en *Somatic Experiencing*®, porque será mucho mejor que si te pones manos a la obra sin más que tus propios medios. Sin embargo, también es cierto que el método *Somatic Experiencing*® puede ser útil para sobrellevar momentos difíciles del día a día, como verás con el ejemplo que te pondré a continuación.

Al seguir estos pasos, ten en cuenta que el objetivo es bascular (o pendular) entre activación (malestar) y desactivación (tus recursos). En pocas palabras: el proceso se podría resumir en aplicar un recurso, experimentar la sensación, expresarla y luego volver a aplicar recursos. Veamos esos cinco pasos:

1. **Buscar y aplicar recursos:** crea una sensación percibida de seguridad (haz girar tu vórtice de sanación/contravórtice para apoyarte).
2. **Pendular:** siguiendo la máxima de titulación (aproximación gradual), entra en contacto suavemente con el vórtice de trauma o malestar mediante la interocepción o el modelo SIBAM para percibir cómo experimenta tu cuerpo físico este momento.
3. **Conclusión somática:** ¿Detectas algún impulso natural (¡no lo fuerces!) que desees expresar o al que quieras responder de un modo que antes eras o fuiste incapaz?
4. **Descarga:** se producirá de forma natural después de concluir el paso anterior. Es posible que lo notes en forma de cosquilleos, temblores o un sofoco repentino, quizás con llanto, etc.
5. **Buscar y aplicar recursos:** ahora debes retroceder y apoyarte de nuevo en el recurso que empleaste inicialmente.

Veamos un ejemplo:

> Supongamos que acabas de llegar a una reunión social y que te saluda un grupo de gente junto a la entrada. Te pillan con la guardia baja porque una de esas personas es precisamente alguien que te pone de los nervios debido a una experiencia pasada muy dolorosa. Vamos a ver cómo se pondrían en práctica los cinco pasos de la experiencia somática en este caso.

1. **Buscar y aplicar recursos:**
   - Si esta activación súbita te parece insoportable, lo primero es seleccionar y aplicar uno de tus recursos. ¿Qué recurso tendrías a tu alcance en ese instante cuando notas las señales de alerta? ¿Podrías corregularte con alguien que te acompañe o con un amigo que te genere seguridad? Incluso valdría que te lo imaginases, si no está a tu lado allí mismo. ¿Podrías enfocar tu atención al espacio y obligar a tus ojos, oídos o al olfato a que recorran los alrededores hasta captar algo más agradable?

A lo mejor tienes puesta una joya especial para ti... un anillo de la abuela, por ejemplo. ¿Serías capaz de orientar tu atención por la vía kinestésica (o sea, mediante el tacto y el movimiento) hasta centrarla en esa joya?
Concéntrate en sentir la textura, la forma y la temperatura. Elige un eje para centrar tu atención que te genere sensación de seguridad.

» Cuando empieces a notar los efectos del recurso, ¿puedes fijarte para captar qué pequeñas alteraciones se producen en tu propio cuerpo? Tal vez puedas respirar más hondo o percibas cierta relajación muscular o en los rasgos faciales. A lo mejor te sientes más presente en el ahora y mejor asentado en tu propio cuerpo, dueño de tus sentidos. O experimentas emociones agradables, o tal vez notas que se restablece la temperatura corporal neutra y se tranquiliza el ritmo cardíaco. Cuando notes esas señales de desactivación y la acción del «contravórtice», esfuérzate en profundizar en la sensación, saboréala sin prisa. Deja que te envuelva, disfrútala.

2. **Pendular:**
   » Ahora ya está todo listo para pendular, para que bascules poco a poco la conciencia y prestes atención a esa persona cuya presencia dispara tu sistema nervioso. Quizás ni siquiera tengas que mirarla directamente, bastará con que sientas conscientemente que está ahí. Y cuando lo hagas, escucha a tu cuerpo: ¿qué dice, qué notas, qué sientes?

   » Por medio de la interocepción o del modelo SIBAM, puedes captar y registrar cómo experimenta tu cuerpo esa activación. Sabes que si empieza a sentir que la situación es demasiado intensa, brusca o rápida, puedes retroceder al instante, basculando de vuelta para apoyarte en tu recurso. Esa es tu ancla, tu seguro. No olvides que debes concederte la oportunidad de vivir esta experiencia somática (el malestar que se manifiesta en tu organismo físico) sin juzgarte ni ceder al deseo de hacerla desaparecer o de corregir esa sensación supuestamente inapropiada. Mantén la mente abierta para ver qué sucede a continuación.

3. **Conclusión somática:**
   - Mientras sigues viviendo la experiencia somática y le das tiempo para que se desarrolle (tal vez se te acelere el corazón, te suden las manos, tu respiración se vuelva más superficial, se tense la musculatura, etc.), fíjate: ¿da principio a nuevos impulsos, deseos o experiencias? Piensa en que estás subiendo por la escalera polivagal y entrando en el nivel de movilización, de camino al estado ventral, que se encuentra en la cima.
   - Tal vez sientas la necesidad imperiosa de mirar a esa persona a la cara, sin miedo, con resolución. O tal vez notes un impulso que te pide que te des la vuelta y abandones ese lugar, o que al menos te alejes de esa persona (en lugar de continuar en ese estado de bloqueo). A lo mejor te apetece cerrar los puños para sentir la fuerza que late en ti. O tal vez el impulso sea más suave y te anime a tomar de la mano a tu acompañante (y sentir el apoyo que te brinda, algo que no tuviste cuando sufriste aquella experiencia tan penosa).
4. **Descarga:**
   - Al vivir la experiencia que se desarrolla en tu organismo y dejarle expresar lo que seguramente quería llevar a cabo durante todo ese tiempo, es probable que se produzca una descarga natural. La notarás en forma de temblores, cosquilleos, sofocos, suspiros o una respiración muy profunda, relajación o expansión muscular.
5. **Buscar y aplicar recursos:**
   - Ahora toca desandar el trayecto del péndulo y volver al recurso. Deberías anclarte de nuevo en el vórtice de regulación. Igual que antes, cuando empezaste a notar los efectos de ese recurso, fíjate para captar qué alteraciones notas en tu seno. Es muy probable que ese vórtice de sanación te parezca más amplio y potente que antes. Puede que haga tu respiración más profunda, que te relaje todavía más la musculatura, que suavice tu expresión facial, que te sientas más parte del presente y más dueño de tu cuerpo y tus sentidos. Serán sensaciones agradables, mientras la temperatura corporal regresa a la normalidad y se restablece el ritmo cardíaco corriente. Mientras

vayas notando esas señales de desactivación por el efecto del contravórtice, profundiza en ellas, tómate todo el tiempo que necesites para percibirlas y apoyarte en ellas.

La terapia somática no se limita a abordar el trauma. Es una práctica pensada para que te reconcilies con tu energía vital (con las hormonas del estrés a niveles saludables), que antes eran rehenes de tu estrategia para sobrevivir. En los capítulos siguientes te explicaré cómo poner en práctica técnicas para reconectar con la sabiduría primordial e innata de tu cuerpo y para desprenderte de la armadura protectora que te impone el sistema nervioso. Cuando se libera y vierte tu energía vital, te devuelve la alegría, el significado, la motivación y la vitalidad.

Glosario de términos

Incluyo aquí un pequeño glosario, con explicaciones detalladas de cada concepto:

Capacidad: resiliencia, cualidad de un sistema nervioso para experimentar, soportar y contener sensaciones y sentimientos, tanto agradables como desagradables.

Conclusión somática/renegociación: se da cuando nuestro sistema nervioso vive la experiencia de «conseguir hacer en el presente lo que no fui capaz de hacer en el pasado».

O sea, que por fin se inicia una respuesta de carácter defensivo o protector en el sistema nervioso (para huir de una situación, acercarse al problema, para protegerte o defenderte de otros, o siquiera para concederte tiempo para enfocarte sobre una amenaza cercana), lo cual abre la puerta para renegociar el trauma.

Descarga: respuesta transicional que se produce como consecuencia de una repuesta defensiva o de protección. Una descarga natural que libera un torrente de hormonas segregadas para favorecer la supervivencia (adrenalina y cortisol) suele manifestarse en forma de sofocos, temblores, agitación, cosquilleos u otros movimientos, como puedes consultar en la página 254 de este mismo capítulo.

Interocepción: conciencia de la percepción interna del cuerpo físico.

Propiocepción: capacidad del propio cuerpo para percibir qué lugar ocupa en el espacio y el tiempo.

Pendulación: se trata de los desplazamientos de oscilación naturales entre los estados de contracción (vórtice de trauma) y expansión (vórtice de sanación) del sistema nervioso. Puedes considerarlo como tu biorritmo.

Recurso: cualquier medio interno o externo que origine una sensación percibida de calma, seguridad, presencia, conexión o bienestar.

Regulación: capacidad del cuerpo para autorregularse y buscar un equilibrio natural entre contracción (activación) y expansión (desactivación).

Sensación percibida: consciencia o intuición corporal de tus emociones, sensaciones y experiencias.

SIBAM: este es el modelo que engloba los cinco elementos que encarnan una experiencia: sensación, imagen, comportamiento, afecto y significado (*Sensation, Image, Behavior, Affect, Meaning*).

Titulación: avance gradual a ritmo lento y pausado.

Vórtice de sanación/contravórtice: en contrate con el vórtice de trauma, el de sanación representa nuestro estado de relajación y desactivación. Un estado donde prima la regulación y contamos con recursos. El vórtice de sanación es la base de la seguridad y la conexión (nivel ventral vagal).

Vórtice de trauma: fenómeno por el cual un trauma que sobrepasa las capacidades de tolerancia y asimilación del sistema nervioso te consume en la vida diaria. Existen dos posibilidades: o el remolino te atrapa y absorbe, o bien te pasas todo el tiempo escapando de él. El vórtice de trauma representa los estados de contracción y activación (reflejo de lucha, huida o congelación y bloqueo).

CAPÍTULO 10

Una guía para experimentar por tus propios medios: consejos antes de empezar

Los siguientes seis capítulos te ofrecen instrucciones paso a paso para aplicar prácticas somáticas por tus propios medios. Cada uno cubre un Itinerario somático y propone una Biblioteca de herramientas somáticas para abordar los cinco estados de bloqueo del sistema nervioso (lucha, huida, desconexión, congelación funcional o resignación). El Capítulo 16 expone directrices para buscar y aplicar recursos a situaciones y dificultades cotidianas. Pero en primer lugar, quiero transmitirte información básica y crucial para que estas experiencias resulten seguras y sean amables contigo.

Somatic Experiencing®: un modo de vida

Es fundamental entender que embarcarte en este tratamiento para sanar tu sistema nervioso no es un proyecto a corto plazo. Exige compromiso; es un cambio de estilo de vida. Empieza de manera suave y gradual, para ir luego consolidándose a medio y largo plazo. No olvides que estás trabajando con conductas, creencias y emociones de carácter biológico, automático y subconsciente. Y probablemente hace ya muchos años que se introdujeron en tu programación interna. Así que más vale que cuentes con que crear nuevos patrones y redes neuronales (que promoverán repuestas nuevas y las harán más habituales) costará tiempo.

Las transformaciones no cuajan de un día para otro. No habrá resultados repentinos, sino que se irán produciendo cambios graduales y sutiles, casi imperceptibles hasta que un buen día te percates de que la vida ha cobrado un aspecto distinto para ti.

Lo podríamos comparar con apuntarte a un gimnasio para ganar fuerza y resistencia física. En ese caso empezarías por las mancuernas más pequeñas, para prevenir lesiones. Luego irías subiendo el peso y la intensidad, poco a poco, a medida que aumentase la fuerza. No se notaría de inmediato la transformación física, pero si lograses mantener el compromiso con los entrenamientos, llegaría un día en que, al echar la vista atrás, descubrirías que te has convertido en una persona diferente.

Y eso es lo que yo quiero para ti: un proceso de sanación gradual, que título a título se consolide y avance con la vista puesta a largo plazo. Es posible que te inclines más a acelerar el proceso, porque quieres sanar «ya mismo». Lo entiendo, es lógico. Llevas años luchando, sufriendo, esforzándote por salir adelante. Te oprime la fatiga y te has hartado de vivir así y sentirte tan mal. Pero por urgente que sea esa recuperación, lo que tu cuerpo necesita es avanzar a ritmo pausado, a una velocidad que le permita anclarse en el momento presente, en lugar de seguir atrapado en las turbulencias del vórtice de trauma del pasado.

En realidad, ese ritmo pausado es uno de los principales ingredientes de la terapia. Y sin embargo, es precisamente en este punto donde encallan muchos de mis clientes: les parece que el proceso de recuperación no es suficientemente rápido ni ambicioso. Eso puede originarles creencias limitantes, como «Lo que hago es insuficiente», «Así jamás mejoraré» o «*No puedo seguir así, tengo que corregirme*». Cuando sucede esto, a menudo les recuerdo (sin presionarlos) que lo que nos interesa es salir de ese caos provocado por el «demasiado rápido, demasiado intenso, demasiado brusco». Además, la presión extra que nos asignamos por sanar genera un mayor estrés en el organismo. Pero dado que la sensación con la que están más habituados precisamente es la de las prisas y la urgencia, eso es lo que desean en el plano subconsciente. Entonces les recuerdo el planteamiento básico: que el objetivo no es expulsar el malestar, sino incrementar la resiliencia para tolerarlo y así conseguir a largo plazo que se reduzcan sus efectos.

Las herramientas del método *Somatic Experiencing*® son temporales

Las herramientas y técnicas sobre las que te informaré en los restantes capítulos de este libro sirven de apoyo temporal mientras tú creas y consolidas una mayor resiliencia en el sistema nervioso y la práctica somática orgánica.

Ahora volvamos a la analogía del agujero en la arena. Cuando tu capacidad para contener y soportar el malestar es muy pequeña, a veces pasa que una herramienta somática te proporciona el apoyo necesario para reducir o contrarrestar esa sobrecarga. En la analogía del hoyo, esas herramientas somáticas podrían adoptar la forma de pequeños calderos que te ayudan a evacuar el agua (el malestar) que inunda el agujero (que representa tu capacidad) cuando no es suficientemente profundo. Y aunque aportan un alivio pasajero ante situaciones que resultan demasiado intensas, demasiado rápidas o bruscas, no es buena idea que te conviertas en una persona totalmente dependiente de esas técnicas para librarte del malestar.

Cuando nos fijamos en qué aspectos emergen alrededor de la terapia somática y la regulación del sistema nervioso, parece que se ensalzan las herramientas somáticas y los remedios inmediatos, sin prestar la misma atención a un hecho clave. Y es que, aunque son útiles, la meta final de sanar tu sistema nervioso consiste en aumentar la capacidad para convivir con tu cuerpo, en lugar de apresurarte a arreglar ese malestar, expulsarlo o dejarlo atrás. No nos interesa acabar teniendo que recurrir al caldero auxiliar cada vez que entre un poco de agua (malestar) en el hoyo. Es imprescindible darle tiempo al agua para que la arena la absorba y así erosione el hoy y lo vaya agrandando. Porque así crecerá su capacidad. El objetivo es que te sientas progresivamente más cómodo y que apliques con coherencia el proceso somático, para que el sistema nervioso se habitúe al movimiento pendular natural por sí mismo, sin que tú debas intervenir ni dar órdenes. ¿Te acuerdas del reloj de pared? Pues las técnicas somáticas te pueden ayudar a darle un empujoncito al péndulo cuando se quede atascado, pero siempre con la finalidad de devolverlo a su ritmo automático propio, entre desactivación y activación.

Al fin y al cabo, no son esas herramientas las que te van a curar. Ni este libro tampoco. Ni siquiera es el método *Somatic Experiencing®* el que te hace sanar. Quien te cura eres tú, personalmente. El itinerario que te propongo en este libro no hace otra cosa que guiarte para que regreses a ti, a tu persona y a los recursos innatos que hay en tu seno para tratarte. Nadie ni nada puede sanarte mejor que tú personalmente. Estás diseñado/a para eso, lo llevas incorporado en tu biología.

RECORDATORIO:
AVISOS BÁSICOS SOBRE LA TERAPIA Y LA SANACIÓN

- Si hablamos de terapia, los pequeños pasos son grandes saltos.
- A medida que te recuperas con la terapia, tu cuerpo recobra su vitalidad, como si experimentase el mundo por primera vez. Es normal que surjan emociones o sensaciones desagradables.
- Al cuerpo le lleva tan solo 90 segundos metabolizar o pasar por una emoción, una sensación o un sentimiento, incluso los difíciles.
- Cuando un cuerpo lleva tiempo atascado en un estado de supervivencia, a veces le resulta más complicado sentir alegría y seguridad que sentir malestar. Expandir la capacidad para aplicar recursos es igual de importante (o más) que aumentar tu capacidad para soportar cosas desagradables.
- Los factores estresantes disparadores suelen ser recuerdos del pasado o regresiones a una edad emocional anterior. Cuando brotan, evita ponerte a juzgarlos y procura tratar con compasión esa versión más joven de ti.
- La sanación adopta un aspecto diferente para cada persona.
- Del mismo modo, el trauma es específico y distinto para cada persona.
- Cuando caigas en momentos de crítica o te juzgues, plantéate el cuestionamiento de las Tres Cs: curiosidad, contexto y compasión, como te expliqué en la página 204.
- No asumas que la terapia y la sanación son procesos bonitos. El itinerario para avanzar incluirá días muy duros.
- Descansar es imprescindible. Es productivo y no es obligatorio que hagas nada para merecértelo.
- Este es un proceso que durará toda la vida. ¡No tengas prisa!

Itinerarios somáticos

Cada uno de los itinerarios te proporcionará un ejemplo detallado y un desglose de pasos para que aprendas cómo aplicar el método *Somatic Experiencing®* para iniciar el proceso de desatascarte y salir de cada una de las cinco personalidades (o estados) de atascamiento.

> *Debes tener en cuenta que, aunque estos itinerarios son modos de abordaje habituales para esos estados de atascamiento, no todos los ejemplos o las sugerencias que te planteo tendrán el mismo efecto sobre tu sistema nervioso individual y concreto. Lo que pretende este capítulo es ofrecerte ideas para que te inspires y entiendas mejor cómo podrías incorporar las técnicas de Somatic Experiencing® en tu proceso de sanación.*

Un repaso a los cinco pasos de *Somatic Experiencing®*

Antes de explorar los itinerarios, vamos a revisar los cinco pasos que componen el método *Somatic Experiencing®*:

1. **Recurso:** crear una sensación percibida de seguridad (haz girar tu vórtice de sanación/contravórtice para apoyarte).
2. **Pendular:** siguiendo la máxima de titulación (aproximación gradual), entrar en contacto suavemente con el vórtice de trauma o malestar mediante la interocepción o el modelo SIBAM para percibir cómo experimenta tu cuerpo físico este momento.
3. **Conclusión somática:** ¿Detectas algún impulso natural (¡no lo fuerces!) que desees expresar o al que quieras responder de un modo que antes eras o fuiste incapaz?
4. **Descarga:** se producirá de forma natural después de concluir el paso anterior. Es posible que se note en forma de cosquilleos, temblores o un sofoco repentino, quizás con llanto, etc.
5. **Recurso:** ahora hay que retroceder y apoyarse de nuevo en el recurso que empleaste inicialmente.

Biblioteca de herramientas somáticas

Como ya he mencionado al principio de este capítulo, cada Itinerario somático para las cinco personalidades atascadas irá seguido de una

Biblioteca de herramientas somáticas. Piensa que estas herramientas serán como tus calderitos para sacar agua del hoyo, puedes recurrir a ellas cuando necesites un apoyo o cuando tu organismo te brinde la oportunidad de darle un suave empujoncito para entrar en la fase de conclusión somática. A continuación encontrarás una breve introducción, con instrucciones para usar las herramientas, cuándo usarlas y cómo saber si están funcionando.

Las herramientas somáticas te ayudarán a buscar y aplicar recursos de tu propio cuerpo o entorno (regularte en sentido descendente) cuando la activación te parezca difícil de soportar o para favorecer un impulso movilizador para expresarte o responder de una manera que te era imposible en el pasado (regularte en sentido ascendente).

No olvides que cada sistema nervioso es único, así causarán efectos distintos para cada persona. Es posible que unas cuantas de estas técnicas no tengan ningún efecto en tu caso, o incluso que tengan resultados opuestos a los esperados. Por eso es tan importante respetar la titulación gradual y la pendulación al experimentarlas. Al principio, es fundamental que las pruebes poco a poco, para hacerte una idea de cuáles te sirven de apoyo y cuáles no. Cuando algo te parezca excesivo, demasiado intenso, siempre puedes ejecutar el movimiento pendular correspondiente, retroceder y echar mano de tus recursos al instante. No olvides que también tienes la opción de hacer todavía más gradual la aplicación de una herramienta. La decisión es tuya. Supongamos que un acto físico es excesivo y no puedes tolerarlo, ¿qué tal si te limitas a imaginar y visualizar sin más esa misma acción? Por ejemplo, en lugar de cerrar y apretar los puños cuando sientas el impulso de pelear, ¿qué tal si te limitas a visualizar esa acción, a ver qué pasa? Tómate el tiempo que necesites para sintonizar con las medidas que sean más eficaces y aporten más apoyo en tu caso.

Reglas básicas para aplicar las herramientas somáticas

- **Tiene que ser breve.** No debes aplicar estas técnicas por espacio de más de unos minutos, como máximo.
- **Empieza por una sola herramienta:** Lo mejor es no utilizar más de una a la vez. Por ejemplo, no es aconsejable que saltes inmedia-

tamente de una (por ejemplo, unos minutos de golpes de talón) a otra (como correr en carrera estática unos minutos). Si exageras, podrías sobrecargar tu sistema nervioso.

- **Debes aplicarlas siempre en un lugar cómodo.** Estas herramientas se pueden poner en práctica en cualquier sitio que te parezca apto y agradable. Puede ser en la oficina, en tu dormitorio, en el coche (salvo si eres tú quien conduce) o en un espacio público. Como vimos en el capítulo anterior, hasta es posible asimilar una activación en plena reunión social y mantener la compostura y la discreción.

¿Y cómo sabrás si las herramientas de *Somatic Experiencing*® funcionan?

Por suerte, hay muchas señales que confirman su eficacia:

- Tu cuerpo emitirá respuestas físicas involuntarias para resaltar que se inicia un impulso nuevo o que se está produciendo una descarga. Pueden ser bostezos, tragar saliva, suspiros, estiramientos, movimientos, cambios de postura, cosquilleos en los dedos, picores en brazos o piernas, o quizás una sensación de frescor súbito que se extiende por tus extremidades o por la cabeza.
- Puede que te sientas más ligero/a y que esa sensación vaya acompañada de cierto alivio, de una especie de liberación o de una tensión que desaparece o se descongestiona.
- Sientes que te invade una ola de serenidad. El ritmo cardíaco frena hasta regresar a valores habituales y la respiración se tranquiliza.
- Se regula y normaliza la temperatura corporal.
- Aprecias una mayor claridad mental y en tus razonamientos.
- Te sientes más plenamente en el presente, con los pies bien firmes en el espacio que te rodea, en sintonía plena con tu cuerpo. Por ejemplo, quizás te des cuenta de que puedes sentir la conexión física entre la silla y los huesos de la cadera.
- Te resulta más fácil mostrar una postura abierta y receptiva a la conexión con otras personas.

Es muy útil calibrar el nivel de intensidad de las sensaciones. Puede ser en una escala de 0 a 10 (siendo el 10 el nivel más intenso) o bien en una escala de porcentajes. Por ejemplo, en la escala de 1 a 10 podrías notar que «La tensión en el pecho sube hasta el nivel 7». Cuando utilices las herramientas, fíjate para detectar cambios mínimos o muy sutiles en esas escalas, porque no serán demasiado acusados. Pero eso sí, una subida o bajada de un solo punto ya es una señal de que algo funciona.

CAPÍTULO 11

La rabia y la armadura de la lucha

La rabia es una emoción primaria y necesaria, que no debería darnos miedo. Nos sirve para acceder a la agresividad saludable, lo que Peter Levine denomina «fuerza vital» o «vitalidad». Es la fuerza innata, la energía que nos inspira la idea de que somos capaces, porque somos fuertes, porque nos merecemos que salga bien. La ira es un bálsamo que cura la vergüenza y la represión, que anidan en los estados paralizantes de desconexión, congelación funcional y resignación. Canalizamos nuestra agresividad saludable y nuestra vitalidad para fijar y hacer respetar límites, para defendernos y defender a otras personas, para promover nuestros intereses, para tomar la palabra y exponer nuestro punto de vista (lo que atrae conexiones más profundas y saludables) y para impulsarnos, para progresar en la vida. Sin esa rabia como motor, es fácil que te empantanes, que te desconectes de tu propio yo y que te dejes dominar por los objetivos, planes y deseos de otras personas.

Cada vez que se acercan las fiestas de Navidad, me llega una oleada de clientes a la consulta en busca de apoyo. Lo creas o no, esa es la temporada alta para los brotes de rabia. Desde mediados de noviembre y hasta entrado el año nuevo, siempre se acumulan los casos de activación y se acentúa el nerviosismo provocado por la perspectiva de asistir a las reuniones familiares y eventos sociales imposibles de esquivar. Porque sabemos que allí nos encontraremos precisamente con personas que disparan nuestros estímulos. Tal vez porque nos hicieron daño en otro tiempo, porque nos menospreciaron, porque siguen actuando con prepotencia y desdén aunque ya sean más que adultas. Sabemos que en esas ocasiones tan disfuncionales se nos despertará la frustración y no tendremos más remedio que tragárnosla, porque siempre ha sido así. Sobre todo con esas personas. Es la máscara, la armadura que siempre nos hemos puesto: desconectar, silenciar, resignarnos o evitar la situación por completo. Probablemente a edades más tempranas todo eso aún tuviese algo de sentido porque quién sabe qué castigo nos esperaría si actuásemos de otra forma. Luego hay gente que siente bullir la rabia en su interior, a punto de estallar porque nunca la ha expresado, y esa presión interior se acentúa cada vez que se encuentra a esas mismas personas.

En entornos así, en los que es habitual retroceder hasta nuestro yo infantil (que opta por desconectar, por desarrollar una rabieta, por escaparse o por resignarse a complacer a todo el mundo), existe el riesgo de que nuestro sistema nervioso se active por detalles que en realidad no parecen tener la más mínima importancia. Para esas partes más jóvenes de nuestro yo que se alzan y nos recubren de placas de armaduras, cualquier minucia parece un problema de vida o muerte.

Me acuerdo de Kristi, una cliente que llegó a una sesión hecha una furia, llena de resentimiento y de vergüenza tras una cena de Navidad en la que su padre le había levantado la voz a su hijita pequeña (la nieta) tan solo por haber escamoteado inocentemente un trocito de la tarta de manzana antes de que se sirviese. Vamos, que le soltó una riña que la desmoralizó exactamente igual que había hecho antes mil veces con la propia Kristi. Y Kristi quería defender a su hija, de verdad, quería plantarse y explicarle a su padre cómo se sentía… pero se quedó helada, como deslumbrada, incapaz de reaccionar. Fue una respuesta automática, tan integrada y acostumbrada que le resultaba familiar. No logró salir de su asombro e incredulidad hasta que vio la desolación en la carita de su hija. En ese instante, se excusó en nombre de las dos y se la llevó a otra habitación de la casa para que se desahogase y llorase en privado, igual que hacía la propia Kristi. Cuando acudió a mi consulta, la torturaba el sentimiento de culpa. «Fallé, no la protegí», me confesó. «Me siento tan débil. Soy una madre espantosa».

En aquella sesión fue cuando empezamos a conectar progresivamente con la agresividad saludable y la fuerza vital innatas de Kristi, que llevaban demasiado tiempo constreñidas. Se imaginó como una osa madre, una figura fuerte y capaz de defender a sus crías. Oscilando entre búsqueda de recursos y activación, Kristi acabó por abrir paso para que la energía movilizadora que la predisponía a la lucha pudiese fluir en la terapia. Inundó sus extremidades, se desplegó desde sus grupos musculares principales y la impulsó tras cierto tiempo hasta provocar que adoptase una postura resuelta y decidida. Se visualizó como la figura protectora firme que su hijita necesitaba en aquel momento. Exactamente la misma figura que la propia Kristi hubiese necesitado antes. Fue una experiencia intensa y muy emotiva, que al fin puso en sus manos todo su poder y le permitió empezar a restablecer los impulsos orgánicos que le permitirían ganar confianza y fuerza.

Este es un ejemplo ideal para la rabia que puede estallar durante una reunión familiar, como la que acabo de describir.

1. **Recurso:** en situaciones como un encuentro familiar, una reunión o cualquier escenario donde sepas que es muy probable que algún estímulo te provoque un ataque de rabia, es buena idea planificar por anticipado y tener un recurso a mano. Por ejemplo, si tienes la certeza de que tu pareja o alguien próximo estará presente a tu lado, podrías pedirle que sea tu corregulador para prestarte apoyo. Yo echo mano de mi marido muy a menudo en este sentido y él ya es consciente de que, si en algún momento le tomo de la mano espontáneamente, es porque necesito un ancla para sostenerme. Si no tienes a nadie que te preste esta clase de ayuda, piensa en recurrir a la orientación exploratoria (o sea, a observar atentamente el entorno con todos tus sentidos) o la orientación kinestésica (cuando utilizas un objeto como recurso, con el que conectas por medio del tacto). Tengo clientes que siempre llevan encima algún frasquito de aceites esenciales, para que llegado el momento puedan recurrir a ese olor para reorientarse, calmarse y aliviar tensiones. Eso les ayuda a anclarse en el presente. También hay quien opta por ponerse cierta joya o complemento clave, o que se

limita a orientarse esforzándose en percibir el tacto y la textura de la ropa que visten. Lo interesante es que cuentes con algún recurso que te auxilie para conectar con el momento presente. Cuando eches manos de él y comiences a formar tu contravórtice, debes llevar un inventario interno/interoceptivo para percibir y registrar cómo afecta ese recurso a tu cuerpo físico. Por ejemplo, si favorece la serenidad, si te anima a respirar más hondo o a ser más consciente del momento presente, etc. Se puede intensificar la aplicación y el efecto de recurso a través de los canales del modelo SIBAM (sensación, imagen, comportamiento, afecto y significado) para tomar nota de la experiencia.

2. **Pendular:** ahora, en esos instante en que brote la furia, lo ideal sería ir profundizando suavemente en esa experiencia dentro de tu cuerpo. O sea, entrando en la activación, dejarte envolver por el vórtice de trauma. La clave es la titulación, avanzar gradualmente. Por el momento, limítate a observar y sentir, sin expresar ni intentar expulsar o erradicar sensaciones. Te puedes plantear preguntas como estas: ¿Cómo noto esta rabia? *¿De qué maneras intenta mi cuerpo comunicarme que tengo un enfado monumental?* Se trata de vigilar y seguir la experiencia interoceptiva (sensación, sentimiento, emoción) y captar su intensidad. Los elementos del modelo SIBAM también pueden ser útiles (consulta la página 238). Si la activación se vuelve demasiado fuerte y difícil de tolerar, entra y sal de ella, alternando entre la propia activación y tu recurso.
3. **Conclusión somática:** mientras permites que tu cuerpo se adentre de forma tolerable en el vórtice de trauma generado por la ira, fíjate para ver si percibes algún cambio o impulso, una señal de que tu cuerpo quiera hacer algo como expresarse, moverse o actuar. Si surge una respuesta orgánica, debes permitir que la conclusión se desarrolle lentamente hasta culminar (por ejemplo, deja que suba la temperatura de la situación, no la evites, pero limítate a cerrar los puños, erguirte con una postura bien plantada, adoptar una mirada defensiva y firme, hinchar el pecho, fijar un límite, decir que «no», etc.). Todas tus repuestas deben respetar la titulación, o sea, ser graduadas y graduales.

Si tu organismo reclama un empujoncito y tiene capacidad para asimilarlo, consulta la Biblioteca de herramientas somáticas para la ira, que figura al final de este capítulo.

4. **Descarga:** ahora que estás experimentando las sensaciones de tu cuerpo y quizás incluso expresando lo que en tu fuero interno siempre quisiste que sucediese, es probable que se produzca una descarga natural de hormonas que favorecen la supervivencia. Se manifestará en forma de temblores, cosquilleos, sofocos, suspiros espontáneos, relajación muscular o expansión. Dale rienda suelta a esa descarga, deja que ocurra y así regresarás a la desactivación.
5. **Recurso:** si pendulas y basculas hacia el recurso elegido, ¿eres capaz de anclarte en la regulación del contravórtice? Igual que antes, en cuanto empieces a notar los efectos del recurso aplicado, procura fijarte en qué pequeños cambios y alteraciones tienen lugar en tu organismo. Podría ser una respiración más profunda, una distensión de los músculos, una expresión facial más suavizada, una mayor consciencia del momento presente, un asentamiento más firme en tu propio cuerpo y tus sentidos, emociones agradables, un retorno de la temperatura corporal a los valores normales, una regulación del ritmo cardíaco. Cuando captes estas señales de tu regulación y del contravórtice, profundiza en ellas, trata de profundizar, despacio y sin prisa, apoyándote en cada detalle. Por último, para alcanzar un momento de integración, reflexiona por un instante: ¿tal vez esta experiencia ahora tenga un significado diferente? Por ejemplo: *soy una persona fuerte, me merezco que las cosas salgan bien, soy capaz y estoy en una situación de seguridad.* Cuando te percates de esta nueva narrativa, haz lo posible por percibir cómo se siente en tu cuerpo ese significado novedoso.

Biblioteca de herramientas somáticas para la rabia y la armadura de lucha

Objetivo: desencadenar una movilización general en tu cuerpo físico, específicamente de los impulsos defensivos que expresan fuerza, agresividad saludable y fuerza vital, que habían sido frustrados o chafados en ocasiones anteriores. Estas herramientas son para usar en el paso 3, el de la conclusión somática, siempre y cuando tu organismo tenga capacidad para asimilar y beneficiarse de un pequeño empujoncito.

Ejercicio:

- **Aullido silencioso.** Permite que tu cuerpo se exprese con un grito primario, un aullido, pero sin activar las cuerdas vocales. O sea, en silencio.
- **Sonidos animales.** Prueba a escuchar grabaciones de los sonidos que emiten animales salvajes y poderosos (como el rugido de un león o los gruñidos de un oso). Después de un minuto, revisa si en tu cuerpo se ha producido algún cambio. Esta clase de grabaciones las puedes encontrar en Internet o en servicios de música en *streaming*.
- **Tensión y relajación de las mandíbulas:** acepta la tensión y la rigidez de apretar las mandíbulas por unos instantes, pero luego relaja poco a poco la lengua y permite que las mandíbulas se aflojen hasta abrir la boca de par en par.
- **Apretar los puños:** cierra los puños y apriétalos tanto como puedas.
- **Gruñir:** deja que escape de ti un rugido grave, ronco y prolongado, «GRRRRRR». Para profundizar en esta técnica, añádele movimiento tensando y empujando con los brazos (puedes hacerlo en una silla o de pie).
- **Fijar límites espaciales en tu periferia.** Empieza por ponerte en pie, firme y con los hombros echados hacia atrás, el pecho abierto, los pies a la anchura de los hombros. Flexiona ligeramente las rodillas, apoya el peso en tus cuádriceps. Detente a percibir cómo se siente apoyarte así en las piernas y los pies mientras tomas consciencia de tu equilibrio, de tu estabilidad y de tu centro de gravedad. Ahora separa un poco los pies, más allá de los hombros, para adoptar una postura más amplia, de forma que tu cuerpo ocupe más espacio. Vuelve a centrar el peso en los muslos y los pies, vuelve a captar cómo te sientes. Si te apetece, puedes bascular el peso de izquierda a derecha, para que así tu tronco se balancee y ocupe todavía más espacio. Este ejercicio emplea la agresividad saludable para fijar límites y conquistar un espacio con tu cuerpo. Fortalece

tu sistema vestibular (equilibrio, estabilidad y centro de gravedad), que está en comunicación permanente con el sistema nervioso.

- **Comprimir un cojín.** Toma una almohada o un cojín, agárralo bien y apriétalo gradualmente hasta aplastarlo y estrujarlo a fondo. Empieza suavemente, solo con las manos, para después ir subiendo la fuerza haciendo que participe también la musculatura de los brazos.
- **Recuperación de la postura.** Utiliza como apoyo un cojín, un escritorio o una mesa; relaja por completo la cabeza y el cuello, hasta que la columna vertebral se hunda y destense. Desde esta postura, espera a percibir un impulso orgánico que te anime a ir incorporándote poco a poco, estirando la columna. Hazlo muy despacio, enderezando y elevando vértebra por vértebra. Por último, levanta el cuello bien estirado y alza la cabeza. Siente cómo se abre tu plexo solar y eleva la barbilla, nota cómo te llenas de energía y fuerza. Debe ser un proceso lento, que dure entre uno y dos minutos. Si te encuentras a gusto con la dinámica, puedes complementar el ejercicio con una postura de Superman (alargando los brazos hacia arriba y delante) para finalizar.
- **Retorcer una toalla.** Toma una toalla, una manta o un paño grueso y retuércelo tan fuerte como puedas, hasta que sientas que los músculos de brazos y manos no pueden más y empiezan a temblar.
- **Empujones a la pared.** Ponte en pie de cara una pared y apoya en ella las dos manos, más o menos a la altura de los hombros. Desplaza un poco los pies hacia atrás y concentra toda tu fuerza para empujar la pared como si quisieras moverla o atravesarla. Practica este ejercicio entre 10 y 20 segundos y luego haz un descanso de duración similar. Repítelo hasta cinco veces.

Visualizaciones

- **Protector competente.** Imagina que tienes junto a ti a un aliado, un protector, una persona, un animal o un arquetipo que te presta apoyo en este momento. Imagina que está justo a tu espalda, dispuesto a actuar para ayudarte. También puedes visualizarlo a tu lado, listo para intervenir.

- **Visualización de «No»/«Basta»:** Imagínate diciendo que no, que ya basta. Visualiza cómo alzarías la mano para señalizar que la situación no puede continuar así, que tomas la palabra para negarte o exigir que la situación pare. Luego, ve izando la mano lentamente y extiende el brazo para señalar esa voluntad. No olvides que esta herramienta debe aplicarse en forma titulizada y gradual, de modo que le resulte aceptable y confortable a tu cuerpo y tu sistema nervioso.
- **Animal protector.** Imagina que eres un animal salvaje, fuerte y ágil, alerta y listo para defenderse (puede ser un oso, un león, un lobo, un tiburón, un perro, etc.).
- **Antepasado/a sabio.** Visualiza a una persona de tu familia, de entre tus antepasados, que consideres poseedora de poder y sabiduría. Ahora reflexiona un instante; piensa que la estructura celular y la composición genética de esa persona también forman parte inherente de ti. Tu fuerza es heredera de la suya. Y fíjate bien mientras meditas sobre la sabiduría y la fuerza vital intergeneracional: ¿qué sensaciones se te despiertan internamente?

CAPÍTULO 12

El miedo, la ansiedad y la armadura de la huida

La ansiedad es una emoción necesaria, que tiene una función protectora y hunde sus raíces en tu respuesta refleja al miedo: la huida. Forma parte de la naturaleza humana y puede brotar frente a diversos escenarios habituales desde la más tierna infancia. Por ejemplo: temor y timidez ante personas desconocidas, miedo a la separación, fenómenos meteorológicos, oscuridad, pesadillas, ansiedad por los resultados escolares, terror ante los gérmenes, a la enfermedad o al daño físico, temor al rechazo por parte de compañeros o iguales, etc. El miedo es útil y es saludable… mientras no interfiera con nuestra vida normal. Para algunas personas, una pequeña alteración o dificultad puede bastar para hacerles caer en barrena.

En su definición más escueta y pura, la ansiedad es una respuesta natural ante experiencias que nos resultan inusuales o insoportables. Debes tener muy claro esto: todos los elementos que componen tu persona y tu personalidad tienen sentido, también el miedo y la ansiedad. Se trata de que el sistema de alarma de tu cuerpo te envía un mensaje. Pero recuerda, ningunear esa alerta no la hará desaparecer. Lo que sí te servirá de ayuda será conectar con esa alarma, y eso requiere confirmar que la has recibido, aceptarla y encararla.

Por eso resulta tan irritante cuando te recomiendan «que te calmes» cuando te atrapa la agonía de la ansiedad. A lo mejor te lo dicen mientras estás temblando y tiritando, tratando de imponer tu fuerza de voluntad para sosegarte. Pero es que resistirte a esa alarma de la ansiedad solo a base de forzar la calma no es más que otra forma de evitar el problema (algo que se les da muy bien a quienes exhiben una respuesta de huida crónica, o sea, que escapan de las dificultades). Es como suponer que basta desactivar y apagar la alarma para anularla. Pero en realidad solo la posponemos, por un plazo muy breve. Como cuando le pedimos cinco minutos más al despertador. Evitar un problema no es lo mismo que asimilarlo y digerirlo. La sobrecarga de hormonas que movilizan al organismo para la supervivencia se desata incluso ante estímulos estresantes de intensidad mínima.

Por otra parte, desde la perspectiva somática, es preciso reconocer que el miedo y la ansiedad tienen un propósito al que no has prestado la atención debida y que, si dedica tiempo y espacio suficientes para experimentar sus efectos gradualmente, acabarán por desaparecer por medios naturales. Dicho de otro modo: esas tiritonas y esos temblores son precisamente las maniobras que el cuerpo debe ejecutar para librarse del exceso de estrés.

Dentro de aquellos que acuden a mi consulta hay un grupo al que veo sufrir por la ansiedad con mucha frecuencia: las madres primerizas. Durante el embarazo, toda mujer se expone a niveles muy elevados de secreciones hormonales y tras dar a luz, esas concentraciones cambian drásticamente. Súmale la falta de sueño y las expectativas nada realistas que la sociedad les impone a esas madres primerizas... ¡pues lo normal es que sufran ansiedad! Todavía me acuerdo de con qué facilidad percibía mi sistema nervioso cada estornudo o tosecilla de mi bebé y encima lo interpretaba automáticamente como una señal de peligro. Con el paso de los años, han sido muchas las mamás que han acudido a mi consulta en busca de ayuda para su ansiedad, tanto primerizas como otras que ya tenían experiencia y varios hijos. Lo que he aprendido es que, para la mayoría, la ansiedad empezó tras su primer bebé, pero se limitaron a ningunearla y desplazarla de su mente. Sin embargo, la ansiedad persistió y las encadenó en ciclos crónicos de preocupación y miedo.

¡EN EL BLANCO!

Tess vino a mi consulta porque su primer hijo le dio un susto muy serio (por motivos médicos) a una edad muy temprana. El bebé se repuso sin secuelas, pero la ansiedad y la preocupación de Tess no se resolvieron y de hecho, regresaron y se intensificaron cuando nació su segundo hijo. Llegaron a ser tan abrumadoras que ella desarrolló trastornos de salud crónicos con graves consecuencias físicas, como artritis prematura, y también con síntomas emocionales, como la agorafobia. Se volvió incapaz de salir de casa, ni sola ni con sus hijos, por puro terror de que estos cayesen enfermos otra vez. Después de varios meses de trabajar con ella, me llevé una tremenda y agradable sorpresa con este mensaje:

Madre del amor hermoso, Britt. Lo conseguí. Ayer noche fui a hacer la compra yo solita. Hace unos meses me hubiese resultado imposible. Me parecía que estaba en un pozo tan hondo que jamás sería capaz de recorrer de nuevo los pasillos de ese supermercado (o de cualquier otra tienda) yo sola, solo por curiosear. Pero ahora me doy cuenta de que lo único que me retenía era la ansiedad. De verdad, llevaba más de dos años sin entrar en la tienda. Cuando estaba embarazada, una vez caí inconsciente allí dentro y creía que regresar me activaría, porque me pondría a pensar que me iba a volver a ocurrir lo mismo. Ahora, si observo los dos últimos años con esta nueva perspectiva, me parece una locura que me pasase atrapada tanto tiempo en un puro reflejo de supervivencia. Tanto que afectó como un eco a todos los demás aspectos de mi vida. He sentido una emoción muy profunda, una gratitud increíble, y estoy orgullosísima de lo que he conseguido, aunque me haya costado tanto trabajo. Me estoy quitando poco a poco la chaqueta de fuerza que me había puesto y que me tenía prisionera. Y me siento llena de esperanza.

Este ejemplo es ideal para quienes tengan miedo a echar a volar. Los mismos pasos y el mismo método valdrían para cualquier otra situación de ansiedad.

1. **Recurso:** antes de despegar, o quizás incluso antes de irte al aeropuerto, piensa en algo que te ayudaría a sentir seguridad y contar con un recurso de apoyo durante el vuelo. Si te va a acompañar

alguien, puedes poner en práctica la corregulación, tal vez tomando su mano o confesándole cómo te sientes. Eso le dará a tu sistema nervioso la oportunidad de que lo contemplen con compasión, que se sienta visto, oído y apoyado. Si vuelas sin compañía y por tu cuenta, tal vez haya un objeto, una foto en el móvil o una lista de canciones que te aporte consuelo y te reconforte. Te podrían servir de apoyo. Si no encuentras nada de eso a mano, prueba a concentrarte en sentir el apoyo que te presta el respaldo del asiento o céntrate en el rostro de ese bebé tan mono que va sentado al otro lado del pasillo, ¡es adorable! Cuando te apoyes en el recurso elegido y empieces a generar tu contravórtice, vigila para percibir cómo manifiesta tu cuerpo que esas sensaciones le resultan agradables. ¿Notas que se te relajan los hombros, que respiras más profundamente, que se destensan las mandíbulas, que te sientas con más calma y dejando caer todo tu peso en el asiento? Fíjate detenidamente para captar las señales interoceptivas y lo que te llega por los canales del modelo SIBAM.

2. **Pendular:** cambia lentamente el foco de tu atención para centrarlo en el malestar de la ansiedad. Observa cómo te manifiesta tu cuerpo que sufre sus efectos. ¿Estás sudando? ¿Te cuesta respirar? ¿Retuerces las manos? ¿Notas una opresión en el pecho? Ejercita la curiosidad y mantente al acecho para detectar la activación que se produce en tu organismo y en tu sistema nervioso cuando te hundas en el vórtice de trauma. No lo alejes de ti, limítate a estar presente. Puntúa la intensidad de la sensación, en una escala de 1 al 10, donde 10 representaría la intensidad máxima. Por ejemplo, «La tensión en la garganta ahora mismo ronda el 7». Ten en cuenta que estás registrando la experiencia interoceptiva (sensación, sentimiento, emoción) y captando su intensidad. Los elementos del modelo SIBAM también pueden ser útiles. Si la activación se vuelve demasiado fuerte y difícil de tolerar, entra y sal de ella, alternando entre la propia activación y tu recurso.
3. **Conclusión somática:** a lo mejor resulta que es suficiente con darte tiempo para percibir la activación para que su intensidad vaya decreciendo y luego se produzca una descarga natural. Si no, si necesitas una ayudita para provocar esa descarga, te sugiero una

posible herramienta: si empiezas a notar un cambio en el impulso o la expresión, pregúntate esto: ¿qué es lo que quiere *mi cuerpo?*

Yo soy una persona que viaja mucho y a veces me ataca la ansiedad en entornos repletos de estímulos, así que me he preparado unas cuantas herramientas para descargar la energía que se acumula por las activaciones de la ansiedad y de la respuesta refleja de huida:

En primer lugar, agito suavemente las extremidades para involucrar a la respuesta de protección que tiende a la huida. Sacudo la mano derecha durante unos 10 a 15 segundos. Luego hago lo mismo con el brazo derecho y repito la operación con la mano y el brazo izquierdos. Cuando el cuerpo se pone a temblar de manera involuntaria, no nos interesa anular ni expulsar ese temblor, sino ceder a la respuesta que se manifiesta. Se trata de tu organismo y tu fisiología, que intentan descargarse de forma natural y concluir el ciclo de respuesta al estrés.

Otra herramienta que he aplicado en este tipo de escenario son los talonazos (parecidos al ejercicio típico de ponerte de puntillas): primero con un pie y luego con el otro, sucesivamente, los elevo hasta apoyarlos únicamente en los dedos, activando conscientemente los músculos de la pantorrilla, para a continuación dejar caer el talón contra el suelo. Este movimiento emula el reflejo instintivo de huida, de salir corriendo.

Por último, también me he servido de los reposabrazos para estrujarlos y notar la acción de los músculos en los dedos, las manos y por los brazos. Después de 30 segundos de contracción, aflojo la presión porque ya se nota la expansión. Es un efecto parecido al de los ejercicios de pandiculación.

Si tu organismo reclama un empujoncito y tiene capacidad para asimilarlo, consulta la Biblioteca de herramientas somáticas para la ansiedad, que figura al final de este capítulo.

4. **Descarga:** si permaneces con la mente centrada en la experiencia que vive tu cuerpo físico, es probable que se produzca una descarga natural de hormonas que favorece la supervivencia. Puede manifestarse en forma de temblores, cosquilleos, sofocos, suspiros hondos y espontáneos, relajación o expansión muscular. Permite que se desarrolle sin obstáculos, así regresarás al estado de desactivación.

5. **Recurso:** ahora toca bascular y que el péndulo regrese hacia el recurso. Intenta anclarte de nuevo en tu vórtice de regulación. Igual que antes, en cuanto empieces a notar los efectos del recurso, procura fijarte en qué pequeños cambios y alteraciones tienen lugar en tu organismo. Quizás de repente tu respiración se vuelva más profunda, tal vez notes una relajación muscular, se suavice tu expresión facial, te sientas más presente en el ahora y más a gusto con tu cuerpo, en una sintonía más marcada con tus sentidos, o quizás percibas emociones agradables. Tu temperatura corporal podría estabilizarse en niveles normales y neutrales, y también podría regularizarse el ritmo cardíaco. Cuando notes esas señales de regulación y la acción del contravórtice o vórtice de sanación, esfuérzate en profundizar en la sensación, saboréala sin prisa. Deja que te envuelva, disfrútala. Por último, para alcanzar un momento de integración, reflexiona: ¿ahora esta experiencia adquiere un significado diferente?
   Por ejemplo, a lo mejor ahora has interiorizado esto: *Soy una persona fuerte, me merezco que me pasen cosas buenas, soy una persona capaz y estoy en una situación de seguridad.* Cuando captes esa nueva narrativa emergente, fíjate bien a ver cómo le sienta a tu cuerpo ese significado diferente.

Biblioteca de herramientas somáticas para la ansiedad y la armadura de huida

Objetivo: provocar una movilización general en tu cuerpo físico, específicamente de los impulsos protectores que favorecen la huida, que estimulan la fuerza y despliegan la energía vital. Estas herramientas deberían usarse en el paso 3, el de la conclusión somática, siempre y cuando tu organismo tenga capacidad para asimilar y beneficiarse de una pequeña ayuda.

Ejercicios

- **Liberación de energía.** Para empezar, imagina que estás de pie, que alzas una roca enorme hasta encima de tu cabeza y luego la arrojas violentamente contra el suelo, con el impulso y la energía que desatan la adrenalina y el cortisol. Si eres capaz de ejecutar este movimiento físicamente, ponte en pie con los pies bien separados, alza las manos hasta situarlas por encima de la cabeza, activa toda la musculatura y da un latigazo con todo el cuerpo hacia el suelo, como si fueses a lanzar esa misma roca imaginaria para estrellarla contra el pavimento. Sería un movimiento parecido al que se hace al esquiar. Pero ejecútalo imprimiendo toda tu fuerza. Repítelo durante un minuto.

- **Movimiento libre.** Cuando te inunda la energía movilizadora que despliega el reflejo de huir, es habitual sentir inquietud, agitación, casi una especie de vértigo. Sintoniza con los posibles movimientos que a tu cuerpo le apetezca llevar a cabo y ponte a bailar, estirar, jugar, balancearte, practicar movimientos de lucha, correr, etc.
- **Golpes de talón.** Ponte de puntillas apoyando los pies solamente en los dedos y a continuación, descarga los talones contra el suelo. Siente el golpe. Tiene que ser un movimiento rápido y brusco. Repítelo durante un minuto, con un talonazo a cada segundo.
- **Empujones de talón.** Siéntate y, desde esa posición, empuja con los talones contra el suelo, como si quisieras abrir un hueco en el pavimento. Empieza alternando los pies y céntrate en sentir la activación muscular de los pies, los gemelos, los cuádriceps y los glúteos. Repite el ejercicio durante un minuto para cada pie.
- **Arriba los talones.** Siéntate y, desde esa posición, inclina el tronco hacia delante mientras al mismo tiempo elevas los talones y activas los músculos de las pantorrillas (como si fueses a levantarte para irte). Repite este ejercicio durante un minuto. Si te parece que serías capaz, puedes profundizar en esta práctica añadiendo tres inhalaciones cortas y consecutivas al final, para acelerar el ritmo cardíaco.
- **Respiración acelerada.** Concéntrate para respirar a toda velocidad, alternando inspiraciones y expiraciones rápidas y cortas. Un minuto como máximo.
- **Vibración de las extremidades.** Empieza por agitar una mano y luego la otra, como si las tuvieses mojadas. Luego amplía el movimiento para incluir todo el brazo. Después puedes pasar a los pies. Empieza por uno, luego el otro, a continuación amplía el movimiento y agita una pierna entera, para seguidamente pasar a la otra.

- **Secuencia de tensión y relajación de pandiculación.** La pandiculación (que consiste en un reflejo de estiramientos impulsivos) es un mecanismo genial del sistema nervioso para despertar al aparato sensoriomotor y prepararte para moverte o activarte. Actúa de forma natural cuando bostezas o te levantas, para activar tu estado general. Estira todo el cuerpo, desde la coronilla hasta los talones (brazos, manos, dedos, piernas, pies, etc.) y luego libera la tensión relajando la postura.
- **Suspiro fisiológico.** Inspira, toma aire… pero antes de llenar del todo tus pulmones, ejecuta otra inhalación más. Y luego suéltalo todo junto. Si el cuerpo te lo pide, puedes vocalizar un suspiro con la exhalación, así activarás el efecto calmante del nervio vago. Repite el ejercicio hasta un minuto.
- **Orientación de la postura.** Comprueba dónde está la salida más próxima. O sea, cuál es tu vía de escape. Empieza por orientar la mirada hacia esa salida y examina el espacio visual a fondo durante un minuto. A continuación, si es posible, sitúate o adopta una postura que coloque a tu cuerpo encarado hacia esa salida.
- **Recuperación de la postura.** Consulta esta técnica en la página 273.
- **Posición de carrera.** Adopta una postura de carrera. Aunque estés en una silla, puedes inclinar hacia delante el tronco y colocar los pies como si fueses a tomar la salida en un esprint.
- **Carrera estática.** Haz movimientos de carrera pero sin moverte del sitio, durante un minuto.

Visualizaciones

- **Romper raíces.** Visualiza que tus pies tienen raíces que los atan al subsuelo, así que son un tremendo obstáculo para moverte o escapar. A continuación, visualiza que esas raíces se van resquebrajando y se cortan cuando tus pies pugnan por liberarse y ponerse en acción.
- **Animal poderoso.** Imagínate que eres un animal fuerte y veloz, dispuesto para salir huyendo y escapar.

CAPÍTULO 13

La depresión, el agotamiento y la armadura de la desconexión

El estado de desconexión vagal dorsal es donde florecen la depresión y el agotamiento o *burnout*. En esas condiciones, nos retraemos hasta la nada. Te insensibilizas y te desconectas de ti, de las demás personas y del mundo que te rodea. La biología entra en una etapa de conservación e hibernación, ya que todos los aparatos y sistemas del cuerpo ralentizan su trabajo hasta limitarse al mínimo imprescindible. La fatiga y la disociación toman el mando para mantenernos en ese estado e imponer una prioridad clara: conservar energías. Recuerda que esto representa el nivel inferior de la escalera del sistema nervioso, así que, si aspiras a subir para regresar a la cima (donde priman la seguridad y la conexión), la aproximación de titulación gradual es especialmente importante.

Eso sí, me gustaría insistir en que el estado de desconexión tiene una finalidad clara e importantísima. Es necesario cuando la vida se vuelve demasiado dura, hasta extremos intolerables. Yo a menudo me encuentro con personas que acuden a mi consulta y se juzgan o critican muy negativamente porque se encuentran precisamente en ese estado. Pensemos que vivimos en un mundo que glorifica la acción, la productividad, el trabajo duro, las prisas y el bullicio y el ajetreo y... no es difícil adivinar dónde está el origen de esas críticas. Pero me gustaría recordarte un detalle clave: el descanso es productivo. Descansar permite que nos repongamos y reorganicemos para volver a subir por la escalera. Y el ritmo al que asciendas por ella es otro detalle fundamental.

Por ejemplo, si padeces fatiga crónica, en los momentos en que te sientas bien o con energías, es esencial que ahorres fuerzas y no las derroches todas a la vez. Cuando salgas de la desconexión, procura avanzar poco a poco para reanudar actividades que te reafirman en tu fuerza vital. De lo contrario, repetirás los mismos patrones que te habían agotado antes. Esto es una carrera de fondo, no un esprint. Luis acudió a mi consulta cuando ya tenía 68 años y llevaba bastantes años sufriendo depresión, aislamiento y fatiga crónica. Había asistido a terapia durante décadas, aunque no había sido muy constante, y la única conclusión que había sacado era que sus síntomas se podrían atribuir a una ruptura sentimental muy dura que vivió en la treintena y a un revés financiero traumático que le ocurrió ya en la década de los cuarenta. Desde la primera sesión que compartimos, me di cuenta de que se había pasado la mayor parte de la vida encerrado en su propia mente, analizando y conceptualizando, pero totalmente despegado de los sentimientos. Y si tenemos en cuenta los traumas que lo habían machacado, es lógico. Verbalizar y reflexionar pueden servir como estrategia de gestión para evitar desconectarse de un sentimiento difícil de asumir.

Luis era un tipo inteligente y se había informado a fondo. Había leído más obras sobre traumatología que ningún otro cliente que yo hubiese tenido antes. De hecho, en aquellos momentos, probablemente sabía más de teoría sobre *Somatic Experiencing®* que yo misma. Su mente era su vía de escape, ya que, según luego descubrí, había pasado una infancia con graves carencias de apego. Una infancia marcada por un padre ausente y una madre que jamás le dijo «Te quiero». Suponía que, por pura lógica, era un hijo querido, pero nunca se lo hicieron sentir con claridad ni se lo demostraron físicamente. Esa falta de apego generó una intensa fobia (él lo llamaba «terror») a conectar con otras personas. Esa fobia, una carga pesadísima, lo acompañaba como un doloroso nudo en el estómago, que le resultaba amargo e intolerable. Según me explicó, el nudo pugnaba por arrastrarlo en dos sentidos distintos. Por un lado, notaba un ansia desesperada de contacto humano, pero por el lado opuesto, lo paralizaba el terror a conectar. Ese dolor salía a la superficie cada vez que nos proponíamos salir del estado de disociación donde él solía estar y queríamos profundizar en los sentimientos.

A medida que fuimos encajando las piezas del rompecabezas, le ayudé a que comprendiese que aquel agotamiento era un reflejo directo del terror tan intenso que había sufrido. Porque representaba la energía necesaria para acallar y anular el miedo o disociarse del terror. No sorprende que se sintiese absolutamente desconectado y fatigado. Su organismo se había esforzado al límite durante años y años. Cuando le comenté esta idea, Luis propuso bucear en el terror, en su fobia, para «librarse del dolor», para sacudirse aquel síntoma de encima. Pero le tuve que explicar que primero había que trabajar con la disociación, porque no sería posible conseguir la conclusión somática y renegociar el significado de aquel miedo sin estar presente y con consciencia plena en su cuerpo físico.

Los traumas del desarrollo, como el trauma de apego, siempre reclaman tiempo y atención con un enfoque compasivo. A lo largo de las sesiones de terapia anteriores, habíamos invertido horas y horas en cimentar un contenedor de relaciones seguro. Un lugar donde su sistema nervioso se encontrase a gusto y donde notase que yo le ofrecía visibilidad, ayuda y apoyo. Una vez creado ese espacio de corregulación saludable y empezar a expandir su capacidad para encontrarse a gusto y consciente en su propio cuerpo, pasamos de forma totalmente natural a la siguiente fase del proceso. Durante la temporada que colaboramos, el sistema nervioso de Luis se fue descongelando poco a poco y permitió que aflorasen huellas emocionales que llevaban tiempo sepultadas. Nos sirvieron también de oportunidad para ser testigos de partes más jóvenes de la personalidad de Luis y prestarles atención y cuidados, abriendo el camino para que pudiese experimentar, expresar y renegociar los sentimientos del pasado, de una manera que fue muy hermosa y le aportó una gran seguridad.

El ejemplo que te propongo a continuación te llevará por las primeras fases de la expansión inicial de la capacidad para soportar estar conscientemente en el propio cuerpo a partir de una desconexión.

Este ejemplo será útil para cualquier persona que padezca una desconexión, que sea presa de la fatiga, se sienta deprimida, quemada o absolutamente agotada.

1. **Recurso.** En un estado de desconexión, lo más interesante sería aplicar como recurso algún medio que te sirva para reconectar con tu cuerpo o con el entorno, que te ayude a anclarte en el momento presente. Entre los recursos útiles para anclarte en la presencia podríamos sopesar la orientación kinestésica (a través del tacto) o la orientación exploratoria (a través de los sentidos). Cuando te apoyes en un recurso para poner en marcha el contravórtice, escucha a tu cuerpo e identifica qué sensaciones agradables percibes. ¿Notas que se te relajan los hombros, que respiras con más profundidad, que se te aflojan las mandíbulas, que percibes cómo se asienta mejor tu cuerpo sobre la silla? Fíjate detenidamente para captar las señales interoceptivas y lo que te llega por los canales del modelo SIBAM.
2. **Pendular.** Tomando esa situación como punto de partida, desvía lentamente tu consciencia para concentrarte en el malestar que percibas en el cuerpo. No olvides la titulación, este paso debe ser gradual. Tu sistema nervioso requiere márgenes amplios de tiempo y espacio para procesar el estado de desconexión. Si se produce una disociación, ya sea de la mente o del cuerpo, es importante que te fijes bien en qué cosas te mantienen en el presente, pero sin perder de vista el sentimiento de abandono y alejamiento propio de la disociación. Te lo explicaré más detalladamente en el siguiente apartado, dedicado a la congelación funcional. A lo mejor te estás preguntando cómo es posible fijarte en tu manera de percibir la disociación cuando no sientes nada. Recuerda que «insensible» y «lejos de todo» también son sensaciones. Si es posible, trata de anotar qué cualidades presentan esas sensaciones. ¿Tienes la mente a oscuras, borrosa o perdida en una especie de niebla? ¿La insensibilización te afecta solamente a los pies, tal vez a las piernas o a toda la mitad inferior del cuerpo? ¿Notas los miembros pesados, paralizados o inertes? Recuerda que, en el fondo, la disociación tan solo es una respuesta natural ante algo que tu sistema nervioso considera que lo supera. En realidad, sus intenciones son buenas y no hay que tenerle demasiado miedo. Como siempre, hay que fijarse en la experiencia interoceptiva (sensaciones, sentimientos, emociones) y captar cuál es su nivel

de intensidad. También nos pueden ser de ayuda los elementos del modelo SIBAM. Es hora de pendular entre activación y recurso. Aplica el recurso elegido cada vez que la activación te resulte demasiado fuerte.

3. **Conclusión somática.** Cuando experimentes el vértice de trauma que te encierra en el aislamiento de una forma suave y tolerable, fíjate para ver si percibes algún cambio o impulso reflejo de tu cuerpo que te pida hacer algo como expresarse, moverse o actuar. Si surge una respuesta orgánica, no la obstaculices y permite que se desarrolle. Recuerda que debes graduar tu respuesta, que no sea brusca, respetando el principio de titulación. Las respuestas naturales podrían adoptar la forma de lágrimas, un impulso para estirar las extremidades, un deseo de cambiar el entorno en el que te encuentras o una sensación de enderezamiento de la columna vertebral.
   Si tu organismo reclama un empujoncito y tiene capacidad para asimilarlo, consulta la Biblioteca de herramientas somáticas para la desconexión, que figura al final de este capítulo.
4. **Descarga.** Ahora que estás experimentando las sensaciones de tu cuerpo y quizás incluso expresando lo que en tu fuero interno siempre quisiste que sucediese, es probable que se produzca una descarga natural de hormonas que favorecen la supervivencia. Puede manifestarse en forma de temblores, cosquilleos, sofocos, suspiros espontáneos, relajación muscular o expansión. Dale rienda suelta a esa descarga, deja que ocurra y te devolverá al estado de desactivación.
5. **Recurso.** Ahora toca bascular y que el péndulo regrese hacia el recurso. Intenta anclarte de nuevo en tu vórtice de regulación. Igual que antes, en cuanto empieces a notar los efectos del recurso, procura fijarte en qué pequeños cambios y alteraciones tienen lugar en tu organismo. Quizás de repente tu respiración se vuelva más profunda, tal vez notes una relajación muscular, se suavice tu expresión facial, te sientas más presente en el ahora y más a gusto con tu cuerpo, en una sintonía más marcada con tus sentidos, o quizás percibas emociones agradables. Tu temperatura corporal podría estabilizarse en niveles normales y neutrales, y también

podría regularizarse el ritmo cardíaco. Cuando notes esas señales de regulación y la acción del contravórtice o vórtice de sanación, esfuérzate en profundizar en la sensación, saboréala sin prisa. Deja que te envuelva, disfrútala. Por último, para alcanzar un momento de integración, reflexiona: ¿ahora esta experiencia adquiere un significado diferente? Por ejemplo, a lo mejor ahora has interiorizado esto: *Soy una persona fuerte, me merezco que me pasen cosas buenas, soy una persona capaz y estoy en una situación de seguridad.* Cuando captes esa nueva narrativa emergente, fíjate bien a ver cómo le sienta a tu cuerpo ese significado diferente.

Biblioteca de herramientas somáticas para la depresión, la fatiga extrema y la armadura de la desconexión

Objetivo. Regresar al propio cuerpo y anclarse en el momento presente. Descansar e implicarte levemente en una movilización de cara a comenzar a ascender por la escalera del sistema nervioso. Puedes utilizar estas herramientas en el paso 2, la pendulación, cuando tu sistema nervioso reclama más presencia o más recursos, o bien en el paso 3, el de la conclusión somática, siempre y cuando tu organismo tenga capacidad para asimilar y beneficiarse de un pequeño empujoncito.

Ejercicios

- **Esterilla de acupresión.** Utiliza una esterilla de acupresión para estimular la conciencia táctil (tacto) y propioceptiva (muscular y articular). El tacto te devuelve al propio cuerpo, igual que aplicar presión ejercitando los músculos en contacto con la esterilla (propiocepción).
- **Masaje del nervio auricular (oído).** El nervio vago se conecta con los nervios auriculares en las inmediaciones del oído. Por eso reaccionamos y alzamos la cabeza cuando algo nos pone en alerta. Aplicar un masaje alrededor de las orejas estimula los nervios auriculares y, por tanto, también el nervio vago. Agárrate las orejas y tira suavemente de ellas, separándolas del cráneo. Tira

de ellas ligeramente hacia atrás y sostén la postura. Luego tira de ellas ligeramente hacia afuera y sostén la postura. A continuación, tira de ellas ligeramente hacia arriba y sostén la postura. Por último, repite la misma operación hacia abajo. Después, con el dedo índice, aplica un masaje suave justo detrás de la parte inferior de la oreja, delante del oído, y también en la concha auricular (esa zona cóncava y hueca situada por fuera del canal auditivo).

- **Abrazo de mariposa.** Se trata de una modalidad de estimulación bilateral. Cruza los brazos sobre el pecho y deposita las manos sobre los hombros, alternando toques suaves de derecha a izquierda con las manos, con un patrón rítmico.
- **Contención.** Piensa que tu cuerpo es un contenedor. Ponte a palparlo por todas partes, poco a poco, con atención para detectar dónde están sus bordes. Interioriza la sensación de que tienes bordes, aristas. Ahí es donde tú terminas y donde empieza el resto del mundo.
- «Facilidad para convivir». En esos momentos en que notas que alguna parte de tu cuerpo siente dolor o está disociada, pregúntate lo siguiente: *«¿Hay alguna parte de mi cuerpo con la que resulte más fácil convivir ahora mismo?»*. Pueden ser los pies, los dedos de las manos, el cuello, etc. A continuación, centra tu conciencia interoceptiva (sensaciones) o propioceptiva (articular, muscular) en ese punto.
- **Acunar la cabeza.** Lleva tu mano derecha hasta apoyarla sobre la frente y coloca la mano izquierda sobre la nuca, en la base del cráneo (hueso occipital). Aplica presión suavemente sobre esas zonas y procura respirar profundamente.
- **Empujones de talón.** Consulta esta técnica en la página 281.
- **Masaje muscular.** Para despertar a tu sistema propioceptivo (que percibe las sensaciones de los músculos, las articulaciones y la piel, y se comunica con el sistema nervioso), date un masaje muscular suave, sin pasarte de fuerza.
- **Mirada periférica.** Tu mirada pasa de un estado a otro siguiendo la orientación de tu sistema nervioso respecto al espacio que te rodea. Cuando te encuentras en una orientación defensiva, las pupilas se dilatan y la mirada se estrecha y concentra, actuando como un radar en busca de amenazas. Cuando te orientas hacia

la exploración, las pupilas se ensanchan y la mirada se vuelve más periférica, para captar la máxima porción posible de todo cuanto hay a tu alrededor. Utiliza las dos manos para apuntar en una dirección, pero solamente con los índices. A continuación, alza los brazos hasta situarlos rectos y estirados hacia el frente, a la altura de los hombros. Alinea y junta en paralelo las manos y los dedos extendidos, lado a lado, hasta que se toquen. Ahora, con los dedos apuntando hacia arriba, fija los ojos en ellos durante un minuto, observando y fijándote bien en todos los detalles. A continuación, sin mover los ojos, ve separando lentamente los brazos y los dedos, pero sin bajarlos (siguen a la altura de los hombros), simplemente desplazándolos hacia los lados, hasta que alcancen los bordes de tu visión periférica. O sea, que deberías verlos por el rabillo del ojo, pero sin tener que reorientar la vista y mirarlos directamente. Luego baja las manos y explora y oriéntate hacia el espacio que te rodea con la visión periférica ampliada.

- **Balancearse y acunarse.** Esta es una forma de estimulación bilateral y un patrón procedural de autorrelajación y tranquilización que heredamos desde la infancia. Concéntrate en tu cuerpo mientras te balanceas suavemente de lado a lado.
- **Autoabrazo *Somatic Experiencing*®.** Pon la mano derecha en la axila izquierda y abraza con ella el costado del pecho. Siente el latido del corazón en la palma. Apoya la mano izquierda en el hombro o el brazo derecho y agárralo con suavidad. Mantén esa postura durante uno o dos minutos y concéntrate en respirar, prestando atención plena a tu cuerpo y al corazón.
- **VOO.** Inspira bien hondo. A continuación, cuando exhales, hazlo con un sonido grave y prolongado, un «VOOO» que arrastre la última vocal, como si fueses una sirena de niebla. Notarás que ese sonido reverbera en tu pecho y quizás hasta en el vientre. Repite el ejercicio durante un minuto.

Visualización

- **SIFT.** Este es el acrónimo en inglés de «sensación, imagen, sentimiento, pensamientos» (*Sensation, Image, Feeling, Thought*). Te pasarás un minuto concentrándote en cada categoría. En primer lugar, elige un recuerdo agradable de tu memoria o imagínate un momento que habría sido bonito vivir. Mientras observas ese episodio (real o inventado), tienes que identificar, por orden (1) las sensaciones que experimentaste en ese recuerdo —temperatura, sonidos, olores, percepciones táctiles, et.–; (2) la imagen de lo que ves, apurando al máximo los detalles —texturas, objetos, colores, patrones, personas, rostros, etc.–; (3) los sentimientos que inundaron tu cuerpo, que pueden ser emociones o alguna otra sensación interna —alegría, serenidad, cariño, amplitud de miras, paz, relajación, etc.–; y (4) los pensamientos o narraciones que te cuenta tu diálogo interior en ese momento o ese recuerdo —«La vida es bella, qué seguro/a me siento, etc.».

CAPÍTULO 14

La disociación y la armadura de la congelación funcional

Como ya he mencionado en el capítulo anterior, la disociación es un sentimiento, aunque esté ligado a la insensibilidad y una especie de entumecimiento sensorial. La congelación funcional es un estado mixto donde se combinan el aislamiento y la desconexión con la huida, y que cabe caracterizar como una suerte de piloto automático. En ese estado tenemos energía que nos moviliza para movernos y ser funcionales, pero las circunstancias del mismo estado nos sumen en una supresión de nuestras emociones. Tal como implica su propio nombre, funcionamos y lidiamos con la rutina cotidiana, pero no sentimos prácticamente nada.

Muchos padres, especialmente si se quedan en casa para criar a sus hijos pequeños mientras su pareja sale a trabajar, pueden sentirse atrapados por la infinidad de tareas, las necesidades de los pequeñuelos, la falta de sueño y la fatiga que provoca, las labores propias del hogar, los recados y mil cosas más. No pueden escapar de ese estado huyendo ni desconectando, porque deben cuidar de las criaturas que tienen a su cargo. Están prisioneros, pillados entre la espada y la pared. Seguramente pensando algo como que «Me encantaría tomarme un respiro, pero no puedo». Así es la realidad de la congelación funcional, cuando estamos presentes físicamente, pero ausentes en el fondo.

Julie era una madre soltera abrumada por el estrés incesante de la maternidad. Tenía tres hijos en edad escolar y se pasaba el día entero ocupada en programar sus actividades, llevarlos y recogerlos de distintos sitios y prepararles la comida. Sin olvidar que trabajaba a tiempo parcial para aliviar su precaria situación económica. La vida le parecía una carga pesadísima, como es entendible. Así que me pareció perfectamente lógico que acudiese a las sesiones en un estado de disociación. Sin que asomase ni rastro de emoción, me comentaba que las cosas iban «bien, lo normal» y que ella se encontraba «bien, tirando, lo normal»... pero las dos sabíamos que no era así. Por fuera, parecía totalmente calmada bajo aquella presión. Por dentro, estaba destrozada. Repetí el mismo modo en que actué para tratar la respuesta de desconexión de Luis antes de pasar a tratar sus miedos, porque para abordar la congelación funcional debemos seguir una ruta similar. Tras reconocer qué parte de Julie era preciso descongelar en primer lugar, dedicamos varias sesiones específicamente a su respuesta de desconexión y disociación, antes de centrarnos en su respuesta de movilización. Como siempre que se trabaja con estados mixtos, hay que empezar por la parte de ti que avanza más lentamente.

> *Este ejemplo es válido para cualquier persona que se sienta superada por la maternidad/paternidad o por cualquier otra situación estresante que no parezca tener fin a la vista.*

1. **Recurso.** Para la disociación es muy útil emplear como recurso algo que te devuelva al presente, ya sea algo que esté en tu cuerpo o en tu entorno. Podrías plantearte una pregunta como esta: «¿Cómo puedo cerciorarme de que estoy presente aquí y ahora?». Puedes fijarte en la firmeza con que te apoyas en la silla o en el modo en que tienes los pies plantados en el suelo, o en cómo se infla y desinfla el pecho cada vez que respiras. Como alternativa, centra la atención en los sentidos: concéntrate en algo agradable que veas, toques, huelas, oigas o percibas con el gusto. Cuando apliques el recurso elegido y comiences a formar tu contravórtice de sanación, presta atención a tu cuerpo e identifica qué sensaciones agradables percibe. ¿Notas que se te sueltan los hombros, que respiras más hondo, que se afloja la tensión en las mandíbulas, que te asientas con más aplomo en la silla? Fíjate detenidamente

para captar las señales interoceptivas o de los canales del modelo SIBAM.

2. **Pendular.** Cuando empieces a pendular, te adentrarás un poquito en la disociación. Pero solo como si probases la temperatura del agua en un lago: la punta de los dedos tan solo. Planta el otro pie bien firme en el presente. Por ejemplo, pregúntate si hay algún lugar que notes como más presente dentro de tu cuerpo. A lo mejor percibes con más claridad la espalda, recostada con aplomo contra el respaldo de la silla. Y si notas ese soporte, ¿sería posible que al mismo tiempo notases qué otra parte de tu organismo notas más disociada o entumecida? Y a partir de ese punto, ya con un anclaje firme en otra parte del cuerpo, ¿qué tal si intentas rastrear esa insensibilidad? ¿Cómo se manifiesta el entumecimiento? ¿Cómo lo describirías? Entre mis pacientes a menudo se manifiesta en forma de una sensación nebulosa, de vacío o de pesadez. Si lo trasladamos a imágenes, se trata de un globo que flota indolente; a veces también le asocian un color (el blanco es el más habitual). Te recuerdo que debes concentrarte en lo que experimentas por tus canales interoceptivos (sensación, sentimiento, emoción) y captar su intensidad. Los elementos del modelo SIBAM también pueden ser útiles. Si la activación se vuelve demasiado fuerte y difícil de tolerar, entra y sal de ella, alternando entre la propia activación y tu recurso.
3. **Conclusión somática.** Ya dentro del vórtice de trauma de la disociación, hay varias cosas que deberías examinar con espíritu curioso. Por ejemplo, «¿Cómo regreso a mi propio cuerpo, tomo posesión de él de veras y consigo sentirme más presente?». O también: «¿Cómo podría estimular *una movilización o un impulso natural?*». Yo te sugiero que, para empezar, te limites a imaginarte que te mueves, que mueves las extremidades. Si tienes los pies entumecidos, ¿te puedes imaginar que mueves el pie derecho aunque no se desplace ni un milímetro en la realidad? ¿Y si te imaginas que ese mismo pie sube y baja como accionando un pedal acelerador? Vale, y ahora que tienes esa imagen en tu mente, ¿qué es lo que pasa a continuación? ¿Notas ahora un impulso natural para aplicar presión, moverte un poco, cambiar de pos-

tura o flexionar esa parte del cuerpo? Después, muy lentamente (date todo el tiempo que puedas), prueba a mover el pie. Súbelo y bájalo, como si de verdad estuvieses al volante.

Cuando trabajamos con casos de disociación, esta fase del proceso requiere una respuesta titulizada muy pero que muy gradual. Mucho más que en los demás casos que hemos visto en este capítulo. El objetivo es integrar estos pasos todavía más lentamente de lo que tú consideres necesario. Antes de ejecutar ningún movimiento, imagínalo, visualízalo en tu mente. Y después, muévete.

Si tu sistema nervioso reclama un empujoncito y tiene capacidad para asimilarlo, consulta la Biblioteca de herramientas somáticas para la congelación funcional, que figura al final de este capítulo.

4. **Descarga.** Ahora que estás experimentando las sensaciones de tu cuerpo y quizás incluso expresando lo que en tu fuero interno siempre quisiste que sucediese, es probable que se produzca una descarga natural de hormonas que favorecen la supervivencia. Se manifestará en forma de temblores, cosquilleos, sofocos, suspiros espontáneos, relajación muscular o expansión. Dale rienda suelta a esa descarga, deja que ocurra y te devolverá a la desactivación.
5. **Recurso.** Ahora toca bascular y que el péndulo regrese hacia el recurso. Intenta anclarte de nuevo en tu vórtice de regulación. Igual que antes, en cuanto empieces a notar los efectos del recurso, procura fijarte en qué pequeños cambios y alteraciones tienen lugar en tu organismo. Quizás de repente tu respiración se vuelva más profunda, tal vez notes una relajación muscular, se suavice tu expresión facial, te sientas más presente en el ahora y más a gusto con tu cuerpo, en una sintonía más marcada con tus sentidos, o quizás percibas emociones agradables. Tu temperatura corporal podría estabilizarse en niveles normales y neutrales, y también podría regularizarse el ritmo cardíaco. Cuando notes esas señales de regulación y la acción del contravórtice o vórtice de sanación, esfuérzate en profundizar en la sensación, saboréala sin prisa. Deja que te envuelva, disfrútala. Por último, para alcanzar un momento de integración, reflexiona: ¿ahora esta experiencia adquiere un significado diferente? Por ejemplo, a lo mejor ahora

has interiorizado esto: *Soy una persona fuerte, me merezco que me pasen cosas buenas, soy una persona capaz y estoy en una situación de seguridad.* Cuando captes esa nueva narrativa emergente, fíjate bien a ver cómo le sienta a tu cuerpo ese significado diferente.

Biblioteca de herramientas somáticas para la disociación y la armadura de la congelación funcional

Objetivo. Regresar al propio cuerpo y al momento presente. Descansar y estimular progresiva y suavemente una movilización que ayude a ascender por la escalera del sistema nervioso. Las siguientes herramientas son ideales para el paso 2 cuando tienes que pendular y tu sistema nervioso necesita más presencia o más recursos, o bien para el paso 3, el de la conclusión somática, siempre y cuando tu organismo tenga capacidad para asimilar y beneficiarse de un pequeño empujoncito.

Ejercicios

- **Masaje del nervio auricular (oído).** Consulta esta técnica en la página 288.
- **Radar corporal para detectar entumecimiento e insensibilidades.** Recuerda que la insensibilidad también es una sensación. Porque sientes ese entumecimiento, así que se puede rastrear, detectar e identificar su alcance. Para empezar, pregúntate: «¿Supone algún problema que yo note que en este punto siento cierto entumecimiento?». Luego, observa con atención a qué partes afecta ese fenómeno. Para dibujar cuáles son sus límites, te propongo trazar un mapa por los bordes de la zona donde la sensación de entumecimiento se encuentre con la sensación de presencia dentro de tu propio cuerpo. ¿Cómo te sientes cuando identificas ese límite y te das cuenta de que no todo tu cuerpo está adormecido? ¿Y si le asignas un color diferente a cada una de esas dos sensaciones? Ahora que te fijas conscientemente en ellas, prueba a imaginar que tu presencia fluye y ocupa el espacio antes rígido e insensibilizado.

- **Caídas de la silla.** Esta herramienta fortalecerá tu sistema vestibular (que controla el equilibrio, la estabilidad y tu centro de gravedad), que se encuentra en comunicación permanente con el sistema nervioso. Siéntate en una silla y a continuación, colúmpiate sobre ella: mientras siguen apoyadas las patas traseras, levanta las delanteras (apoyándote en las manos o los pies) hasta un palmo del suelo, más o menos, descansando el peso en el respaldo. No te inclines demasiado, el objetivo no es perder la estabilidad. A continuación, deja que las patas delanteras caigan y siente el efecto de la gravedad en el cuerpo al chocar con el suelo. Repítelo hasta cinco veces, pero hazlo lentamente, sin prisas. ¿No notas como si ahora tu cuerpo fuese más sólido? ¿No te parece como si hubieses subido de peso? ¿Sientes que te has anclado con más firmeza? ¿Con más estabilidad?
- **Corregulación.** Dedica tiempo a conectar con una persona o un animal vivos.
- **Movimiento libre.** Consulta esta técnica en la página 281.
- **Calefacción para las manos.** Frótate las manos hasta que la fricción te las caliente. Cuando las tengas calentitas, date un masaje apretando un poco sobre las extremidades. De este modo, te expones a una temperatura más alta.
- **Vibración de las extremidades.** Consulta esta técnica en la página 281.
- **Ejercicio sensorial de atención plena.** Repite este ejercicio con la secuencia 5-4-3-2-1. Concéntrate en cinco cosas que puedas ver, cuatro cosas que puedas tocar, tres que puedas oír, dos que puedas oler y una cosa que puedas percibir con el gusto.
- **Entorno nuevo.** La idea es que reconectes con el entorno que te rodea en el presente, pero para ello ve a un entorno nuevo. Puedes salir al aire libre o entrar en un cuarto diferente de la casa.
- **Recuperación de la postura.** Consulta esta técnica en la página 273.
- **Cambio de temperatura.** Exponer el organismo a la acción del calor o del frío fomenta que se restablezca la presencia en el cuerpo. Tienes varias opciones a tu alcance, como ponerte delante de la nevera (o el congelador) abiertos durante un par de minutos, enjuagarte las manos o lavarte la cara con agua fría, sostener un

paquete de comida congelada en las manos, ponerte una compresa de fría sobre el rostro (eso estimulará el nervio vago), salir al aire libre si la temperatura es diferente, tomar un poco el sol para notar cómo te calienta la piel, taparte con una manta calefactora, usar un cojín térmico o sostener en las manos una taza de té o café caliente. Si tu sistema nervioso no está bien regulado, no te recomiendo que recurras a las duchas frías muy largas ni a bañarte en agua helada. Los baños fríos son beneficiosos para aumentar la consciencia mental y la productividad, pero de paso elevan los niveles de hormonas estresantes. Lo malo es que esa clase de *shock* podría ser demasiado fuerte para un sistema nervioso en situación delicada, que ya está inundado de hormonas del estrés. Correrías el riesgo de profundizar en el estado de desconexión.

- **Peso vestibular.** El sistema nervioso y el sistema vestibular se encuentran en comunicación permanente. Este último vigila la posición de tu centro de gravedad y regula la distribución del peso del cuerpo en el tiempo y el espacio (o sea, que gobierna el equilibrio, el reparto de pesos y la estabilidad). Empieza por ponerte en pie, firme y con los hombros echados hacia atrás, el pecho abierto, los pies a la anchura de los hombros. Flexiona ligeramente las rodillas y bascula la pelvis hacia delante mientras equilibras el peso sobre la planta entera de los pies, apoyándote bien en dedos y talones al mismo tiempo, bien extendidos. Mantén esa posición durante un minuto y a partir de ese momento, fíjate en si notas que tu centro de gravedad se desplaza hacia delante, hacia atrás, a la izquierda o a la derecha. Estos son los cuatro cuadrantes de tu espacio peripersonal. A continuación, sin mover los pies de su sitio, ve volcando progresivamente el peso inclinándote hacia cada cuadrante y fíjate para percibir cómo te sientes con tu cuerpo, con ese peso y respecto a tu centro de gravedad.
- **VOO.** Consulta esta técnica en la página 290.

Visualización

- **Visualización del descongelamiento.** Imagínate que las partes de tu organismo que sientes ausentes, insensibilizadas o heladas comienzan poco a poco a descongelarse. Un ejemplo: imagina que te corre agua tibia por encima de los pies, precisamente porque los tenías disociados, insensibilizados. Ahora visualiza cómo se van descongelando, dedo por dedo, y cómo esa sensación luego asciende hacia los tobillos y más allá. Puedes recurrir a cualquier imagen que te sirva para evocar esa salida de la parálisis de la congelación (imagínate ante una chimenea rugiente, ante un estufa, con un secador de pelo, etc.).

CAPÍTULO 15

La renuncia, la resignación y la armadura de la sumisión

La resignación es un estado mixto, que fusiona los reflejos de desconexión y de huida. Se trata de un estado en el que disponemos de energía, que nos moviliza para huir y escapar, para evitar aquello que tememos (generalmente, nos da miedo el rechazo o los posibles daños) pero también nos afecta el impulso inmovilizador que nos obliga a desconectarnos y acallar nuestra vitalidad, la agresividad saludable. A silenciar nuestra voz, a no fijar límites y a difuminar nuestro yo auténtico para encajar sin problemas.

La resignación es un fenómeno habitual en entornos de trabajo, allí donde ya impera una dinámica de poderes y jerarquías. Porque seguramente no te apetece irritar a tu jefa ni levantar polvareda entre el resto de compañeros. Así que, para evitar esos resquemores, es fácil caer en la tentación de decir que «sí» a todo, de apechugar con todo lo que te pidan, de dejarte mangonear y no pedir ese aumento de sueldo que te deben desde hace tanto tiempo. De evitar a toda costa los conflictos, entre otros mil detalles. Mis pacientes me han contado casos de todos estos ejemplos y claro, nunca se han olvidado de señalar que les atenazaba la preocupación por el riesgo de ser despedidos o de recibir algún tipo de sanción si ejercían su poder y daban vía libre a la agresividad saludable.

Este ejemplo será útil para cualquiera que sienta la necesidad de satisfacer constantemente a otras personas suprimiendo sus propias necesidades, en el entorno laboral o en cualquier otro espacio.

1. **Recurso.** Es muy útil guardar en el escritorio del trabajo algún objeto al que sea fácil y práctico echar mano para orientarte (yo, por ejemplo, tengo las piedrecillas del Parque Nacional de Glacier en el lapicero). Puede ser cualquier cosa que te ancle y te asiente en tu cuerpo o que te reconforte. Algún recuerdo que te hayan confeccionado o regalado tus hijos, una fotografía o incluso una vela. En cualquier caso, si te convocan a una reunión y acudes sin un objeto que puedas tocar, orientarte siempre es un recurso útil. Examina el espacio donde estés y fija la mirada en algún elemento agradable o, como mínimo, neutro. Apóyate en ese recurso y comienza a crear tu contravórtice... y cuando lo hagas, haz un inventario interno/interoceptivo para detectar qué efecto tiene ese recurso en tu cuerpo. Fíjate en si te tranquilizas, si respiras más hondo, si te sientes más presente en el momento, etc. Puedes intensificar el efecto del recurso con la ayuda de los canales del modelo SIBAM para guiar la experiencia.
2. **Pendular.** Mientras te inclinas para entrar en el vórtice del malestar y del trauma, ¿qué sensaciones notas que está experimentando tu cuerpo? Las emociones más típicas que suelen surgir en un escenario de resignación son el miedo (que nos empuja a esquivar la confrontación o desconectar de la situación), unido a la rabia que tratamos de suprimir (y que representa la agresividad saludable que es necesario canalizar para decir o hacer aquello que realmente queremos). No olvides que el miedo te frena e impide que domines tu poder, esa agresividad saludable, así que es lo primero que tienes que desmontar y procesar. Lo más interesante sería fijarse en la experiencia interoceptiva (sensaciones, sentimientos, emociones) y captar cuál es su nivel de intensidad. También nos pueden ser de ayuda los elementos del modelo SIBAM. Es hora de pendular entre activación y recurso para recobrar fuerzas si la activación se vuelve demasiado fuerte y difícil de tolerar.

3. **Conclusión somática.** Mientras te controlas para que tu cuerpo se emplace de forma tolerable dentro del vórtice de trauma, fíjate para ver si percibes algún cambio o impulso que te transmita qué necesita: expresarse, moverse, actuar, etc. Si surge una respuesta orgánica, deja paso para que concluya la reacción poco a poco y se cierre el círculo. Por ejemplo, permite que te suba la temperatura y no te reprimas las ganas de cerrar los puños con fuerza, plantarte en posición firme y erguida, dirigir una mirada rotunda y segura al frente, hinchar el pecho, fijar cuáles son los límites que consideras aceptables, decir con claridad que «no», etc. Recuerda que debes graduar tu respuesta, que no sea brusca.
   Si tu organismo reclama un empujoncito y tiene capacidad para asimilarlo, consulta la Biblioteca de herramientas somáticas para la resignación y la sumisión, que figura al final de este capítulo.
4. **Descarga.** Ahora que estás experimentando las sensaciones de tu cuerpo y quizás incluso expresando lo que en tu fuero interno siempre quisiste que sucediese, es probable que se produzca una descarga natural de hormonas que favorecen la supervivencia. Se manifestará en forma de temblores, cosquilleos, sofocos, suspiros espontáneos, relajación muscular o expansión. Dale rienda suelta a esa descarga, deja que ocurra y te devolverá a la desactivación.
5. **Recurso.** Ahora toca bascular y que el péndulo regrese hacia el recurso. Intenta anclarte de nuevo en tu vórtice de regulación. Igual que antes, en cuanto empieces a notar los efectos del recurso, procura fijarte en qué pequeños cambios y alteraciones tienen lugar en tu organismo. Quizás de repente tu respiración se vuelva más profunda, tal vez notes una relajación muscular, se suavice tu expresión facial, te sientas más presente en el ahora y más a gusto con tu cuerpo, en una sintonía más marcada con tus sentidos, o quizás percibas emociones agradables. Tu temperatura corporal podría estabilizarse en niveles normales y neutrales, y también podría regularizarse el ritmo cardíaco. Cuando notes esas señales de regulación y la acción del contravórtice o vórtice de sanación, esfuérzate en profundizar en la sensación, saboréala sin prisa. Deja que te envuelva, disfrútala. Por último, para alcanzar un momento de integración, reflexiona: ¿Ahora esta experiencia

adquiere un significado diferente? Por ejemplo, a lo mejor ahora has interiorizado esto: *Soy una persona fuerte, me merezco que me pasen cosas buenas, soy una persona capaz y estoy en una situación de seguridad.* Cuando captes esa nueva narrativa emergente, fíjate bien a ver cómo le sienta a tu cuerpo ese significado diferente.

Biblioteca de herramientas somáticas para la resignación y la armadura de la resignación y sumisión

Objetivo. Desencadenar una movilización general en tu cuerpo físico, específicamente de los impulsos defensivos que expresan fuerza, agresividad saludable y fuerza vital, que habían sido frustrados o chafados anteriormente.

El antídoto a la resignación y el conformismo apático es una respuesta de lucha saludable y firme. Indicamos con claridad cuáles son nuestros límites irrenunciables, defendemos nuestros intereses y ejercemos nuestro poder de forma responsable. Por ello, todas estas herramientas son un reflejo de las que conocimos para la rabia y la armadura de la lucha, en el capítulo 11. *Consulta esta técnica a partir de la página 267.*

CAPÍTULO 16

Recursos prácticos frente a problemas de salud habituales y estímulos negativos cotidianos

Este capítulo se ocupa de una serie de problemas de salud bastante comunes, así como de experiencias que, si te expones a ellas, podrían disparar y activar tu sistema nervioso. Por eso te explicaré cómo aplicar los recursos y los cinco pasos de Somatic Experiencing para hacerles frente. No olvides que cada sistema nervioso es único y por tanto, estas no son más que sugerencias. Prueba a ponerlas en práctica con cuidado y comprueba si te son eficaces o no.

Como ya sabes, los traumas se originan rápido y la curación es un proceso lento, pero cuanto más practiques estas sencillas técnicas, a largo plazo y poco a poco, más eficaces serán para fomentar la resiliencia de tu sistema nervioso. No lo olvides, esto también es un recurso. Empieza ya a construir tu contravórtice y registra con atención qué efecto tiene cada recurso sobre tu organismo físico. Fíjate con atención: ¿notas que te serenas, que respiras más hondo, que eres más consciente del momento presente, etc.? También puedes intensificar el efecto del recurso echando mano de los canales del modelo SIBAM para registrar y apreciar la experiencia.

Trastorno por déficit de atención con hiperactividad (TDAH)

Para abordar el TDAH, es necesario que consigas salir del torbellino de tu mente y te aferres al entorno que tienes en el momento presente a tu alrededor.

Para ayudar a tu sistema nervioso a bajar el ritmo y centrarse en el contravórtice de sanación, te recomiendo que empieces por orientarte guiándote por un canal sensorial con el que explorar lo que te rodea. Céntrate en algo que puedas ver, oír, oler, degustar o palpar. Cuando notes que recibes esa información sensorial, concéntrate focalizando todavía más la atención en un punto concreto. Por ejemplo, si te orientas con la vista, deja de escanear todo el espacio a tu alrededor y clava la mirada en un solo objeto. ¿Eres capaz? Mientras lo haces, ve enfocando tu conciencia en los detalles de ese recurso visual, con la máxima precisión. Fíjate bien, ¿aprecias qué textura tiene, captas sus imperfecciones, percibes los patrones y colores, identificas las líneas, las sombras o la forma en que la luz lo ilumina? Dales a tus sentidos permiso para explorar a placer, sin prisa, y afina sus capacidades para centrarse en una sola cosa; será un buen apoyo para una mente hiperactiva.

La rabia, en el momento justo

La rabia es una respuesta de alta energía, que moviliza las capacidades del organismo y nos impulsa a avanzar. Provoca que estallemos... sobre todo cuando explota de manera repentina. La puedes sentir incluso como una especie de experiencia extracorpórea. Para que te resulte más sencillo anclarte en el presente antes de afrontar esa rabia, empieza por concentrarte en cómo se afianzan tus pies sobre el suelo. Siente la presión del peso sobre las plantas. Conecta con el sistema vestibular, que regula el equilibrio, y oscila para desplazar suavemente el peso de derecha a izquierda. Notarás cómo se contraen y relajan los grupos musculares de cada pierna. Ahora centra tu atención para registrar cómo te sientes al anclarte en el instante, en el presente. Oriéntate respecto al espacio físico para hundir con más firmeza esa ancla en el contravórtice de sanación.

En reuniones sociales con mucha gente

Las multitudes y las reuniones con muchos participantes conllevan más estimulación para el cuerpo y los sentidos. En un mar de personas, donde reina la conmoción, es fácil que el ruido se vuelva insoportable.

Como recurso, trata de orientarte centrándote en un único sonido, que sea especialmente agradable. A lo mejor hay alguien con una voz que te relaja, céntrate en ese sonido y sigue la inflexión de sus palabras y las variaciones de ritmo y tono. También podrías centrarte en la música de fondo (si la hay y te resulta agradable). Por supuesto, tienes libertad para seguirla incluso físicamente, según te resulte natural.

En el trabajo

Te propongo que construyas un refugio o al menos un espacio neutral dentro de tu lugar de trabajo. Un hueco que te transmita una sensación de calma, seguridad y comodidad. Podría ser tu propia oficina personal, una sala específica del edificio donde trabajes, un banco situado en el exterior, una silla concreta o hasta el interior de tu coche. Cuando te ataque el estrés por motivos laborales, prueba a refugiarte en ese espacio durante unos instantes para orientarte.

Dolor crónico

El dolor se agudiza cuando centramos la atención en él, especialmente si le tenemos miedo o nos resistimos. Para empezar a enseñarle a tu cuerpo que es capaz de soportar el dolor y también para transmitirle confort y alivio, te invito a que te plantees esta cuestión: ¿hay algún punto de mi cuerpo *que en estos momentos me parezca más cómodo, más agradable para refugiarme en él?* Para muchas personas que sufren dolor en todo el cuerpo, quizás no quede más opción que algún punto aislado en los dedos, o quizás zonas como el rostro. Ve centrando tu atención conscientemente en esa parte del cuerpo. Activa la interocepción y observa cómo se siente esa zona en concreto. Quizás te resulte más sencillo si le aplicas una suave presión o la acaricias. Por ejemplo, bastaría con unir las yemas de los dedos apretando un poco.

Retrasos

Los retrasos son un contratiempo frecuente, inevitable, que muy a menudo escapa a nuestro control. Precisamente por eso, nos disparan la fisiología y provocan que nos inunden la ansiedad y la frustración. Cuando llegue ese momento, se puede ayudar al sistema nervioso a bajar de marcha y bascular hacia el contravórtice. Un buen apoyo consistiría en practicar el ejercicio de la atención plena con secuencia «cinco-cuatro-tres-dos-uno» mientras vas centrando la conciencia en cinco cosas que puedas ver, cuatro cosas que puedas tocar, tres cosas que puedas oír, dos cosas que puedas oler y una que puedas apreciar con el gusto.

Problemas de digestión

Entre el sistema nervioso y el aparato digestivo existe una relación bidireccional. Cuando la digestión experimenta dificultades, el sistema nervioso lo nota, y viceversa. Por ejemplo: en plena respuesta del sistema simpático que nos empuja a luchar o huir, la digestión sufre alteraciones, porque la sangre deja de irrigar los intestinos y se dirige a las extremidades, para hacernos más capaces de pelear o escapar. Básicamente, cuando se activa una reacción, el organismo procura ahorrar energía del resto de sistemas y aparatos, porque necesita canalizarla hacia la prioridad número uno: la supervivencia.

Aliviar tensiones en el organismo sirve también para favorecer la función digestiva. Teniendo esto en cuenta, examina tu cuerpo y mira si hay alguna parte en la que te resulte fácil centrarte y anclarte. Supongamos que son los pies. Ahora que centras la conciencia plenamente en los pies, trata de estirarlos a fondo, empezando por el tobillo, hasta la punta de los dedos. A fondo, como cuando te estiras por puro reflejo al bostezar o cuando despiertas por la mañana. Cuando el estiramiento se afloje, presta atención a la sensación de relajación en pies y piernas. Fíjate bien en las peculiaridades de esa sensación y déjate envolver por ella. Esta red de atención le demostrará a tu cuerpo y al sistema nervioso que pueden relajarse y expandirse, en oposición a la tensión y la contracción.

Percepción de una amenaza por parte de desconocidos

Imagínate que cuentas con un campo de fuerza que te rodea y te protege, impenetrable, que ocupa un espacio amplio. También te puedes imaginar que entre ti y esa persona desconocida que percibes como amenaza se interpone una persona o figura importante de tu vida (puede ser real o imaginaria).

Perderte o desorientarte

En entornos donde te sientas especialmente fuera de sitio, por extrañeza o lo que sea, puedes apoyarte en aquello que sí te resulte familiar y aprovecharlo como recurso. Quizás el recurso consista en llamar por teléfono a una persona allegada, en mirar un álbum de fotos en el móvil, escuchar una canción que te guste desde siempre, reflexionar sobre un recuerdo agradable, orientarte afianzándote en la sensación de familiaridad que te ofrece tu propio coche (si estás al volante), etc.

En pleno tráfico y en transportes públicos

La orientación kinestésica es un método estupendo para calmar el sistema nervioso cuando está sobrecargado y sobreestimulado. Si te asalta el estrés mientras vas de camino al trabajo o en pleno viaje, prueba a orientarte centrándote en un único objeto, a través del tacto. A lo mejor puedes ejercitar tu capacidad de atención con el volante: siente su textura y su temperatura, palpa los botones, sigue las líneas, nota dónde es sólido y dónde es blando. Si estás en un medio de transporte público, prueba a centrarte en la textura de tu bolso o mochila, palpa los eslabones del collar que llevas puesto o la suavidad del tejido de tu ropa.

Insomnio

Cuando el sistema nervioso está ocupado en correr para escapar de un tigre hambriento, no piensa en menudencias como descansar o digerir. Un recurso fantástico para combatir el insomnio es tensar lentamente y luego relajar una por una las distintas partes del cuerpo (lo que se conoce como pandiculación). Puedes practicarlo en posición tumbada en la cama. Empieza por la cabeza y sigue paso a paso, estirando y tensando una por una todas las partes de tu anatomía: cuello, hombros, pecho, brazos, manos y dedos, vientre, glúteos, grandes grupos musculares de las piernas, pantorrillas y pies (incluidos los dedos). Cuando ejecutes cada estiramiento, fíjate bien para captar la liberación y la relajación para irte afirmando en el contravórtice. Quizás te ayude imaginar que el cuerpo y la musculatura se funden con el colchón al realizar cada movimiento.

Ansiedad médica

Probablemente hayas sufrido alguna enfermedad traumática en el pasado (quizás pasaste una temporada en el hospital, o perdiste a un ser querido por una enfermedad repentina, o uno de tus hijos ha sufrido una dolencia dramática) o algún otro trauma ligado a la medicina. Si es así, puedes poner en práctica una técnica de *Somatic Experiencing*® que se llama «Modelo T» (donde «T» es «tiempo») para recordar que en otro momento sí pudiste experimentar el bienestar y la seguridad en el cuerpo.

Debes plantearte el Modelo T como un cronograma; una línea temporal donde T –0 es la experiencia traumática, T –10 es el período anterior a ese momento y T +10 representa el período posterior a esa experiencia. El Modelo T te puede ser de ayuda para valorar gradualmente el enfoque de trabajar con un momento traumático.

En lugar de zambullirte directamente en el suceso traumático, con el Modelo T empiezas por rememorar experiencias que viviste en el pasado lejano, antes de que ocurriese el trauma, o de rememorar una experiencia posterior, después del trauma. A continuación, tocará avanzar internamente hacia T –0, el momento del impacto.

Sin perder de vista T +10, ¿serías capaz de concentrar la mente en la temporada posterior a la enfermedad o el trauma, cuando ya sabías que iba a tener un final feliz? Visualiza una imagen detallada de aquella época. Si te resulta imposible crear esas imágenes, prueba a visualizar cómo sería la vida si tuvieses una garantía de salud. ¿Qué ves cuando piensas en eso? ¿Qué es lo que haces, dónde estás, quiénes te acompañan? Como siempre, procura captar a través de tu interocepción o de los canales del modelo SIBAM qué sensaciones despierta en tu cuerpo esa visualización que recreas.

Trastorno obsesivo-compulsivo (TOC)

Ten muy en cuenta que el TOC a menudo está correlacionado con una respuesta refleja de huida cronificada. Como ayuda para afrontarlo, sería interesante que permitas a tu sistema nervioso que baje el ritmo, para que pueda pendular con suavidad y descargar la acumulación de hormonas estimulantes derivada de la respuesta simpática. Te será muy útil anclar el cuerpo en el momento presente. Para empezar, concéntrate en el suelo sobre el que estás, percibe la silla en la que apoyas las caderas, el respaldo que te sostiene la columna. Mientras tanto, contempla cualquiera de estos relatos con mentalidad abierta: mi cuerpo cuenta con un buen soporte, puedo apoyarme y descansar sobre él. O también, mi cuerpo está anclado con firmeza, en una posición sólida, y en esta postura puedo resistir lo que haga falta. Cuando repitas esto en tu mente, fíjate bien para percibir si se nota algún tipo de relajación o descanso en el organismo.

Sobrecarga

Sentimos que las circunstancias nos superan cuando estamos al borde del precipicio, a punto de rendirnos al reflejo de la lucha o huida, o de hundirnos en la desconexión, la congelación funcional o la disociación. Es el instante en que todo cuanto sucede nos parece demasiado fuerte, demasiado rápido, demasiado pronto. Y como esa sobrecarga puede y suele afectar a todo el cuerpo físico, te sugiero que busques a tu alrededor recursos externos que contribuyan a que regreses al vórtice de sanación. Podría ser un momento de corregulación con otra persona o una mascota, podría consistir en percibir la presencia del suelo o del asiento debajo de ti, o tal vez fijar la mirada para seguir algún movimiento suave de la naturaleza (un pájaro que revolotea a lo lejos, el follaje meciéndose con la brisa, la estela de un avión en lo alto del firmamento, etc.) o incluso seguir la melodía de una canción que suene de fondo. Mira a tu alrededor para localizar pruebas concretas que ratifiquen que estás bien anclado/a y en el momento presente, porque esa puede ser la herramienta más potente en este caso.

Procrastinación (dejarlo todo para mañana)

Lo opuesto a la procrastinación es la productividad, los resultados, el rendimiento y la capacidad. Tu agresividad saludable (que procede de la respuesta de lucha) y tu energía vital te propulsan para avanzar, actuar y conseguir metas. Sin embargo, cuando el sistema nervioso tan solo tiene una capacidad limitada para tolerar la agresividad saludable y la fuerza, opta por suprimir la energía vital y te aboca a la procrastinación. Y dado que la procrastinación se origina en la respuesta de desconexión dorsal, lo primero es procurar anclar el cuerpo y el sistema nervioso en una sensación de seguridad y presencia. Hay que darles espacio para que salgan de la parálisis y después podrás ascender por la escalera del sistema nervioso. Entre los recursos que te servirían de apoyo están la exposición a la temperatura (ponte delante de la nevera o el congelador con la puerta abierta, o lávate las manos y la cara con agua fría), cambiar de entorno (sal un rato al aire libre), la corregulación, el contacto físico propio (como el autoabrazo *Somatic Experiencing*®, los ejercicios de masaje muscular o la técnica de contención), o también la técnica VOO.

Hablar en público

Hoy ya cuento con varios años de experiencia como oradora profesional, pero originalmente me costaba horrores sobreponerme al miedo escénico. Por eso tengo un buen repertorio de recursos para estas situaciones y te enumeraré mis favoritos. En mi caso, lo que me provoca más nerviosismo es la ansiedad antes de que empiece realmente la presentación o el programa. Cuando noto sus efectos, suelo escuchar música que me guste y me ponga a tono en el lugar donde voy a intervenir. Opta por música que ya conozcas bien y que te reconforte o contribuya a regular tu sistema nervioso. De hecho, yo tengo una lista de reproducción específica que lleva conmigo más de 10 años. Corregularte con otras personas directamente y justo antes del evento donde tengas que intervenir también es un recurso útil, ya que favorece que te acerques a las personas a quienes te dirigirás. Crear esa afinidad y esa conexión social neutralizará la percepción de que se trata de personas extrañas y desconocidas, para que dejes de percibirlas como amenaza. ¿Sería posible disponer de un espacio reservado precisamente para antes de tu intervención, donde digerir y asumir esos nervios? Saber que tienes ese espacio a tu alcance, especialmente para ti, te aportará serenidad. Haz cuanto puedas para anclarte y centrarte en tu organismo físico.

Rumiación, pensamientos obsesivos

Cabe considerar que los pensamientos obsesivos catastrofistas y repetitivos no son tanto un problema de sobrerreflexión, sino más bien de falta de sensibilidad sensorial. Ahora tenemos claro que el estado del sistema nervioso condiciona la historia, así que el objetivo es abstenerse de redirigir los pensamientos. Porque ya sabes que eso no sirve más que para intensificar la presión sobre el sistema nervioso. La clave está en salir de la mente y entrar en el cuerpo físico.

¿Y cómo podríamos empezar ese viaje en busca de recursos de apoyo, relajación y refugio? Pasar directamente al cuerpo puede resultar un tanto extraño y quizás hasta intimidante, así que una buena manera de avanzar progresivamente (titulizar) es la práctica de la orientación kinestésica. Prueba a sostener en las manos un objeto que tenga cierto valor sentimental para ti. Obsérvalo con atención, examínalo a fondo. Mientras haces eso, ¿qué notas internamente? Si pasas directamente a la interocepción y la sensación que percibes te parece demasiado intensa, prueba con las distintas capas y canales del modelo SIBAM.

Automedicación

Es habitual automedicarse para suprimir cualquier emoción o sensación que nos parezca demasiado fuerte. Pero eso abre el camino a la insensibilización y la disociación cuando entras en estados de desconexión o congelación funcional. Si estás en un estado de desconexión, puedes ir ampliando tu capacidad para convivir con tu cuerpo físico y en el momento presente. Empieza por preguntarte *«¿cómo sé que estoy aquí en este preciso instante?»* y ten en cuenta que las respuestas podrían ser infinitas. Quizás notes la presencia del asiento bajo tus caderas. O notes que tus sentidos perciben la posición del cuerpo cuando tratas de orientarte. Tal vez seas capaz de conceptualizar dónde te encuentras en el espacio y el tiempo.

Situaciones o circunstancias inesperadas

Un sobresalto o un cambio repentino provoca que sientas que has perdido el control o te genera un temor a lo desconocido. Recurre a la visualización y recuerda cuándo fue la última vez que sentiste que tenías una situación bajo control. ¿Te acuerdas de alguna vez que algo saliese bien, justo como habías planeado? ¿Cómo fue aquella experiencia para ti? ¿Puedes rememorar lentamente ese episodio? Cuando lo hagas, ¿notas algún tipo de relajación en tu cuerpo?

CONCLUSIÓN

¡Que empiece la fiesta!

Creo que el trauma se puede curar, pero sobre todo que el proceso de terapia puede servir de catalizador para un despertar más profundo.

—Peter Levine

Mis hijos están aquí tumbados, recostados a mi lado en la cama. Mi hija tiene nueve meses y mi hijo está a punto de cumplir los cuatro años. Les estoy leyendo el cuento *Donde viven los monstruos*, de Maurice Sendak, uno de mis favoritos de la infancia. De hecho, el libro es heredado y sirve de eslabón que me conecta a los cuentos que mis padres nos contaban a mis hermanos y a mí. Es una historia sencilla pero evocadora, cuyo protagonista es Max, un chaval travieso al que su madre manda a dormir castigado sin cenar. La rabia del chiquillo se transforma en un sueño fantástico, en el que surca el océano y llega a una isla donde se corona Rey de los Monstruos (que simbolizan sus emociones indómitas) y los encabeza en un festival salvaje de expresividad sin filtro.

En la narrativa de Sendak, Max da rienda suelta a la frustración que siente Max respecto a su madre, que se magnifica y cobra forma en un mundo onírico donde puede explorar con seguridad sus emociones, siempre con la garantía de que al regresar a casa encontrará un amor incondicional, en forma de la cena que lo espera cuando despierta. Mientras yo leo, Noah y Shia representan alegremente la fiesta salvaje de los monstruos, a base de rugidos, gruñidos, bailecitos y saltitos por toda la cama.

En este momento, como madre, lo que deseo para mis hijos es que sigan siendo siempre así de libres y expresivos. Observo sus caritas y, mientras intento grabarlas en la memoria, me pregunto qué sinsabores tendrán que afrontar en la vida. ¿Cómo serán las durísimas lecciones que se toparán y tendrán que aprender? ¿Qué cosas les romperán el corazón y les causarán desilusiones tremendas? Porque eso es algo inevitable. ¿Se convertirán en personas como el resto del mundo y conseguirán domar esas emociones tan fieras? ¿O aprenderán como Max que sus sentimientos, vividos sin inhibiciones y por muy intensos que sean, portan consigo un tesoro de sabiduría y un sinfín de oportunidades?

La verdad, el camino hacia la sanación está repleto de ironías. No solo hay complejidades en las experiencias traumáticas, sino también en las estructuras biológicas que dan cabida a esas experiencias. Pero aun con todo, la cuestión es que el enfoque más potente para la terapia suele ser precisamente el más sencillo. Ahora nos estamos dando cuenta de que muchas técnicas terapéuticas nos devuelven a un estado similar al que reina en el útero materno o impregna la infancia más temprana. Momentos en los que reinaba la inocencia y el ansia de explorar, sin rastro de severos juicios personales. A menudo, la terapia implica reconectar con el sentido de la maravilla y la expresividad de nuestro yo infantil, lo que en última instancia significa regresar a nuestro auténtico yo. Y lo hacemos aceptando el silencio, el espíritu lúdico, la curiosidad y la fuerza vital, dejándonos envolver por los ritmos naturales del organismo y del mundo alrededor. En realidad, es un poco como en la película *El caso de Benjamin Button*: vamos dando tumbos hacia la vejez, pero llega un momento en que la búsqueda de un sentido a la vida, la sanación de un trauma o la recuperación del auténtico yo nos obliga a regresar a la infancia. De vuelta a la individualidad genuina y pura, fuera de la personalidad desarrollada y condicionada. De vuelta a la naturaleza, a abrazar el instinto, en detrimento de la crianza.

Recuerdo muy nítidamente la primera vez que conseguí convivir con mi yo auténtico. Acababa de dar por concluido un encargo de dos meses en India, colaborando con una organización de base que luchaba contra los matrimonios infantiles forzosos. Al terminar me fui en avión hasta Kerala, un estado del sur del país situado en la costa oeste, bañado por el mar Arábigo. La idea era desconectar y reflexionar. Mi abuela, que había buscado refugio y terapia en un *ashram* local en la misma Kerala tras sufrir el derrame, me insistía en que tenía que visitar ese lugar y conocer a su guía espiritual antes de regresar a casa. Y yo no podía negarme, claro. Aquella es una región famosa por sus paisajes exuberantes, por la fauna salvaje, por la belleza de las plazas y la tranquilidad de los canales, pero también porque es el hogar de escuelas de yoga y centros de enseñanzas ayurvédicas. Vamos, no cuesta mucho entender por qué en la India la llaman «la tierra elegida por los dioses».

Antes de ir al *ashram*, me pasé cuatro días descansando en la ciudad ribereña de Varkala, alojada en un *Airbnb* cuyo dueño se llamaba Jassar. El tipo había transformado la plantación de cocoteros que su familia tenía junto a la playa en un pequeño resort turístico privado, con tres casitas. Era un paraíso en la tierra, en serio. Me pasaba el día poniéndome morada de platos riquísimos, caseros y recién hechos. Practicaba yoga dos veces al día, directamente frente a las olas. Me iba de excursión por la costa a explorar el paisaje... básicamente, me tomé las cosas con calma y me dejé llevar por el ritmo de la naturaleza alrededor.

La tercera noche fui a sentarme al borde de los acantilados que había junto a mi cabaña, con las olas rompiendo a los pies, hipnotizada por el fulgor del sol que se ponía tras las aguas allá en el horizonte. La belleza de aquella estampa me provocó una reacción tan visceral y emocional que me pilló por sorpresa. Fue como si el calor solar fundiese los restos que seguían congelados en mi cuerpo y entonces despertaron mis emociones y revivieron los canales sensoriales. El rumor cíclico de la espuma, los tonos incandescentes que se reflejaban en el mar incendiándolo de colores, el aroma salobre en el aire, el sabor del jugo de coco fresco, la caricia de la brisa que me enredaba el pelo, la calidez del sol en mi rostro... todo se fundió hasta cristalizar.

Cuanto más profundamente me concentraba en mí y en mi organismo, más intensas se volvían las emociones. Primero me dominaban la gratitud y el asombro, que luego darían paso a un dolor que había permanecido oculto durante décadas, mientras yo me llenaba de la energía y la vitalidad que bullían a mi alrededor. Era como Max, el del cuento, había llegado al otro lado del océano guiándome por mis emociones, totalmente desatadas. En ese preciso momento noté que se desprendían los velos y las máscaras, aquellos reflejos de lo que yo era, y en mi mente empezó a dibujarse quién era yo sin títulos universitarios, sin carrera profesional, sin el trauma y sin relaciones personales. Me sentí desnuda, expuesta y, por fin, firme y apoyada, por primera vez. Recuerdo ese momento con frecuencia y reflexiono sobre ese despertar. Entonces me di cuenta de que las herramientas más eficaces para mi propia terapia las tenía en mi propio interior. No eran algo que debiera buscar fuera, de la mano de un guía espiritual, un terapeuta o una pauta de medicación. Todas esas cosas sirven de apoyo, desde luego, pero resultó que yo, yo misma, era la mejor terapeuta posible para mis problemas.

Fue Hipócrates quien dijo que «la propia naturaleza es el mejor médico». Y es cierto. La naturaleza es un bálsamo que sana todas las heridas de este mundo. Pero la cultura contemporánea ha creado una idea muy condicionada: que al ser humano lo separa un abismo de la naturaleza. Esa creencia sostiene que deberíamos temerla e incluso avergonzarnos de nuestra propia naturaleza, incluidas la sabiduría primordial y la expresividad. Sencillamente, no nos damos cuenta de que somos parte de la naturaleza, es más: somos la naturaleza.

Somos su especie más hermosa y resiliente en este planeta. El enfoque naturalista del método *Somatic Experiencing*®, cuya finalidad es que reconectemos con la capacidad y los recursos innatos para la autoterapia, es una prueba rotunda de este principio. Tanto en las investigaciones científicas sobre la fauna silvestre como en la observación del organismo humano e incluso al analizar los ecosistemas del planeta en conjunto, se extraen lecciones de la naturaleza que nos sirven de brújula para orientar nuestra propia recuperación y vitalidad. Frente a noticias de catástrofes que arrasan el patrimonio natural (como los desastres de Chernóbil o del *Deepwater Horizon*), sabemos que, si respetamos esos espacios, los ecosistemas acabarán por regenerarse ellos mismos y la vida volverá a proliferar por sus propios medios. Cuesta tiempo, pero siempre se recuperan, y a menudo regresan mejor adaptados y más resilientes que antes.

En palabras de George Carlin, «El planeta seguirá ahí durante mucho, MUCHO tiempo después de que nosotros desaparezcamos. Y sanará, se limpiará y depurará, porque eso es lo que hace. Es un sistema que se autocorrige».[1] Y pasa exactamente lo mismo con nuestra biología, si le concedemos los recursos que necesita y la dejamos trabajar tranquila. Eso sí, este enfoque naturalista de la sanación no es un descubrimiento fruto de conceptos novedosos, sino más bien una traducción heredada de la antigua sabiduría que distintas culturas indígenas, en conexión con el planeta, han preservado durante milenios. Porque igual que a nivel individual tenemos que regresar a nuestros años formativos para recuperarnos, a nivel de especie será necesario seguir esa misma senda y dar pasos atrás hacia las raíces de la historia.

Mis hijos acaban de echárseme encima entre risas y me devuelven de golpe y porrazo al momento presente, con el peso de la realidad: será inevitable, estos bebés también tendrán que afrontar y experimentar penas que solo podrán curar por sí mismos. No les puedo ahorrar ese sufrimiento. Superarlo está en sus manos. Sabiendo lo que ahora sé, tanto en el plano personal como en el profesional, creo que mi misión no debe ser blindarlos para evitarles malestares y adversidades, sino acompañarlos en esos momentos y darles las herramientas para afrontarlos con curiosidad, compasión y coraje. Lo que tengo que hacer es revelarles que los dolores que hayas sufrido en el pasado nunca te abandonan. Pero a veces, esos pesares sí pueden provocar que tú te abandones. Te pueden separar de tu propio cuerpo, alejarte de tu energía vital, aislarte de los demás y del mundo, de todo lo bueno y de todo lo malo también.

Les enseñaré que evitar el dolor no es lo mismo que procesarlo y digerirlo. Y que aquellas emociones que no nos permitimos sentir con seguridad acaban aprisionadas, pudriéndose en el interior de cuerpo y mente. Por eso, en lugar de instruir a mis hijos para que supriman y silencien el dolor o busquen soluciones rápidas por vía externa, los tomaré de la mano y los guiaré hasta su auténtico yo. De vuelta a la resiliencia que es inherente a su biología.

Al mismo tiempo, me reconforta saber que, cuando logren superar el sufrimiento, experimentarán una vitalidad y una alegría más intensas de las que nunca hayan vivido antes. Hay una garantía para esta promesa: los ciclos de expansión y contracción de la naturaleza. La oscuridad sigue a la luz. El flujo y reflujo de las olas. La respiración y el pulso del corazón. Eso es todo, para sanar no hace falta nada más: tan solo espacio y tiempo para convivir con el dolor y la vitalidad a la vez. Tengo el corazón lleno de esperanza y ahora me acuerdo de la temporada que pasé en Sudáfrica junto a Abina y su alegría tan contagiosa, que rebosaba y desbordaba incluso en condiciones tan duras. Abina era un ejemplo vivo de lo que apuntó Joseph Campbell: «la alegría quemará el dolor».[2]

Hoy yo misma soy testigo de la dicha que inunda a las personas que se atreven a profundizar en el mundo de las terapias somáticas, que desafían los métodos convencionales para recuperarse. Personas valientes que se animan a salir de su mente para ocupar su cuerpo a fondo. Que se percatan y aceptan que en su yo no había nada malo, que no eran personas fallidas ni quebradas, que no había nada intrínsecamente negativo que reparar. Y que se dan cuenta de que, en realidad, su organismo físico y su sistema nervioso sabían perfectamente cómo responder para protegerlas en los capítulos más peliagudos de la vida.

Este libro quiere ser un paso adelante para poner fin a esa hostilidad y esa resistencia tan perniciosas con las que siempre hemos considerado la sabiduría esencial y la capacidad terapéutica del propio cuerpo. Es un manual para regresar a nuestro yo genuino. Es un estilo de vida que te animo a probar y adoptar, una forma de vivir y existir y reconectar con nuestra naturaleza. Esa misma naturaleza de la que tanto nos hemos alejado. Para tratar el sistema nervioso no valen remedios rápidos, ni recursos finales, ni opciones definitivas, ni trucos. Porque el objetivo no es conseguir que los momentos duros y las emociones que llevan aparejadas desaparezcan, sino adquirir herramientas y reforzar las capacidades del propio sistema nervioso para soportar los impactos emocionales y somáticos que origina cada trauma.

Ahora que esta fiesta está a punto de terminar, Shia y Noah vuelven a mi lado en la cama para acurrucarse, tras gastar energía y expresar emociones a raudales. Ahora que se van calmando, percibo su presencia, que me arrulla y me serena. Al acariciarles la espalda, pesco de reojo un tatuaje que llevo en la muñeca derecha. Es pequeñito, pero con un gran mensaje: *Infragilis et tenera*, que en latín quiere decir «Inquebrantable, pero tierna». Sonrío, les hago cosquillas con la nariz entre el cabello y les cubro de besitos la frente. Solo siento gratitud. Esta es la sanación y la resiliencia que tengo que transmitir como legado. La que he heredado y la que me he ganado a base de esfuerzo. Lo que yo deseo para mis hijos y para el resto del mundo es que dejemos a un lado las armaduras, que nos desprendamos del blindaje ante la vida y demos la bienvenida a las experiencias. Que permitamos al cuerpo, a los impulsos y a las mentes que nos guíen con flexibilidad y resiliencia, porque pueden y saben hacerlo, de siempre.

En el fondo, desearía que todos nos pareciésemos un poquito más a Max. Que aprendiésemos a afrontar las emociones más intensas y no nos limitásemos a domarlas. Que al igual que aquellos monstruos «rujamos nuestros terribles rugidos», pero siempre sabiendo que al final encontraremos conexión humana, alegría, resiliencia y vitalidad. Dicho esto, ahora sí, «¡Que comience la fiesta salvaje!».

APÉNDICE A

Observación y seguimiento del sistema nervioso

Una de las cosas esenciales que puedes hacer para convertir tu sistema nervioso y la experiencia somática en parte de tu vida es empezar a practicar la mirada hacia dentro, escuchar a tu organismo y percibir sus señales fisiológicas. El cuerpo se comunica sin cesar, susurrando sensaciones y emociones. Los ciclos de contracción y expansión se presentan para indicarnos en qué situación estamos en el panorama fisiológico. Parece difícil de entender, como cuando aprendes un idioma extranjero. Para dominarlo hará falta tiempo y mucha, mucha práctica. Al principio te parecerá un poco forzado, pero poco a poco irá siendo más fluido. No olvides aplicar el vocabulario de la lista de sensaciones de la página 237, que será de gran ayuda.

Ahora te indicaré qué pasos dar para observarlo a diario.

Observar a tu sistema nervioso

Cuando vayas afinando la técnica y comprendiendo mejor el lenguaje de tu sistema nervioso, irás profundizando el conocimiento sobre cómo se siente tu organismo físico, momento a momento.

Por la mañana:

La prioridad número uno es el cuerpo. Fíjate un objetivo para el día, que sea modesto, pero ponle voluntad. Que sea algo que tu cuerpo quiera hacer realidad, no lo que te pida el cerebro.

1. Hazte esta pregunta: ¿cómo me quiero sentir hoy?
2. Ahora identifica una emoción. Elige una de la Rueda de emociones que figura en la página 238.
3. Planteate cómo quieres lograrlo.

Por ejemplo, si quieres sentirte alegre y con espíritu lúdico, puedes conseguirlo llevando a los niños al parque a jugar o sacando al perro para que eche unas carreras y se sienta libre.

Por la noche:

1. Hazte esta pregunta: ¿qué cosas he sentido que me han resultado agradables?
2. Ahora rastrea y detecta cómo el cuerpo te demuestra (en este momento) lo que le ha resultado agradable.
3. Reflexiona sobre las sensaciones o emociones que se despiertan en el presente. Por ejemplo, a lo mejor has dedicado unos minutitos a darle mimos a tu bebé y mientras tanto has pensado que huele muy bien, que te genera cierto calorcito en el pecho y que esa actividad provoca que se te relajen los hombros.

Plantéate preguntas de este tipo:

- ¿Cómo me siento ahora mismo dentro de mi cuerpo?
- ¿Qué noto si me fijo en la temperatura de mi organismo?
- ¿Los ritmos del corazón y la respiración son altos?
- ¿Siento alguna opresión o limitación? ¿Siento ligereza? ¿Siento pesadez?
- ¿Qué emociones están presentes?

Percibir y nombrar

Cuando consigas percibir y poner nombre a todo lo que percibes, te faltará ya poco para ser especialista en detectar en qué estado se encuentra tu sistema nervioso. Durante la próxima semana, practica este ejercicio una vez al día:

- Presta atención y detecta en qué piensas, qué sentimientos notas y cómo se siente tu cuerpo físico.

- Identifica en qué peldaño de la escalera polivagal estás.
- Ejercita la curiosidad. ¿Qué quiere comunicarte tu sistema nervioso en este momento? ¿Qué historia trata de contarte?

Mapa de destellos y estímulos disparadores de la teoría polivagal

Partiendo de la teoría polivagal, Stephen Porges y Deb Dana desarrollaron el *Mapa de destellos y estímulos disparadores* (que encontrarás en la página 113), que nos ayuda a distinguir qué le aporta seguridad (los destellos) y qué le suscita inseguridad (los estímulos disparadores) al sistema nervioso. Tendrás que determinar para cada estado un asunto y un ejemplo específico del mismo que disparen en ti esa respuesta refleja o que te regulen y te anclen en el nivel ventral (estos últimos serán los destellos). Por ejemplo, si sabes que cuando tu pareja evita responder a los mensajes que le envías al móvil se dispara tu respuesta de lucha por el sistema simpático, cabe que te preguntes cuál es el problema subyacente. A lo mejor sientes que te ningunea o te margina. Pero también se puede empezar por el otro extremo. A lo mejor sabes que, cuando sientes que pierdes el control sobre algo, se dispara en ti la respuesta refleja de huida… y el ejemplo que se te ocurre es cuando llegas tarde a algún sitio.

Empieza el mapa indicando cuál es tu segundo estado de refugio. O sea, qué estado de supervivencia es el predominante en tu caso cuando no estás en el ventral. A continuación, rellena la información del resto de estados de supervivencia, hasta terminar por el estado ventral de seguridad y conexión (tus destellos).

VENTRAL	**SEGURIDAD Y CONEXIÓN**
Asunto:	
Ejemplo:	
Asunto:	
Ejemplo:	
Asunto:	
Ejemplo:	

SIMPÁTICO	LUCHA O HUIDA (3 PARA CADA UNO)
Asunto:	
Ejemplo:	
Asunto:	
Ejemplo:	
Asunto:	
Ejemplo:	

DORSAL	DESCONEXIÓN
Asunto:	
Ejemplo:	
Asunto:	
Ejemplo:	
Asunto:	
Ejemplo:	

Mapa de los perfiles personales polivagales

Tomando como base los fundamentos de la teoría polivagal (PVT), Porges y Dana trazaron el *Mapa de perfiles personales* (que te presenté en la página 194), que se apoya en la habilidad para detectar fenómenos y ponerles nombres. O sea, captar una determinada emoción, un pensamiento, una conducta o una señal somática y saber identificar en qué estado te encuentras tomando esa información como referencia. Es un primer paso crucial para aprender el idioma que habla tu sistema nervioso y para ir abandonando de una manera intencionada y precisa el estado de desregulación. Por ejemplo, si te encuentras en estado dorsal o de desconexión, yo en ningún caso aconsejaría una sesión de ejercicio físico intenso para descargar hormonas del estrés. Por lo tanto, es crucial detectar en qué estado te encuentras antes de intentar regularte con una herramienta o una técnica concretas.

Empieza el mapa indicando cuál es tu segundo estado de refugio. O sea, qué estado de supervivencia es el predominante en tu caso cuando no estás en el ventral. A continuación, rellena la información del resto de estados de supervivencia, hasta terminar por el estado ventral de seguridad y conexión (destellos). Trata de establecer entre tres y cinco elementos para cada una de las subsecciones. Un poco más abajo encontrarás un ejemplo.

VENTRAL	**SEGURIDAD Y CONEXIÓN**
Plano somático:	
Emociones:	
Pensamientos:	
Conductas:	
«Yo soy/estoy»:	
«El mundo es/está»:	
Sueño:	
Alimentación:	
Sustancias:	

Un ejemplo del estado ventral:

VENTRAL	**SEGURIDAD Y CONEXIÓN**
Plano somático:	Sensación de tener energía, de mente abierta, de estar presente, con capacidad de concentración, ligereza, con predisposición amistosa, ganas de actuar, postura erguida, todo listo para afrontar lo que venga.
Emociones:	Ilusión, felicidad, satisfacción, optimismo, positividad, alegría.

VENTRAL	**SEGURIDAD Y CONEXIÓN**
Pensamientos:	Si el resto puede, yo también; soy capaz de cualquier cosa, siento gratitud por la vida, soy una persona afortunada.
Conductas:	Expresividad, autocuidados (llevar un diario, meditar, lectura), productividad, actividad física, risas, vida social.
«Yo soy/estoy»:	Capaz de cualquier cosa, preparado/a para todo; una persona de éxito; una persona feliz; viviendo una vida de ensueño.
«El mundo es/está»:	Como un patio de juegos, lleno de posibilidades.
Sueño:	Duermo bien regularmente, las horas suficientes.
Alimentación:	Sigo una dieta normal, moderada y sin excesos.
Sustancias:	No siento una apetencia especial o adicción por ninguna sustancia (como alcohol, drogas, medicamentos, cafeína o azúcar).

SIMPÁTICO	**LUCHA O HUIDA**
Plano somático:	
Emociones:	
Pensamientos:	
Conductas:	
«Yo soy/estoy»:	
«El mundo es/está»:	
Sueño:	
Alimentación:	
Sustancias:	

DORSAL	DESCONEXIÓN
Plano somático:	
Emociones:	
Pensamientos:	
Conductas:	
«Yo soy/estoy»:	
«El mundo es/está»:	
Sueño:	
Alimentación:	
Sustancias:	

Mapa de recursos para la regulación polivagal

Tomando como base los fundamentos de la teoría polivagal (PVT), Porges y Dana desarrollaron el *Mapa de recursos para la regulación* (que te presenté en la página 223). Como ahora sabes, de forma natural vamos subiendo y bajando por la escalera polivagal cada día, durante toda la jornada. Este mapa señala qué es preciso hacer para autorregularse o corregularse. Te será útil para vigilar qué pasos das.

Empieza el mapa indicando cuál es tu segundo estado de refugio. O sea, qué estado de supervivencia es el predominante en tu caso cuando no estás en el ventral. A continuación, rellena la información de tu segundo estado de supervivencia y luego termina por el estado ventral de seguridad y la conexión. En cada uno de los tres apartados deberías intentar identificar al menos tres conductas o prácticas que te sean de ayuda para experimentar o expresar la situación y que contribuyan a impulsarte hacia arriba por la escalera.

Ten en cuenta que en total tendrás que rellenar dos mapas: uno para la autorregulación, donde recogerás actividades que realices a solas, y otro para la corregulación, que incluirá actividades que requieran la presencia o participación de otro ser vivo. Digo «ser vivo» porque pueden ser personas, pero también animales. Ahora, si me lo permites, te guiaré en un recorrido de ejemplo por este proceso. De abajo hacia arriba, empezando por el estado dorsal (aunque puede que tú comiences en otro estado distinto). En el fondo de la escalera, cuando te hallas en el estado de desconexión dorsal, donde priman el aislamiento, el descanso y la conservación de fuerzas, lo más interesante será: (1) dar prioridad al descanso y la recuperación cuando estés en lo más bajo; (2) desplazarte ascendiendo hacia la zona media o estado dorsal, haciéndote más presente en tu propio cuerpo y en el entorno que te rodea; para (3) finalmente, en la parte superior del estado dorsal, introducir un poquito de movimiento que anime a tu sistema nervioso a impulsarse y pasar al reflejo simpático de lucha o huida.

Aquí tienes varios ejemplos, siempre empezando por el punto más bajo para ir remontando progresivamente:

1. Echarte una siesta.
2. Escuchar música triste o melancólica, a juego con tu estado.
3. Sentarte un rato al aire libre, respirar aire fresco y conectar con la naturaleza a través de los sentidos.
4. Estirarte.
5. Dar un paseíto.

Ahora llega el momento de ponerte en marcha para llegar al estado de lucha o huida. Para salir del fondo de un estado simpático y conseguir ascender, lo más recomendable es aumentar la energía estimulante de tus actividades, para que seas capaz de dar rienda suelta a la carga de adrenalina y cortisol que inunda tu fisiología hasta expresarla y librarte de ella.

Vamos a ver unos cuantos ejemplos, que parten de lo más bajo del estado simpático y suben poco a poco a su nivel superior, de camino al estado ventral:

1. Hacer tareas de la casa.
2. Salir a hacer un recado.
3. Una actividad física ligera, como yoga, estiramientos o un paseo largo.
4. Dejar que las emociones se expresen a través de lágrimas.
5. Salir a trotar/correr o hacer algo de ejercicio más intenso en casa, como una carrerita estática.

Ahora que estarás expresando y expulsando esa energía estimulante que te moviliza (por la adrenalina y el cortisol), fíjate bien para percibir las señales de esa descarga, que pueden ser tenues.

La siguiente etapa de la escalera es ya el estado ventral. Cuando llegues a él, pregúntate: ¿qué puedo hacer para aferrarme y anclarme a este estado? Lo cierto es que el estado ventral tiene un aspecto muy similar al dorsal, porque te asientas en una zona donde dominan los impulsos parasimpáticos que favorecen el descanso y la digestión.

Empezando por el nivel inferior del estado ventral y subiendo hasta lo más alto de la escalera del sistema nervioso, aquí van varios ejemplos:

1. Salir a la naturaleza.
2. Escuchar tu música favorita.
3. Leer (un buen libro).
4. Hacer alguna actividad que requiera creatividad.
5. Tumbarte a descansar un rato.

La idea es que utilices los elementos que incluyas en tu lista como sustitutos que reemplacen aquellas conductas que quieras cambiar. Si lo consigues, en lugar de ceñirte a conductas adaptativas poco recomendables y pensadas para sobrellevar las crisis como sea, contarás con recursos que te ayudan a regularte y te brindan apoyo. Para empezar a aplicar estos recursos en tus momentos de activación tendrás que ponerle intención y practicar mucho.

Yo te recomiendo que pruebes a ver qué tal se te da en momentos de desactivación, cuando tu sistema nervioso esté en estado neutro y bien regulado. Suelo aconsejar programar una alarma para la mañana, para mediodía y para el anochecer. Cuando suene, repasa cómo se encuentran tu cuerpo y el sistema nervioso, y apunta en qué nivel de la escalera estás en ese momento. Te será muy útil el Mapa de perfil personal. Según qué escalón ocupes, dedica unos minutos a realizar la actividad que toque, pero ponle ganas e intención.

Plantéate que la fisiología del estrés es algo parecido a una olla a presión. Así que el vapor se acumula a lo largo del día y sube la presión a medida que el sistema nervioso activa sus impulsos y aumenta el nivel de estrés. Ante esa situación, ¿qué puedes hacer proactivamente para abrir un poquito la tapa y dejar salir parte del vapor? Sería genial para evitar que todo explote. Este mapa es una ayuda excelente, pero también sería fantástico que incorporases nuevos hábitos a tu rutina que vayan creando nuevas redes neuronales para canalizar los impulsos la próxima vez que te actives. Sería algo así: [Suena la alarma] ¿En qué nivel de la escalera estoy ahora mismo? Vale, noto esos rasgos característicos. Parece que estoy en un estado simpático. Vale, *pues veamos el mapa de recursos de regulación. ¿Qué debería hacer? En este tipo de estado, me aconseja salir a dar una vuelta. Pues saldré a dar un paseo y ya veremos si al volver sigo en estado de reflejo de huida. Si sigo igual, no pasa nada. Al final, el objetivo es ir subiendo por la escalera, pero poco a poco. No hace falta saltar de un escalón a otro bruscamente.*

Una vez tengas listo el mapa, imprímelo y tenlo siempre a mano. En el escritorio, en el coche, en casa o en un pantallazo del móvil. Algunos de mis clientes incluso se lo ponen de fondo en la pantalla del móvil, a modo de recordatorio de su escalera, para saber qué pasos deben dar. Si no te molesta que el resto del mundo lo conozca, enséñaselo a las personas de tu círculo cercano. Por ejemplo, David se sabe la mayoría de mis recursos de regulación y los puede compartir conmigo. Eso me sirve de apoyo en momentos en que estoy activada y no controlo del todo mi cerebro racional. Figúrate, es el quien me avisa de que debería salir a que me dé el sol cuando me siento un poco depre (en estado dorsal). O me anima a dar un paseo yo sola cuando me ataca la ansiedad.

Además de todo esto, recuerda que no es imprescindible que utilices todos los recursos de regulación a tu alcance. De hecho, igual resulta que acabas tomando uno o dos como herramientas de auxilio inmediato para cada estado. Es lo más aconsejable, la verdad, porque no te obliga a memorizar nada y es más fácil que tu sistema los integre en su repertorio. No lo olvides: se trata de crear nuevos hábitos, nuevos patrones. Y eso requiere tiempo y práctica.

Gráfico de tiempo y tono de la teoría polivagal

Basándose en el marco de la teoría polivagal (PVT), Porges y Dana idearon el *Gráfico de tiempo y tono*, una herramienta que ilustra los patrones para que veas cómo funciona tu sistema nervioso de día a día y que te ayuda a organizarte.

Tomemos mi caso como ejemplo: yo me despierto muy temprano, con las pilas puestas. En la primera parte del día, estoy cerca de la cúspide de la escalera del sistema nervioso, en un estado mixto entre ventral y simpático. En esa fase soy una persona productiva, creativa y llena de energía. Y todo gracias al empujón extra que me aportan la adrenalina y el cortisol. Tengo momentos de soledad que me estimulan la creatividad. Luego salgo a darme un paseo matutino de 20 minutos, haga el tiempo que haga, porque necesito aire fresco. A continuación, toda una sesión de ejercicio físico en casa y luego encaro el día con un té *matcha* y el desayuno. Sobre las 5 o las 6 de la tarde sucede justo lo opuesto y entonces bajo escalones polivagales hacia el estado dorsal. Necesito descanso, tranquilidad, que me dejen todos sola. Vamos, que puedo afirmar sin equivocarme que soy una persona de tipo alondra, madrugadora y mañanera.

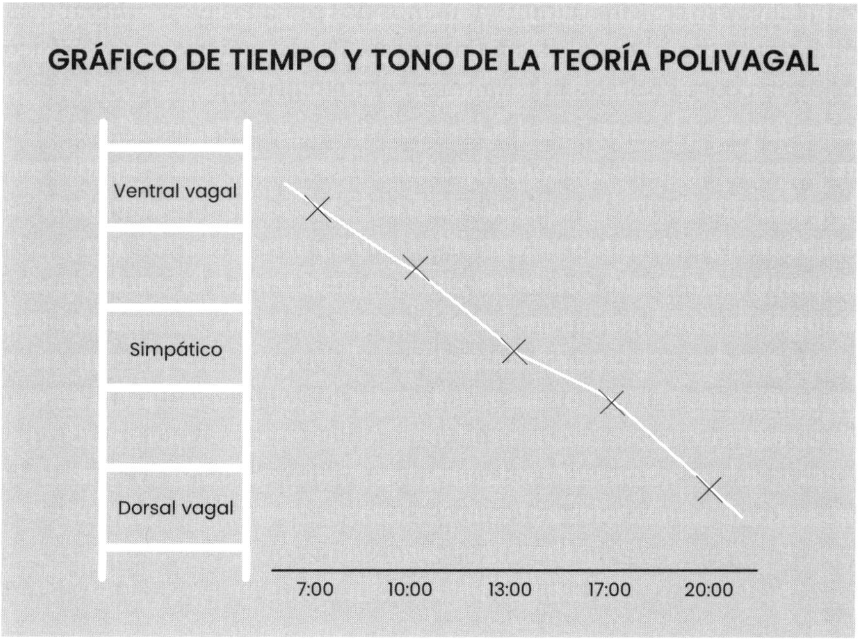

Mi marido es todo lo contrario. Se levanta dos horas más tarde que yo y le lleva un tiempo ponerse en marcha. Durante esa fase no articula palabra, se comunica solo a base de gruñidos, suspiros y monosílabos hasta que se toma el café. Tengo clarísimo que a primera hora de la mañana no es buena idea intentar comentar con él ningún tema serio. Pero precisamente cuando yo voy bajando revoluciones, a él le sube el nivel de energía. Es como un búho, que despierta al anochecer y por la noche es capaz de afrontar cualquier proyecto. Está claro que es del tipo vespertino.

En cuanto a quienes acuden a mi consulta, pues la mitad son del tipo alondra y la mitad del tipo búho, más o menos. Saber cuándo se produce el pico de activación de tu sistema es fundamental para cultivar un estilo de vida somático. La piedra angular de todo esto es cooperar con tu fisiología. Tenéis que trabajar en tándem, no enfrentaros.

Para empezar a apuntar los patrones diarios (o sea, el tono) de tu sistema nervioso, tienes que prestarle atención durante varias veces (entre tres y cinco) a lo largo del día y marcar en el gráfico en qué punto de la escalera te encuentras. No olvides anotar la hora en el eje X (el horizontal). Lleva ese registro durante al menos dos semanas para calibrar cuál es el tono general de tu sistema nervioso. Puedes guiarte por el gráfico de arriba como referencia para trazar el tuyo propio.

APÉNDICE B

¿Cómo buscar y elegir a tu especialista en *Somatic Experiencing®*?

Para convertirse en especialistas profesionales, denominados *Somatic Experiencing Practitioner* (SEP™), es obligatorio cursar el programa de formación de tres años que imparte *Somatic Experiencing International* y que ha sido concebido por el doctor Peter A. Levine. Si necesitas más información al respecto, consulta el sitio *web* traumahealing.org. En la misma página también puedes buscar un/a terapeuta con formación específica que tenga consulta cerca de ti.

¿Qué deberías buscar en un/una practicante profesional de *Somatic Experiencing®* o en especialistas en tratamiento del trauma?

Antes de emprender tu viaje de terapia con un practicante o terapeuta, hay varios pasos esenciales que dar:

- Ten en cuenta que vas a confiarle a esa persona algunos de los aspectos más vulnerables de tu vida. No es ninguna broma. Así que no te recomiendo que te lances al primer diván de terapia que te salta al paso (los practicantes de *Somatic Experiencing®* suelen hablar de «contenedores») sin investigar e informarte a fondo antes. Eso incluye hablar con el especialista que hayas elegido, informarte sobre su trayectoria y experiencia profesional, y también sopesar hasta qué punto parecen encajar tu sistema con el suyo.

- Puesto que ya has aprendido qué es la corregulación en este libro, conviene tener presente que tendrá una importancia tremenda en la relación terapéutica que vas a establecer. Si no sientes que con tu terapeuta o practicante estás en buenas manos, esa inseguridad te activará el sistema nervioso y el resultado será contraproducente. Los practicantes de *Somatic Experiencing*® suelen dedicar un buen rato al inicio de cada sesión con sus clientes nuevos para afianzar la conexión y favorecer la afinidad, de modo que se sientan en un espacio seguro y bien compenetrados para trabajar en profundidad. Así se crea una plataforma de confianza y regulación vital para el tratamiento del sistema nervioso.
- Pregúntate si tu practicante dedica tiempo a consolidar, reforzar y expandir tus capacidades o tu sensibilidad (y capacidad) para convivir y estar presente en tu propio cuerpo. ¿O más bien se limita estrictamente a los canales de reflexión e interpretación de significados del proceso terapéutico? ¿O quizás se apresura a sacarte del malestar cada vez que surge esa sensación? La terapia somática y el tratamiento del sistema nervioso exigen que profundicemos en nuestro interior de cara a regularnos y que ampliemos la capacidad de soportar y tolerar tanto las sensaciones agradables como las desagradables.
- ¿Favorece el enfoque gradual, la titulación? ¿O avanza a un ritmo o con contenidos que te parecen demasiado ambiciosos, demasiado rápidos, demasiado bruscos?
- ¿Te enseña técnicas, herramientas y ejercicios para que practiques fuera del contenedor o espacio donde se desarrolla la terapia? Es importante que, pensando como objetivos en tu autoterapia (y autosanación) y tu autonomía, te anime y te conceda tiempo para integrar el trabajo de recuperación en tu vida cotidiana. Así se genera una dinámica que favorece que vayas confiando cada vez más en tus recursos innatos, en tu propio cuerpo y tu vitalidad.

APÉNDICE C

Bibliografía y referencias

Esta lista recopila libros, artículos y recursos que he ido citando en las páginas de este libro. He incluido también varios recursos adicionales por si quieres profundizar y aprender más sobre los temas que he abordado.

Somatic Experiencing y trauma

Levine, Peter A. *Autobiografía del trauma:* un viaje de sanación. Inner Traditions International, EE. UU., 2025

Levine, Peter A. *Sanar el trauma*: *Un programa pionero para restaurar la sabiduría de tu cuerpo*. Gaia Ediciones, Madrid, 2021.

Levine, Peter A. *Trauma y memoria. Cerebro y cuerpo en busca del pasado vivo: Una guía práctica para comprender y trabajar la memoria traumática.* Editorial Eleftheria, Barcelona, 2018.

Levine, Peter A. *Waking the Tiger: Healing Trauma*. North Atlantic Books, Berkeley, 1997.

Levine, Peter A. Panic, Biology, and Reason: Giving the Body Its Due. *The USA Body Psychotherapy Journal* 2, n.º 2 (2003).

Ives, E. "Peter Levine and Somatic Experiencing". *Journal of Psychiatry and Mental Illness 3*, n.º 1 (2020): 101.

Campbell, Susan. *From Triggered to Tranquil: How Self-Compassion and Mindful Presence Can Transform Relationship Conflicts and Heal Childhood Wounds*. New World Library, Novato, EE. UU., 2021.

Cook, Alexandra, Joseph Spinazzola, Julian Ford, Cheryl Lanktree, Margaret Blaustein, Marylene Cloitre, Ruth DeRosa, et al. "Complex Trauma in Children and Adolescents". *Psychiatric Annals 35*, n.º 5 (2005): 390–398.

Dispenza, Joe, PhD. https://drjoedispenza.com.

Doidge, Norman. *El cerebro y su forma de sanar: Notables descubrimientos y recuperaciones en la vanguardia de la neuroplasticidad*. La Liebre de Marzo. Barcelona, España. 2021.

Epstein, Mark. *El trauma de la vida cotidiana: Una guía hacia la paz interior,* Ediciones La Llave, Barcelona, 2017.

Fisher, Janina. *Cómo sanar la fragmentación interna de los sobrevivientes de trauma. Y superar la alienación interior*. Ediciones Pléyades, Madrid, 2020.

Fisher, Janina. *La transformación del legado vivo del trauma.* Libro de trabajo para supervivientes y terapeutas. Editorial Eleftheria, Barcelona, 2023.

Gordon, Alan, y Ziv Alon. *The Way Out: A Revolutionary, Scientifically Proven Approach to Healing Chronic Pain.* Avery, Nueva York, 2021.

Harris, Nadine Burke. *El pozo más profundo:* Sanar los efectos a largo lazo de las experiencias infantiles adversas. Editorial Eleftheria, Barcelona, 2023.

Hawkins, David R. *Curación y recuperación*. Ediciones El Grano de Mostaza, Barcelona, 2015.

Heller, Laurence y Aline Lapierre. *Curar el trauma del desarrollo: El método relacional neuroafectivo (NARM) para restablecer la conexión* Editorial Eleftheria, Barcelona, España. 2019.
Hübl, Thomas. *Sanar el trauma colectivo: La integración de nuestras heridas intergeneracionales y culturales.* Gaia Ediciones, Madrid. 2021.
Hyman, Mark, MD. "How Trauma Makes Us Sick And How We Can Heal". Mark Hyman MD. 14 septiembre, 2022, https://drhyman.com/blog/2022/09/14/podcast-ep599.
Kardiner, Abram. *The Traumatic Neuroses of War.* Eastford, CT: Martino Fine Books, 2012.
Kennedy, Russell, MD. https://www.theanxietymd.com.
LaPierre, Aline. "A Shaman's Scientific Journey: Conversation with Peter Levine". *International Body Psychotherapy Journal 19*, n.º 1 (2020). https://www.ibpj.org/issues/articles/Aline%20LaPierre%20-%20A%20Shamans%20Scientific%20Journey%20Conversation%20with%20Peter%20Levine.pdf.
Lerner, Paul. *Hysterical Men: War, Psychiatry, and the Politics of Trauma in Germany, 1890–1930.* Cornell University Press, Ithaca, NY, 2009.
Maté, Gabor. *El mito de la normalidad: Trauma, enfermedad y sanación en una cultura tóxica.* Tendencias Editores, Madrid, 2023.
Maté, Gabor. *Mentes dispersas: Los orígenes y la curación del Trastorno por Déficit de Atención.* Gaia Ediciones, Madrid, 2023.
Maté, Gabor. *Cuando el cuerpo dice NO: La conexión entre el estrés y la enfermedad.* Gaia Ediciones, Madrid, 2020.
Maté, Gabor. *La sabiduría del trauma.* 2022; Sebastopol, EE. UU.: Science & Nonduality. https://thewisdomoftrauma.com.
McConnell, Susan. *Sistemas de la familia interna, terapia somática: Conciencia, respiración, movimiento y tacto en la práctica.* Editorial Eleftheria, Barcelona, 2025.
Menakem, Resmaa. *My Grandmother's Hands: Racialized Trauma and the Pathway to Mending Our Hearts and Bodies.* Central Recovery Press, Las Vegas, 2017.
Moorjani, Anita. *Morir para ser yo: Mi viaje a través del cáncer y la muerte hasta el despertar y la verdadera curación.* Gaia Ediciones, Madrid, 2025.
Neufeld, Gordon, Ph.D. https://neufeldinstitute.org/.
Oldfield, Georgie. *Dolor crónico. La clave para Tu Recuperación.* Mandala Ediciones, Madrid, 2018.
Ozanich, Steven Ray. *La gran farsa del dolor: Los consejos médicos poco acertados solo lo agravan.* Silver Cord Records, Incorporated. 2018.
Perry, Bruce D. *Brief: Reflections on Childhood, Trauma and Society.* The Child Trauma Academy Press, Houston, 2013.
Perry, Bruce D. y Oprah Winfrey. *¿Qué te pasó?: Trauma, resiliencia y curación.* Editorial Zenith, Barcelona, 2023.
Rediger, Jeffrey. *Autocuración: el poder de la conexión entre el cuerpo, la mente y el sistema inmunitario.* Ediciones Urano, Barcelona, 2022.
Rothschild, Babette. *El cuerpo recuerda. La psicofisiología del trauma y el tratamiento del trauma.* Editorial Eleftheria, Barcelona, 2015.
Sarno, John E. *La mente dividida: la epidemia de los trastornos psicosomáticos.* Editorial Sirio. Málaga, 2007.
Sarno, John E. *Curar el cuerpo, eliminar el dolor.* Editorial Sirio, Málaga, 2024.
Schubiner, Howard. *Unlearn Your Anxiety and Depression.* Mind Body Publishing, Pleasant Ridge, EE. UU, 2016.
Schubiner, Howard. *Desaprende tu dolor.* Mind Body Publishing, Pleasant Ridge, EE. UU., 2022.
Schwartz, Richard C., PhD. https://ifs-institute.com/.
Schwartz, Richard. *No hay partes malas: Sanar el trauma y recobrar la plenitud con el modelo Sistemas de familia interna.* Editorial Eleftheria, Barcelona, 2023.

Siegel, Dan, MD. https://drdansiegel.com.
Siegel, Dan, MD. https://heartmindonline.org/resources/daniel-siegel-flipping-your-lid.
Siegel, Daniel J. *La mente en desarrollo: Cómo interactúan las relaciones y el cerebro para modelar nuestro ser.* Desclée De Brouwer, Bilbao, 2007.
Teicher, Martin H., Jacqueline A. Samson, Carl M. Anderson, and Kyoko Ohashi. "The Effects of Childhood Maltreatment on Brain Structure, Function and Connectivity". *Nature Reviews Neuroscience 17*, n.°.10 (2016): 252–266.
Tronick, Ed, Isabelle Mueller, Jennifer DiCorcia, Richard Hunter, and Nancy Snidman. "A Caretaker Acute Stress Paradigm: E_ects on Behavior and Physiology of Caretaker and Infant". *Developmental Psychobiology* (2020): 1–10.
van der Kolk, Bessel A. *El cuerpo lleva la cuenta: Cerebro, mente y cuerpo en la superación del trauma.* Editorial Eleftheria, Barcelona, 2020.
van der Kolk, Bessel A. "The Devastating Effects of Ignoring Child Maltreatment in Psychiatry". *Journal of Child Psychology and Psychiatry 57*, n.° 3 (2016): 267–270.
van der Kolk, Bessel A., Julian D. Ford y Joseph Spinazzola. "Comorbidity of Developmental Trauma Disorder (DTD) and Post-Traumatic Stress Disorder: Findings from the DTD Field Trial". *European Journal of Psychotraumatology 10*, n.° 1 (2019): 1562841.
van der Kolk, Bessel A. "Trauma and Memory". *Psychiatry and Clinical Neurosciences* 52, n.° S1 (1998): S52–S64. https://doi.org/10.1046/j.1440-1819.1998.0520s5S97.x.
Walker, Pete. *TEP complejo: de sobrevivir a prosperar: una guía y mapa para recuperarse del trauma infantil.* Autopublicación, 2019.
Wolynn, Mark. *Este dolor no es mío: identifica y resuelve los traumas familiares heredados.* Gaia Ediciones, Madrid, 2020.
Yau, Julie Brown. *The Body Awareness Workbook for Trauma: Release Trauma from Your Body, Find Emotional Balance, and Connect with Your Inner Wisdom.* Reveal Press. Oakland, EE. UU., 2019.

Teoría polivagal

Dana, Deb. *Ejercicios polivagales para la seguridad y la conexión: 50 prácticas centradas en el cliente.* Editorial Eleftheria, Barcelona, 2022.
Dana, Deb. *Rotafolio de la teoría polivagal: Comprender la ciencia de la seguridad.* Editorial Eleftheria, Barcelona, 2024.
Dana, Deb. *La teoría polivagal en terapia; Cómo unirse al ritmo de la regulación.* Editorial Eleftheria, Barcelona, 2019.
Porges, Stephen W. *Seguridad polivagal: Apego, comunicación y autorregulación.* Editorial Eleftheria, Barcelona, 2025.
Porges, Stephen W. y Senta A. Furman, "The Early Development of the Autonomic Nervous System Provides a Neural Platform for Social Behavior: A Polyvagal Perspective". *Infant and Child Development* 20, n.° 1 (2011): 116–118. doi: 10.1006/icd.688.
Porges, Stephen W. y Seth Porges. *Nuestro mundo polivagal: Cómo nos cambian la seguridad y el trauma.* Editorial Eleftheria, Barcelona, 2026.
Polyvagal Institute. https://www.polyvagalinstitute.org/.

Apego

Borg, Lydia K., "Holding, Attaching and Relating: A Theoretical Perspective on Good Enough Therapy Through Analysis of Winnicott's Good Enough Mother, Using Bowlby's Attachment Theory and Relational Theory". Tesis doctoral, Smith College, Northampton, Massachusetts (EE. UU.), 2013. https://scholarworks.smith.edu/theses/588
Bowlby, John. *El apego y la pérdida.* Ediciones Paidós, Barcelona, 2023.

Heller, Diane Poole. *El poder del apego: cómo crear relaciones profundas y duraderas*. Editorial Sirio, Málaga, 2022.

Levine, Amir y Rachel S. F. Heller. *Maneras de amar: La nueva ciencia del apego adulto y cómo puede ayudarte a encontrar el amor y conservarlo*. Editorial Urano, Barcelona, 2016.

Main, Mary, Erik Hesse y Nancy Kaplan. "Predictability of Attachment Behavior and Representational Processes at 1, 6, and 19 Years of Age: The Berkeley Longitudinal Study". En *Attachment from Infancy to Adulthood: The Major Longitudinal Studies,* editado por Klaus E. Grossman, Karin Grossman y Everett Waters, 245–304. Guilford Press, Nueva York, 1968.

Main, Mary, Erik Hesse y Siegfried Hesse. "Attachment Theory and Research: Overview with Suggested Applications to Child Custody". *Family Court Review* 49, n.° 3 (2011): 426–463.

Main, Mary, Nancy Kaplan y Jude Cassidy. "Security in Infancy, Childhood, and Adulthood: A Move to the Level of Representation". *Monographs of the Society for Research in Child Development 50*, n.° ½ (1985): 66–104.

Main, Mary y Judith Solomon. "Discovery of an Insecure-Disorganized/Disoriented Attachment Pattern". En *Affective Development in Infancy*, editado por T. B. Brazelton y M. W. Yogman, 95–124. Ablex, Norwood, Nueva Jersey, 1986.

Main, Mary y Judith Solomon. "Procedures for Identifying Infants as Disorganised/Disoriented During the Ainsworth Strange Situation". En *Attachment in the Preschool Years,* editado por M. T. Greenberg, D. Cicchetti y E. M. Cummings, 121–160.University of Chicago Press, Chicago (EE. UU.), 1990.

Main, Mary y Jackolyn Stadtman. "Infant Response to Rejection of Physical Contact by the Mother: Aggression, Avoidance, and Conflict". *Journal of the American Academy of Child Psychiatry 20*, n.° "2 (1981)", 292–307. https://doi.org/10.1016/S0002-7138(09)60990-0.

Maselko, J., L. Kubzansky, L. Lipsitt, et al. "Mother's Affection at 8 Months Predicts Emotional Distress in Adulthood". *Journal of Epidemiology and Community Health* 65, n.° 7 (2011): 621–625.

McLeod, Saul. "John Bowlby's Attachment Theory." *SimplyPsychology*, 24 de enero, 2024, https://www.simplypsychology.org/bowlby.html.

Ogden, Pat y and Janina Fisher. *Psicoterapia sensoriomotriz. Intervenciones para el trauma y el apego*. Desclée De Brouwer, Bilbao, 2016.

Solomon, Judith, Robbie Duschinsky, Lianne Bakkum y Carlo Schuengel. "Toward an Architecture of Attachment Disorganization: John Bowlby's Published and Unpublished Ref lections". *Clinical Child Psychology and Psychiatry* 22, n° 4 (2017): 539–560. https://doi.org/10.1177/1359104517721959.

Sroufe, L. Alan. "Attachment and Development: A Prospective, Longitudinal Study from Birth to Adulthood". *Attachment and Human Development* 7, n.° 4 (2005): 349–367.

Sroufe, L. Alan, Byron Egeland, Elizabeth A. Carlson y W. Andrew Collins. *The Development of the Person: The Minnesota Study of Risk and Adaptation from Birth to Adulthood.* Guilford Press, Nueva York (EE. UU.), 2009.

Sroufe, L. Alan. "The Place of Development in Developmental Psychopathology". En *Multilevel Dynamics in Developmental Psychopathology: Pathways to the Future*, editado por Ann S. Masten, 285–299. Lawrence Erlbaum Associates, Mahwah, Nueva Jersey (EE. UU.), 2007.

van Rosmalen, Lenny, René van der Veer y Frank van der Horst. "Ainsworth's Strange Situation Procedure: The Origin of an Instrument". *Journal of the History of the Behavioral Sciences 51*, n° 3 (2015): 261–284.

Wallin, David J. *El apego en psicoterapia*. Desclée De Brouwer, Bilbao, 2012.

Agradecimientos

El viaje que ha culminado en la publicación de estos capítulos empezó mucho antes de que yo me pusiese a escribir. Ha sido un trabajo colectivo, con contribuciones de muchas personas distintas, espaciadas durante años y años.

Me gustaría expresar mi más profundo agradecimiento a todas las personas que me apoyaron a lo largo de este proceso, por la ayuda prestada de diversas formas, desde el apoyo emocional hasta la mentoría, el asesoramiento experto y los ánimos incondicionales.

Gracias a mi familia: este libro lo han hecho posible su respaldo inquebrantable y su fe en mí. Gracias a mis mentores y colegas, porque su sabiduría, orientación y cuidado han sido fundamentales para dar forma a esta obra. Gracias al equipo del libro, cuya dedicación e inspiración ayudaron a hacer realidad este proyecto: gracias por convertir este sueño en una realidad.

Sé que me he aupado sobre los hombros de gigantes, por ello debo expresar mi más sincero agradecimiento y admiración al doctor Peter A. Levine (creador de *Somatic Experiencing®*) y al doctor Stephen W. Porges (fundador de la teoría polivagal), por haber dedicado toda una vida a los enfoques terapéuticos para la sanación basada en la fisiología. Sin su conocimiento pionero, estas palabras y capítulos no existirían. Doy gracias también la comunidad de *Somatic Experiencing®* en general, incluidos *Somatic Experiencing International®* y los mentores que me guiaron en el camino, en especial a la doctora Glyndie Nickerson, la doctora Abi Blakeslee y el doctor Raja Salvem, a quienes agradezco su pasión al fomentar y liderar a la próxima generación de profesionales, así como por difundir el impacto de SE en todo el mundo.

Gracias, Karen Murgolo, por ser la primera en creer en mi misión y en mi mensaje, por ser la brújula que me encaminó a convertirme en autora por primera vez y, por supuesto, por responder a mis innumerables llamadas. A Karen Moline, por dar forma y pulir mis palabras, por traer alegría a este proceso y por ser la mayor animadora en la sala. A Lucia Watson, cuya cuidadosa edición y apoyo hicieron que *Body-First Healing* fuera mejor de lo que jamás había imaginado, y cuya dirección afianzó cada página, al tiempo que me permitió ser libre para exponer mi perspectiva. A cada persona de Avery Publishing y del Penguin Publishing Group, consagradas todas con pasión a crear y dar forma a este libro: Lindsay Gordon, Farin Schlussel, Casey Maloney, Carla Iannone, Jamie Lescht, Isabel McCarty, Maya Ono, Zehra Kayi, Stephanie Bowen y Rachael Perriello Henry. Y a Caroline Sutton, por creer a ciegas en este libro desde el principio, por humanizar este proyecto y por defenderlo y llevarlo hasta la meta. Os estoy profundamente agradecida.

Continuaré con mis agradecimientos por el equipo de Healing Hub, un grupo pequeño pero muy poderoso, compuesto por mujeres que son pura inspiración. Gracias por vuestro aliento, vuestra amistad y ese profundo compromiso con este trabajo, con nuestra misión y con nuestra comunidad. Un agradecimiento especial a Julia Thompson: sin tu motivación y tu cariño, sin tu guía creativa y tu dedicación inquebrantable a la gente del equipo y a nuestra labor, este libro no existiría. No tengo palabras para expresar cuánto te debo por todo lo que haces.

A mis padres, Stephanie y Alan: no puedo pasar por alto los sacrificios que hicieron para darnos la mejor vida posible, ¡gracias! Gracias por demostrarme qué significa la perseverancia ante el sufrimiento. Gracias por amarme y ser mi sostén durante las épocas más difíciles, por recordarme que soy más que lo que he vivido y por tender a mis pies un camino pavimentado por la determinación y la resiliencia. Os quiero. A mis hermanos, Dominic y Ryan: os adoro. Gracias por hacerme sentir la hermana más orgullosa del mundo.

A mi tía, Nini, gracias por tu espíritu nutritivo, por tu corazón bondadoso y tu amistad a lo largo de todos estos años. Al resto de mi familia, gracias por estar siempre presentes, por hacerme mejor persona y por amar. Estoy muy orgullosa de mis raíces.

A mis hijos, Noah y Shia: por el amor infinito que compartimos, por vuestros espíritus libres y salvajes, por la oportunidad de revivir la infancia a vuestro lado. Espero que estas historias y capítulos os aporten claridad y consuelo. Gracias por regalarme el papel más importante de la vida. Os amo, nunca dejaréis de ser mis bebés.

A mi esposo, David, a quien debo el mayor agradecimiento. Durante catorce años, tu apoyo compasivo y amoroso, tu guía espiritual y tu aliento constante me han ayudado a convertirme en la persona que soy hoy. Gracias por amarme, incluso cuando me costaba amarme a mí misma. Gracias por creer en mí, a pesar de mis dudas. Gracias por hacer posible esta vida para todos nosotros. Te quiero.

Notas

CAPÍTULO 1: LA SANACIÓN CON UN ENFOQUE CENTRADO EN EL CUERPO

1. Aline LaPierre, "A Shaman's Scientific Journey: Conversation with Peter Levine", *International Body Psychotherapy Journal* 19, nº 1 (2020): 15–22, https://www.ibpj.org/issues/articles/Aline%20LaPierre%20-%20A%20Shamans%20Scientific%20Journey%20Conversation%20with%20Peter%20Levine.pdf
2. "New CDC Data Illuminate Youth Mental Health Threats During the COVID-19 Pandemic," CDC Newsroom, 31 de marzo, 2022, https://www.cdc.gov/media/releases/2022/p0331-youth-mental-health-covid-19.html
3. Cynthia L. Lancaster, Daniel F. Gros, Michael C. Mullarkey, Christal L. Badour, Therese K. Killeen, Kathleen T. Brady y Sudie E. Back, "Does Trauma-Focused Exposure Therapy Exacerbate Symptoms among Patients with Comorbid PTSD and Substance Use Disorders?" *Behavioural and Cognitive Psychotherapy* 48, n.º 1 (2020): 38–53.

CAPÍTULO 2: DOS ENFOQUES PARA EL TRAUMA: DE ARRIBA ABAJO Y DE ABAJO ARRIBA

1. Gardiner Morse, "Hidden Minds: 95 Percent of Our Brain's Activity Is Subconscious", *Harvard Business Review*, junio 2022, https://hbr.org/2002/06/hidden-minds
2. Emma Wager, Matthew McGough, Shameek Rakshit, Krutika Amin y Cynthia Cox, "How Does Health Spending in the U.S. Compare to Other Countries?" *Health System Tracker*, 23 de enero, 2024, https://www.healthsystemtracker.org/chart-collection/health-spending-u-s-compare-countries.

CAPÍTULO 3: LA DEFINICIÓN DEL TRAUMA

1. "Man Faces Rape, Robbery Charges | Wthr.Com", 13WTHR, 6 de abril, 2009, https://www.wthr.com/article/news/local/man-faces-rape-robbery-charges/531-ed61ed1f-12dd-4807-8f0c-33708842a4eo.
2. "Mice Can Inherit Learned Sensitivity to Smell", *Emory News Center,* 16 de enero, 2014, https://news.emory.edu/stories/2014/01/video_mice_inheriting_sensitivity_to_smell/index.html.
3. Rachel Yehuda, Nikolaos P. Daskalakis, Linda M. Bierer, Heather N. Bader, Torsten Klengel, Florian Holsboer, et. al., "Holocaust Exposure Induced Intergenerational Effects on *FKBP5* Methylation", *Biological Psychiatry* 80, n.º 5 (2016), https://doi.org/10.1016/j.biopsych2015.08.005.
4. "About Adverse Childhood Experiences," CDC, 16 de mayo, 2024, https://www.cdc.gov/aces/about/index.html.
5. Sarah N. Back, Aleya Flechsenhar, Katja Bertsch y Max Zettl, "Childhood Traumatic Experiences and Dimensional Models of Personality Disorder in DSM-5 and ICD-11: Opportunities and Challenges", *Current Psychiatry Reports* 23, n.º 9 (2021): 60.

CAPÍTULO 4: MEMORIA TRAUMÁTICA

1. Pierre Janet, "Essay of Experimental Psychology on the Lower Forms of Human Activity", en *Psychological Automatism*, editado por Félix Alcan, 4.ª ed., Ancienne librairie Germer Baillière et Cie, París, 1903.
2. Mariana Moscovich, Danny Estupinan, Muhammad Qureshi y Michael S. Okun, "Shell Shock: Psychogenic Gait and Other Movement Disorders—A Film Review", *Tremor and Other Hyperkinetic Movements* 3 (2013).

CAPÍTULO 6: DESCUBRE CÓMO EL APEGO DE LA NIÑEZ CONDICIONA TUS RELACIONES ADULTAS

1. Gordon Neufeld, "The Keys to Well-Being in Children and Youth", conferencia, 13 de noviembre, 2012, https://neufeldinstitute.org/wp-content /uploads/2017/12/Neufeld_Brussels_address.pdf.
2. "Everything You Need to Know About Secure Attachment", *Raised Good*, n.d., https://raisedgood.com/everything-you-need-to-know-about -secure-attachment.

CAPÍTULO 7: LA ARMADURA DEL TRAUMA Y LAS CINCO PERSONALIDADES ATASCADAS

1. "Gabor Maté: Attachment and Authenticity Are Basic Needs", INTP Forum, 24 de julio, 2022, https://www.intpforum.com/threads/gabor-mate-attachment-and-authenticity-are-basic-needs.29091/.
2. "Shonda Rhimes '91 Delivers a Lesson-Packed Commencement Address", Dartmouth, 9 de junio, 2014, https://home.dartmouth.edu/news/2014/06/shonda-rhimes-91-delivers-lesson-packed-commencement-address.

CAPÍTULO 8: LA AGRESIVIDAD SALUDABLE Y LA FUERZA VITAL: APRENDE A ASUMIR Y EJERCER TU PODER

1. Laurie Udesky, "The Wisdom of Trauma: Gabor Maté, Peter Levine in Conversation about How the Body Heals from Trauma", California PACEs Action (CA), 23 de junio, 2021, https://www.pacesconnection.com/g/california-aces-action/blog/the-wisdom-of-trauma-gabor-mate-peter-levine-in-conversation-about-how-the-body-heals-from-trauma.

CAPÍTULO 9: FUNDAMENTOS DEL MÉTODO SOMATIC EXPERIENCING

1. Brené Brown, *The Gift of Imperfection*, ed. 10° aniversario. (Random House, Nueva York, 2020).

CONCLUSIÓN: ¡QUE EMPIECE LA FIESTA!

1. "George Carlin: Saving the Planet – Full Transcript". Scraps from the Loft, 22 de agosto, 2019. https://scrapsfromtheloft.com/comedy/george-carlin-saving-planet-transcript/.
2. "17 Inspirational Joseph Campbell Quotes on Success and Following Your Bliss", Inc., 15 de octubre, 2018, https://www.inc.com/peter-economy /17-inspirational-joseph-campbell-quotes-on-success-following-your-bliss.html.

Índice temático

B

C

D

E

N

O

P

R

S

T